INKARNATION

**Woher wir kommen
Wer wir sind und wo wir stehen
Wohin wir gehen!**

AF208834

Das Buch:

Ziel dieser Schrift ist es, Begriffe wie Seele, Inkarnation und Universum wieder bewusst in den entsprechenden Kontext zu stellen und einem wirklichen Begreifen zugänglich zu machen. Kontext bedeutet dabei, dass man sich zuerst das Prinzip der Dualität in der gesamten Schöpfung vergegenwärtigen muss, ohne das ein wirkliches Verstehen überhaupt nicht möglich ist. Denn es handelt sich im Universum immer um Polaritäten, in die unser menschliches Bewusstsein eingespannt ist. Diese Dualität bildet den begrenzenden Rahmen des menschlichen Denkens.

In allen Religionen wurde ferner die Schöpfung immer als eine in sich kreisende Bewegung in einem einheitlichen ganzheitlichen System beschrieben. Auffallend ist dabei, dass sich in allen diesen Darstellungen die Blickrichtung immer nur auf das „Wohin", also auf ein Ziel dieser Bewegung und nur selten auf das „Woher" richtet. Um jedoch den wahren Sinn des menschlichen Seins wirklich zu begreifen, ist es notwendig, nicht nur das „Nachher" als Ziel zu betrachten, sondern auch das „Vorher" bewusst zu begreifen. Das ist die conditio sine qua non für das unumstößliche Bewusstseinsprinzip von Ursache und Wirkung im Universum. Um dieses ganzheitliche Verstehen geht es in dieser Schrift, nicht zuletzt deswegen, weil sich bereits in der Gegenwart erkennbar ein neues Bewusstsein der Menschheit abzeichnet.

Das Buch soll den Leser anregen, über dieses für die Zukunft wichtige Thema nachzudenken. Fragen und Anregungen sind unter **anonymos-telepathie@web.de** erwünscht.

Der Autor:

Prof. Dr. Werner Smigelski, geb. 1929 in Leipzig ist emeritierter Hochschulprofessor. Vor über 30 Jahren wandte er sich auf innere Eingebung der Mystik zu und lebt seitdem zurückgezogen in der Eifel. Er empfängt seitdem spirituelle Durchsagen und ist ein detaillierter Kenner der mystischen Überlieferungen aller Weltreligionen. Die zentrale Botschaft in seinen Werken ist eine Zusammenschau wichtiger spiritueller Texte zum Inneren Weg, die im Kern aller Überlieferungen offenbar werdende und im göttlichen Geheimnis selbst begründete wesentliche Einheit aller Religion. Die Erschließung dieser bisher eher fragmentarisch nebeneinander stehenden Überlieferungen für eine heute – im Zuge einer spirituellen „Globalisierung" – anstehende religiöse Neubesinnung ist das Anliegen seiner Schriften, die allen denen gewidmet sind, die einen tieferen Einblick in den großen Sinnzusammenhang der Menschheit als Teil des Universums suchen.

Vom gleichen Autor sind erschienen unter dem Pseudonym Anonymos:
„Telepathie – Kommunikation der Zukunft", ISBN 3-8334-3158-X
„Der Traum des Jakob", ISBN 3-86548-488-3
„Wege zur Erleuchtung – zwischen Selbsterkenntnis und Verblendung",
ISBN 978-3-8334-6984-8

INKARNATION

Woher wir kommen
Wer wir sind und wo wir stehen
Wohin wir gehen!

Werner Smigelski
(Durchsagen von ANONYMOS)

1. Auflage 2007 © Prof. Dr. Werner Smigelski

Alle Rechte liegen beim Autor
Herstellung und Verlag: Books on Demand GmbH, Norderstedt

ISBN 978-3-8334-8509-1

Buchgestaltung:
tastdesign, Visuelle Kommunikation, Düsseldorf
www.tastdesign.de

Bibliografische Information Der Deutschen Bibliothek:
Die Deutsche Bibliothek verzeichnet diese Publikation in der Deutschen
Nationalenbibliografie; detaillierte bibliografische Daten sind im Internet
über <http://dnb.ddb.de> abrufbar.

Inhalt

Vorwort

Ziel dieser Schrift ist es, Begriffe wie Seele, Inkarnation und Universum wieder bewusst in den entsprechenden Kontext zu stellen und einem wirklichen Begreifen zugänglich zu machen. Kontext bedeutet dabei, dass man sich zuerst das Prinzip der Dualität in der gesamten Schöpfung vergegenwärtigen muss, ohne das ein wirkliches Verstehen überhaupt nicht möglich ist. Denn es handelt sich im Universum immer um Polaritäten, in die unser menschliches Bewusstsein eingespannt ist. Diese dualen Begriffspaare bilden den begrenzenden Rahmen des menschlichen Denkens. Solche rahmenbedingende Begriffspaare sind:

GEIST und MATERIE
IDEE und MANIFESTATION
BEWUSSTSEIN und GESTALT
EWIGKEIT und ZEIT
ZUSTAND und PROZESS
UNENDLICHKEIT und RAUM

Diese polaren Begriffspaare sind in ihrer Gegensätzlichkeit keine getrennten, sondern sich immer zur Einheit ergänzende, die von der Liebe in Gott wieder integriert werden.

Denn Gott ist selbst die Liebe und zugleich die integrierende Monade[1] seiner Schöpfung. Der Geist Gottes durchflutet das Universum als das Schöpferische schlechthin im Sinne einer unermesslichen Kraft. Diese Kraft bedarf einer Gegenkraft in der Schöpfung, um darin in Erscheinung zu treten. Diese Erscheinlichkeit Gottes ist die Schöpfung

---

[1] Unteilbare Einheit Gottes

als die bedingende Voraussetzung für die Involution[2] des Geistes in die Materie. Es ist der Schöpfungsprozess schlechthin, jener unendliche Prozess der Verwirklichung des Schöpfers in seiner Schöpfung, in dem der Geist in der Materie Gestalt annimmt und zur materiellen Manifestation wird. Dieser Prozess der Involution des Geistes in die Materie trat im Licht als erster Emanation[3] aus Gott heraus:„Es werde Licht!", um dann in einem permanenten Prozess ewig und unendlich sich zu manifestieren und Gestalt anzunehmen.

In allen Religionen wurde die Schöpfung immer als eine in sich kreisende Bewegung in einem einheitlichen ganzheitlichen System beschrieben. Auffallend ist dabei, dass sich in allen diesen Darstellungen die Blickrichtung immer nur auf das „Wohin", also auf ein Ziel dieser Bewegung und nur selten auf das „Woher" richtet. Um jedoch den wahren Sinn des menschlichen Seins wirklich zu begreifen, ist es notwendig, nicht nur das „Nachher" als Ziel zu betrachten, sondern auch das „Vorher" bewusst zu begreifen. Das ist die conditio sine qua non[4] für das unumstößliche Bewusstseinsprinzip von Ursache und Wirkung im Universum. Um dieses ganzheitliche Verstehen geht es in dieser Schrift, nicht zuletzt deswegen, weil sich bereits in der Gegenwart erkennbar ein neues Bewusstsein der Menschheit abzeichnet.

---

[2] Involution („involvere"): einwickeln, sich Hüllen anlegen. Gegensatz ist Evolution: entwickeln, aus der Umhüllung heraustreten
[3] „Emanare": in Erscheinung treten
[4] Notwendige Bedingung

TEIL I

DAS UNIVERSUM
Die Monade

Einheit der Dualität von Geist und Materie

„Es werde Licht!"

Bereits die Ausgießung des Lichtes enthält alle gedanklichen Keime der gesamten Schöpfung in sich und ist die Sichtbarlichkeit der Schöpfung. Denn das Licht ist bereits ein Geschaffenes und zugleich auch ein rein geistig Schöpferisches.

Aus der unendlichen Lichtfülle eines anfänglich erscheinenden Chaos sichtbar werdender Ideen entstehen wahrnehmbare Gestalten, die sich im permanenten Ausfluss des Lichtes im Universum gestaltend vollenden. Dieser unendliche und ewige Prozess der sichtbaren Gestaltwerdung erfolgt in Rhythmen, Zyklen und Perioden, einer dem Lichte innewohnenden Gesetzlichkeit, die sich als Prinzip einer hierarchischen Ordnung im Universum wiederfinden lässt. Beim Ausfluss der Ideen im Licht existiert nur die Vollkommenheit der göttlichen Ideen, die noch im einheitlichen Gesetz Gottes stehen und im Moment des Hervortretens sich in die unendliche Vielheit von Gestalten verströmen. Weder ist Vielheit das Chaos, noch ist Gestalthaftigkeit die Ordnung. Denn es ist im Austreten als Idee die Vollkommenheit noch erhalten, die nun ständig in ihrer Umsetzung als manifeste Schöpfung sichtbar wird und sich in unendlichen Partikeln Substanz gewordener Ideen manifestiert.

Das vollbringt allein die LIEBE in einem Prozess, der ein gleichzeitig ewiger, ohne Anfang und Ende ist und nur in den begrenzten menschlichen Vorstellungen als anfängliches Chaos und endgestaltete Entropie vorstellbar ist. Es ist aber die permanente Sichtbarmachung Gottes und seiner Vollkommenheit: „Und das Wort ward Fleisch". Das ist das Prinzip von der Schöpfung, die aus Gott als Idee sichtbar herausgestellt wurde. Das „Wort" bezieht sich auf die „Idee", nicht auf seine Verwirklichung in „Christus". Im Kosmos repräsentiert der Mensch Jesus in „Christus" zugleich die „Idee" des Geistes in dieser geschaffenen Welt. Darum: „ Das Wort kam in die Finsternis, und diese hat es nicht begriffen". Der Geist kam in die Materie und wurde von dieser nicht aufgenommen. Der „Geist" kam über den Menschen Jesus ins Bewusstsein der Menschheit, wurde aber von dieser nicht erkannt. Nur insofern ist das „Wort" gleichbedeutend mit „Jesus-Christus", der aus Liebe, zur Erlösung der Materie, am Kreuz starb.

Hierarchie / Struktur des Universums

„Die Himmlische Hierarchie" nach Dionysios Areopagita

Das Universum ist eine „Hierarchie" unendlich vieler Bewusstseins-dimensionen, unter denen der Kosmos nur eine ist. Kosmos ist jener „materielle" Frequenzbereich, der im Gegensatz zu allen anderen existie-renden Frequenzbereichen des Universums der für den Menschen einzig wahrnehmbare ist. Von diesen in einer hierarchischen Struktur geordneten Bewusstseinsdimensionen des Universums hat Areopagi-ta eine faszinierende Darstellung gegeben, wie sie gerade noch einem menschlichen Verstehen zugänglich ist. Es ist die bedeutendste Offenbarung nach den Evangelien selbst. Dionysius Areopagita offen-barte mit der himmlischen Hierarchie des Universums ein geistiges analoges Prinzip, welches sich in der „Sancta ecclesia" als Vorlage für das sichtbare System der Kirche auf Erden abbildet. Das war notwen-dig, um das Gesetz Gottes auf Erden wieder deutlich zu machen. Bei der Hierarchie des Universums handelt es sich um unterschiedliche Bewusstseinsdimensionen, die sich in einer ewigen Kreisbewegung befinden und als Ewigkeit und Gegenwart gleichzeitig um das göttli-che Zentrum kreisen.

Dionysius beschreibt erstmals das hierarchische Prinzip als beseel-te Gestalt einer in sich kreisenden Schöpfung unendlicher Bewusst-seinsdimensionen, in deren Bewegung sich das ausfließende Licht zur

Materie verdichtet, um sich zurückfließend wieder zum Licht der Ideen aufzulösen. Ausgehend vom immateriellen göttlichen Zentrum bis hin zur „Peripherie" des materiellen Kosmos durchläuft die Liebe in einem ewigen Kreislauf einen sich unendlich verwandelnden Prozess von Manifestationen. Dabei ist die „Himmlische Hierarchie" selbst dieser permanente Ausfluss der Liebe aus dem Zentrum Gottes. Es ist die ureigenste Bewegung der Liebe, die zugleich im Abstieg des Geistes alle Gestalten der Schöpfung für sich als unabdingbares Liebesobjekt erschafft. Um diesen ewigen Kreislauf zu vollenden, erfahren alle Manifestationen wieder eine Auflösung und Transparenz in einem rückführenden Wiederaufstieg des Geistes aus der Materie ins Zentrum. Das bedeutet, dass das, was zur Materie verdichtet wurde, sich wieder zum Licht der Ideen auflösen muss.

In dieser Kreisbewegung des Geistes ist der Kosmos jene höchst mögliche Verdichtung des Lichtes zur Materie und bedeutet eine Art Wendepunkt innerhalb der Hierarchie, um von da an über die Auflösung alle entstandenen Manifestationen den Wiederaufstieg zu beginnen und alle manifesten Strukturen spiegelbildlich wieder als Ideen in den Geist zurückzuführen.[5] Albertus Magnus hat zum Prolog der „Himmlischen Hierarchie" des Dionysios Areopagita diesen Grundgedanken einer in sich kreisenden Bewegung mit folgenden Worten umrissen: *„An den Ort, von dem die Flüsse ausgehen, kehren sie zurück, um wiederum auszufließen."* Gott ist der Ort, von dem alles Seiende ausgeht; Denn alles, was ist, hat Gott erschaffen, um dem Dasein Anteil am göttlichen Sein zu geben und es dadurch in alle Ewigkeit wieder zu sich zurückzuführen. Ganz ähnlich sieht es auch die heutige Physik: Nach A. Wheeler[6] ist *Das Universum ein sich selbst erzeugender Kreislauf, wobei die Irreversibilität das Merkmal des gesamten Universums ist."* Mit anderen Worten ergießt sich der Geist in Form von Lichtenergien (zur Manifestierung) ins Universum, und danach erfolgt eine

---

[5] „Die in der Hierarchie ständigen Bewegungen stelle dir wie die Wellen des Meeres vor, die sich in Form von Turbulenzen am Land brechen. So ist es auch mit dem Zusammentreffen zwischen Geist und Materie, das im Kosmos erfolgt. Es ist die Urenergie, die hier auftrifft wie auf eine undurchdringliche Wand, und das macht auch die heftigen Bewegungen im Kosmos aus, worin alle Sternensysteme mit eingebunden sind. Aber nur dabei werden die geistigen Wirkkräfte an der entgegengesetzten Kraft der Materie sichtbar." (Anonymos)
[6] Wheeler, J.A.: „Geometrodynamics 1962"

zunehmende Verdichtung, die sich als ein hierarchisch geordnetes Universum manifestiert. Dieser Abstieg des Geistes mündet im Kosmos als größte Verdichtung in der Materie. In diesem symbolischen „Abstieg der Engel" aus der Einheit des Zentrums in die unendliche Vielheit des Universums erfahren Allseele und Allgeist eine dieser Vielfalt entsprechende Verwandlung und legen sich in den vielen Bewusstseinsdimensionen immer neue Gestalten zu. Im materiellen Kosmos findet letztendlich diese absteigende Bewegung ein vorläufiges „Richtungsende", indem sie eine Art Umkehr zum Wiederaufstieg, quasi eine „Rückspiegelung" der Liebe Gottes erfährt, um wieder ins geistige Zentrum Gottes aufsteigen zu können und darin aufgelöst zu werden[7]. Im Abstieg „filtern" die Engel als Lichtbringer in der manifestierenden Weitergabe das Licht, um auf diese Weise zugleich das Bewusstsein der Menschen höher zu potenzieren; denn „Engel" sind Lichtbringer und auch Lichtsammler.

„Die heilige Ordnung der Hierarchie"nach Dionysios Aeropagita

Diese heilige Ordnung besteht aus drei von einander getrennten „Reichen" (Bewusstseinsbereichen), die sich wiederum in unzählige „Engelgesellschaften" (Dimensionen) aufgliedern lassen.

Um das immaterielle geistige Zentrum herum befindet sich der höchste Bereich, in dem alles reinste Liebe ist, die in rein geistiger unwandelbarer Bewegung um Gott kreist. Areopagita benennt zwei höchste Gruppen von „Engelwesen": die *Seraphim* und die *Cherubim*. Die Seraphim sind als „Entzünder" und „Erwärmer" Ausdruck für die flammende Glut der Gottesliebe, die durch sie entzündet wird. Die Cherubim sind die „Erfasser" des göttlichen Lichts, um Gottes Schönheit zu schauen und der Schöpfung die erfüllende „Wahrheit" mitzuteilen. Swedenborg spricht in diesem Zusammenhang vom „Liebes-

---

[7] Krause sah den Materiezerfall im Kosmos als spirituelle Energieumwandlung; denn alle Materie löst sich wieder in ihre Urenergie auf. Und dabei entsteht jene Gravitationskraft, die eine Energie des Ausgleiches aller anderen Materie und Geistkräfte darstellt. (F. Krause, „Der Baustoff der Welt")

himmel und vom Weisheitshimmel"[8]. Die Liebe und die Wahrheit sind die beiden höchsten Prinzipien, die direkt aus dem Willen Gottes herausfließen; denn das GUTE gehört dem **Willen** an, aus dem die Tat wird, während das WAHRE dem erkennenden **Bewusstsein** angehört. Dieser innerste Bereich ist nicht vorstellbar, weil er den Menschen verschlossen ist. Der sinnlich wahrnehmende Mensch kann darum über das „Göttliche" immer nur aus der Sicht der Welt denken, und sich darum das Göttliche nur analog in einer Gestaltung vorstellen.

In einem zweiten mittleren Bereich spricht Areopagita von „Engelgesellschaften", die bestimmte Prinzipien als Kräfte repräsentieren. Namentlich unterscheidet er „Herrschaften", „Mächte" und „Gewalten". Alle diese Engelgesellschaften stehen durch ihre „Lebenssphäre" zwar in Verbindung, haben jedoch keinen wechselseitigen Austausch in Form von Begegnungen. Jede dieser Sphären bildet als Einheit eine sie repräsentierende „Engelgestalt" wie Michael, Gabriel oder Raphael, deren Benennung etwas über ihre wesensmäßigen Funktionen und über die Maßgabe eines göttlichen Prinzips aussagt.

Entziehen sich diese beiden oberen Bereiche wegen ihrer absoluten Gestaltlosigkeit weitgehend einer menschlichen Vorstellung, so wird der dritte und unterste Bereich wegen seiner Gestalthaftigkeit einer bildhaften Vorstellung wieder zugänglicher. Areopagita schreibt dazu: *„Müssen diese beiden (oberen) Bereiche im Verborgenen bleiben, ... so tritt die unterste Stufe der Hierarchie der „Fürstentümer", „Erzengel" und „Engel" mehr in eine vorstellbare Sichtbarlichkeit. Darum muss diese letzte Stufe der Hierarchie als Grundordnung ihres gegenseitigen Einwirkens und als Vorbildfunktion auch den auf Erden nachgebildeten Hierarchien vorstehen."* Dieser Bereich der Hierarchie steht darum den Menschen viel näher. Die im Abstieg befindlichen Engel sind hierarchisch geordnete Kräfte, die das Licht bis zum Menschen weiterleiten. Sie sind dabei noch ganz in der Ausströmung Gottes enthalten. Seelen,

[8] Swedenborg, E., „Himmel und Hölle"

die sich dagegen wieder im Aufstieg befinden, sind als Energien zwar ganz ähnliche Kräfte wie die Engel, ihre Aufgabe ist es jedoch, am „Schöpfungsprozess Gottes" mit teilzunehmen. „Engel" gelten immer als dienende Boten und Helfer innerhalb der Hierarchie; denn alle Engelgesellschaften im dritten Bereich kommunizieren miteinander und nehmen so gegenseitigen Einfluss. Dabei erfolgt dieser prinzipiell von höheren „Gesellschaften" zu niederen Bereichen. Umgekehrt gibt es keinen Einfluss, weil die „Weisheit" (Bewusstsein) der höheren Engel bei weitem die der unteren übertrifft. Alle geistigen Gesellschaften haben unterschiedliche Ordnungen, deren Verschiedenheit sich aus dem Dienst, den diese Gesellschaften leisten, herleitet. Das höchste Prinzip dabei ist das des Dienens in Gerechtigkeit und Güte; denn Engel sind immer Kräfte der wirkenden Liebe. Sie sind reine, persönlich freie, dienende Geister und stehen miteinander in einem Reich schenkender und empfangender Liebe in Gemeinschaft zusammen. Diese reine Geistigkeit der Engel bedeutet Körperlosigkeit.

Die Schöpfung

Die Schöpfung als beseelte Gestalt

Gott als Schöpfer ist die Liebe, die in einer permanenten Emanation als Licht aus dem göttlichen Zentrum herausfließt. Dieses Licht ist in seinem Ausfluss eine Einheit von Allseele und Allgeist. Die Gesamtheit des Universums ist ein „Meer von Energien" und ist durch das Licht in seiner unendlichen Vielheit miteinander verbunden. Diese sich gemeinsam entfaltende Einheit ist in hierarchischen Stufen gegliedert, die unterschiedliche Frequenzbereiche darstellen, wobei über diese Lichtenergien alle Ideen als organisierende Prinzipien einfließen. Dabei bestimmen die Frequenzen die unterschiedlichen Strukturen. Der Schöpfungsprozess selbst ist die permanente Involution des Geistes in die Materie, so wie es Jakob im „Traum von der Himmelsleiter" (Genesis 1) sehr anschaulich erschien: *„Auf der einen Seite sieht er absteigende Engel und auf der anderen aufsteigende."* Das entspricht sinnbildlich der ewigen Kreisbewegung von Abstieg und Aufstieg der sich in der Schöpfung bedingenden Polarität von Licht und Finsternis. Das Symbol dafür ist in den östlichen Religionen „Ying und Yang", vereint im Kreis.

Beides sind gegensätzliche Prinzipien, die sich vereinend trennen und getrennt vereint werden. Sie sind die Polarisierung von EINS (Vater) und ZWEI (SOHN), die sich gegenseitig bedingen, um sich über die DREI (HL. GEIST) zu erlösen. Eins kann ohne Zwei nicht sein und Zwei sieht ihr Ziel wieder in der Eins, denn das Licht ist als Kraft gegeben, die ohne die Finsternis nicht Licht sein kann. Diese Polarität bleibt ewig erhalten und bewegt sich im Prozess der Durchdringung unendlicher Bilder. Dabei kehrt das Licht wieder zu Gott zurück, aber nicht wie das aus der Eins ausgesandte Licht. Denn der Lichtstrahl kehrt nicht um oder bricht sich wie ein Echo, sondern bleibt als Energie immer erhalten und läuft im Kreis einer Spirale, deren Grenzen nicht in der Zielrichtung liegen, sondern in der Bewegung der Spirale. Sie selbst ist endlos, kehrt sich also nie um wie der Schall, der sich an einer Mauer bricht, ist aber doch in der Bewegung der Spirale begrenzt, die als Zwei die Vielheit der Schöpfung ist. Dieser Prozess der Involution des Geistes in die Materie ist ein permanenter Vorgang der Verdichtung bis hin zur Materie im Kosmos. Dabei ist die Dualität die bedingende Voraussetzung im unendlichen Prozess der Verwirklichung Gottes des Schöpfers in seiner Schöpfung. Es ist der Schöpfungsprozess schlechthin, in dem der Geist in der Materie Gestalt annimmt und zur materiellen Manifestation wird. Diese kosmische Durchdringung von Licht und Finsternis erfolgt in einer Art gegenläufigen Bewegung von Geist und Materie. Beide „wachsen" sich förmlich entgegen. Die Materie bringt in einem langen Entwicklungsprozess von der Zelle bis hin zur Geschöpflichkeit einen biologisch-physiologischen Lebensträger hervor, der aufnahmebereit ist für die Inkarnation des Geistes im Sinne eines menschlichen Bewusstseins. Im Menschen treffen beide Entwicklungsverläufe zusammen.

Die geoffenbarte Schöpfung ist die Manifestierung von Energien, die dem Sein eines strukturellen Formaufbaus dienen und das Dasein darstellen, in dem die Schöpfung lebt und besteht. Über den Schöpfungsprozess schreibt Bohm[9] in seiner Chaos-Theorie: *„Chaos ist die Ausschüttung oder das Ausfließen der Liebe als Licht aus Gott."* Chaos wird mit Liebe gleichgesetzt und Kohärenz mit Weisheit. Es ist „Allseele und Allgeist". Die Liebe enthält die Weisheit in sich, die aber erst nach der Ausschüttung wirksam werden kann. Die Weisheit ist die im Chaos noch nicht erkennbare Ordnung und der Wille zur Gestaltung.

---

[9] David Bohm, „Die implizite Ordnung";
Kohärenz ist die Fähigkeit der Wellen zur Überlagerung, wobei sich die Feldamplituden räumlich verschiedener Photonenquellen gegenseitig verstärken oder abschwächen. Dadurch entsteht eine Ordnung eines kommunikativen Feldes. Fritz-Albert Popp sieht die Kohärenz als Brücke zum Geistigen und spricht von einer kohärenten kollektiven Raum-Ordnung. Dabei sind Photonen Mittler zwischen Materie und Geist als „Doppelgesichtigkeit des Lichtes", s. auch Quantenphysik, „Die Wurzel des Quantenprinzips" (ist das Bewusstsein).
Wigner, Eugen: Die „Geisthaftigkeit der Materie folgt aus der Unschärferelation, wobei die Wellenhaftigkeit der Geistaspekt und der Teilchenaspekt der Materieaspekt ist – Man spricht sogar von einer Hierarchie des Teilchenbewusstseins".

Ohne Ausschüttung keine Ordnung, ohne Ordnung keine Schöpfung. Gott ist beides. In der Ausschüttung des Lichtes befinden sich alle Baustoffe und Ideen der Schöpfung, die sich als Energien abspalten und gegenseitig durchdringen. Es sind die sich ständig verwandelnden Ideen, die mit den Interferenzwellen[10], deren Kreuzungspunkte ein Quant als Zwischenteil von Materie und Energie ergeben, die gesamte Schöpfung erzeugen und gestalten. Der Geistausfluss des Lichtes enthält dabei alle Elemente in sich, die dann durch Überschneidung der Wellen wie bei einer Zeugung sich zusammenfinden und auf diese Weise die materielle Gestaltung der Schöpfung ermöglichen. Ein an sich sehr einfacher Vorgang, doch als solcher von der „Zeugung bis zur Gestaltwerdung" für den Menschen ein sehr schwer vorstellbarer Prozess.

Die Schöpfung ist ein Prozesshaft-Gleichzeitiges als Zeit und Ewigkeit in permanenter Gegenwart. Im Universum gibt es darum nur Prozess und Zustand, wobei sich beide durchdringen und insofern zugleich Einheit und Trennung von schöpferischer Liebe und zur Gestalthaftigkeit drängender Ordnung sind. In die Sprache der modernen Physik der Quantentheorie ausgedrückt bedeutet das: „Unschärferelation". Es ist jener eigenartige kohärente Zustand von Welle und Teilchen im Licht, jene Vereinigung an sich unvereinbarer Gegensätze zu einer neuen höheren Einheit. Kohärente Zustände liegen mitten zwischen Teilchen und Welle – beide sind untrennbar Getrennte. Reine Wellenhaftigkeit (Kohärenz) gibt es in Wirklichkeit ebenso wenig wie reine Teilchenhaftigkeit (Inkohärenz). Beide sind ineinander verflochten und rückgekoppelt. Sie können aber einander nie völlig vernichten.

Licht als Einheit von Allseele und Allgeist

Das alles Belebende dieser unendlichen göttlichen Ideen ist die **Allseele**; und der Gestalter derselben der **Allgeist**, der in sich selbst zwar keine Form hat, aber das gestaltende Prinzip ist, das alle Formen

---

[10] Interferenz ist eine gleichphasige Überlagerung von Wellen. s. Anhang S.122 „Licht in allen Zellen"

schafft. Der Geist ist gleich dem Licht, das in sich zwar ewig Licht bleibt, aber so lange nicht in Erscheinung treten kann, als es keine substantielle Gestaltung gibt, die es „erleuchtet". Insofern ist der Geist der Urgrund alles Geschaffenen und die Seele die vom Willen des Schöpfers her lebendig wirkende Kraft. Das Licht enthält in der Ausgießung alle Ideen und gedanklichen Keime der gesamten Schöpfung. Diese werden durch den Willen Gottes über die Seele in der Schöpfung manifestiert. Aus der immateriellen Einheit des göttlichen Zentrums ergießt sich das Licht als ein Gemeinsames von Allseele und Allgeist in die Vielheit unendlicher Gestalten der Schöpfung, deren Materie vom Feinstofflichen bis hin zum Grobstofflichen im Kosmos reicht. Im Ausfluss wird nun das Licht als Ideenträger zugleich Urenergie und Urstoff (Welle und Teilchen) und ist jetzt kein rein Geistiges mehr. Dieses Licht als Ideenträger hat Ähnlichkeit mit der Substanz der Seele[11], wobei jedoch zwischen „Materie als Träger" und der wirkenden Energie noch immer ein gewaltiger Unterschied besteht. Auch die materielle Dimension des Kosmos enthält über das Licht jene feinstofflichen seelischen Substanzen der gesamten Schöpfung.

Der Kosmos als größte Frequenzverdichtung

„Eine Materie an sich gibt es nicht! Denn alle Materie entsteht und besteht nur durch den Geist. Dieser Geist ist der Urgrund aller Materie, wobei nicht die sichtbare und vergängliche Materie das wahre Reale ist, sondern der unsichtbare und unsterbliche Geist dahinter: GOTT."

Max Planck

In der unvorstellbaren, unendlichen Ewigkeit des Universums ist das irdische Leben im Kosmos nur ein zeitlich begrenzter, der Menschheit aber voll bewusster Ausschnitt in der permanenten universalen Bewegung der Schöpfung. Der Schöpfer des Universums hat sich im Menschen ein Geschöpf erschaffen, über das sich Gott selbst in seiner

---

[11] „Denn Substanz ist ein seelisches Spezifikum und tritt in der stofflichen Materieform nur als Kraft oder Lebensäußerung in Erscheinung. So ist zwar in jeder Materie irgendeine substanzielle Seelenkraft vorhanden, die Materie selbst ist aber dennoch nichts anderes als ein Gerichtetes aus sich selbst verhärtetes Geistiges." (Jakob Lorber)

Schöpfung erkennen kann. *„Fecisti nos ad te et cor nostrum inquietum est, donec requiestcat in te."* Du hast uns für Dich geschaffen und unser Herz ist unruhig, bis es wieder in Dir ruht" (Augustinus). Gott ist die Liebe, und sie erschafft sich die Schöpfung als Liebespartner, ohne den sie ins Leere liefe. Der Mensch als das Geschöpf, das Gott erkennen kann, soll diese Liebe mit Hilfe des Hl. Geistes und der Seele wieder zurückspiegeln, um den ewigen Kreislauf der Liebe zu ermöglichen und zu vollenden. Nur darin allein ist die „Ebenbildlichkeit" des Menschen mit Gott zu verstehen. *„Incarnare"* bedeutet „sich ins Fleisch begeben". Eine Gott ebenbildliche Seele inkarniert im Menschen und nimmt Gestalt an. Im Universum ist der materielle Kosmos für den Menschen der sinnenhaft wahrnehmbare und erkennbare Frequenzbereich. In diesem Bereich herrscht ein Zusammenspiel von geistigen Wirkkräften und erscheinenden Bildkräften. So ist der Planet Erde einmal im kosmischen Sonnensystem mit eingebunden, unterliegt aber andererseits auch den geistigen Wirkungen im gesamten Universum, denn in jeder Dimension der Schöpfung wird sich Gott seiner selbst als Liebe bewusst, weil die Vereinigung der Liebe mit sich selbst das einzige Ziel in der Schöpfung ist.

Das Ergebnis ist die Gesamtheit aller Lebewesen (Biosphäre), die durch das Licht als eine sich gemeinsam entfaltende Einheit mit einander verbunden ist. Biophotonen sind dabei die Regulatoren aller chemischen Umsetzungen, die den gesamten Stoffwechsel in einem Organismus steuern. Alle Strukturen (Gestaltungen) sind ein Ergebnis unendlicher Kombinationen verschiedener Elemente und Atome, die wiederum der Ausdruck bereits vorher festgelegter Ideen (Geist) sind. Die entscheidende Ursache ist dabei das Licht, das Elemente zu unendlichen Strukturen kombiniert, die jedoch für den Menschen nur ausschnitthaft zu erfassen sind. Für die Erfassung der Ganzheit sollte sich der Mensch wieder auf den Ursprung konzentrieren, denn in der Einfachheit der Ursprungsidee rückt das menschliche Bewusstsein wieder näher zu Gott.

Giordano Bruno spricht von einem „inneren Prinzip" im Kosmos, wenn er behauptet, dass der Motor aller Bewegungen aus diesem inneren

Zusammenhang von „Gestirnsseelen" resultiert. Damit vergleichbar ist auch die Vorstellung eines „Quantenäthers" als integrierendes Medium. In der Schrift „Die Implizite Ordnung" von David Bohm wird der „Quantenäther" richtungsweisend für das zukünftige Denken. *„Die implizite Ordnung ist fundamentaler und umfassender als die explizite Ordnung. Sie erscheint wie ein Wurzelgrund, in dem die Objekte der expliziten Ordnung vor ihrer Manifestation in virtueller Form als „Keime" oder „Urbilder" ruhen".*[12] Das entspricht der Ideenlehre von Platon und deckt sich mit der Begrifflichkeit von morphogenetischen Feldern nach Sheldrake.

Mit anderen Worten: Die im Ausfluss der Urenergie des Lichtes enthaltenen Ideen haben grundlegende Bedeutung für die danach erst folgenden Manifestationen. Nur über diese Hypothese könnten endlich jene starren Denkschemata einer klassischen Physik überwunden werden, weil eine spirituelle Komponente in die völlig verhärteten physikalischen Gesetze hineingebracht würde. Auch für Teilhard de Chardin sind alle Elemente im Kosmos bereits im Geist angelegte Grundbaustoffe, aus deren Anfang das gesamte Universum resultiert: *„Es sind im Schöpfungsausstoß Teile des Lichtes latent enthalten. Diese unterschiedlichsten Baustoffe, die sich vom Licht als Energien abspalten, durchdringen als Licht den gesamten Kosmos".* Es handelt sich dabei um jene Interferenzwellen, an deren Kreuzungspunkten ein Quant als Zwischenteil von Materie und Energie erzeugt wird. Die Art dieser Überschneidungen ist für die gesamte Materie gestaltgebend und formbestimmend.[13]

Die materiellen Manifestationen im Kosmos sind wie im gesamten Universum in Wahrheit die „beseelte Gestalt" des Geistes und darum in unserer Wahrnehmung nur die „halbe Wirklichkeit". Denn dieses Wahrnehmen ist immer eine Art Illusion wie ein auf eine Leinwand

---

[12] Bohm, „Die implizite Ordnung"
[13] Teilhard de Chardin, „Der Mensch im Kosmos". „Dabei sind Frequenzkohärenzen, die zur Biophotonenbildung sich differenzieren als Elemente bereits ein „Strukturmuster". Das im Schöpfungsakt ausgegossene Licht ist die Sichtbarmachung des Geistes und enthält als Geistesausfluss alle Grundelemente bereits in sich, die dann im ausgegossenen Licht zu Teilchen durch Überschneidung der Wellen sich zusammenfinden wie bei einer Zeugung."

projizierter Film. Alle Bewegungen im Kosmos spielen sich dabei auf einer fixen Konstante ab, wie die beweglichen Bilder auf einer konstanten Filmleinwand. Der Mensch erlebt nur diese Bewegungen aller ablaufenden Bilder als Realität. Dies ist aber die irrelevante Fiktion einer astrophysikalischen Vorstellung und Illusion von einem sich quasi permanent ausdehnenden Kosmos, die lediglich durch die Gebundenheit an menschliche Raumvorstellungen bedingt ist. Es handelt sich nicht um eine wirklich expandierende Bewegung, sondern nur um eine in sich kreisende, und zwar in einem virtuellen Raum. Auch F. Krause spricht in diesem Zusammenhang davon, dass es sich bei Raumvorstellungen im Kosmos möglicherweise nur um eine Fiktionsillusion handele.[14]

Raum und Zeit

Im Kosmos, dessen „Rohmaterial" aus Raum, Zeit und Materie besteht, ist alles in ständiger Bewegung, die auf den einzelnen Gestirnen zwar nicht spürbar wahrnehmbar oder erlebbar ist, sondern nur an den wechselnden Zustandsbeobachtungen abgelesen werden kann. Alle Planeten im Sonnensystem oder in den Galaxien unterliegen durch ihre Energiefelder kosmisch bedingten immanenten Bewegungen. Dabei ist es nicht eine Frage von Gravitation und Anziehungskraft, sondern eine Frage von Energien, die eine solche Bewegung bewirken. Die „Gravitation" ist im Kosmos eine „Schwellenkraft", in der sich Relatives und Absolutes berühren, auf keinen Fall ist sie als Schwerkraft im Sinne der klassischen Physik zu definieren. Daher sind auch alle astrophysikalischen Messungen nur „scheinbare" und darum falsch. Sie sind nur richtig, solange es sich dabei um die Erde selbst handelt. Sobald man aber über die irdisch bedingten Vorstellungen hinaus die Bewegungen im Kosmos messend erfassen will, sind sie illusorisch. Masse und Gewicht der Erde verlieren völlig ihre Bedeutung im Kosmos. Denn im Kosmos sind alle Gebilde schwerelos, deshalb aber nicht schon ohne Anziehungskraft. Diese ist aber eine Voraussetzung für die Verschmelzung aller Gebilde auf der atomaren

[14] Krause a.a.O.

Ebene; denn auch diese ist eine Manifestationsebene einer alles erfassenden „Liebesumarmung" im Universum. So muss man auch den Materiezerfall als spirituelle Energieumwandlung sehen; denn alle Materie verstrahlt sich im unendlichen Kreislauf letztendlich auf dem Wege der Umwandlung in den Geist, indem sie sich wieder in die geistige Urenergie auflöst. Dabei entsteht jene „Gravitationskraft", die eine „Energie des Ausgleiches" aller Materie- und Geistkräfte darstellt. Nicht die radiale Bewegung der Gestirne ist als Ursache ihrer Schwerkraft anzusehen, sondern die Bewegungen selbst sind Ausdruck des Lebens.[15]

Bei allen Bewegungen im Kosmos handelt es sich niemals um eine „Ausdehnung". Auch die Vorstellung Einsteins von einem aufblasbaren Ball ist ein wenig glückliches Hilfsangebot für eine Erklärung dieser illusionären Vorstellung, wohl aber z.Z. für das menschliche Fassungsvermögen die bestmögliche. Das einzig Richtige wäre dagegen ein ehrliches Eingeständnis dieser Illusion, weil nur das die herkömmlichen mechanistischen physikalischen Vorstellungen überwinden kann und eine bewußtseinsmäßige Weiterentwicklung nicht weiterhin blockiert. Einstein spricht von kosmologischen Konstanten, die sich auf die Erhaltung der Energie und die Relativität der Zeit beziehen, nicht auf die Bewegungen selbst im Kosmos. Er sah darin ein physikalisches Gesetz, das allerdings an die Grenze der Lichtgeschwindigkeit gebunden blieb und darum nur Gültigkeit für die kosmische Systemimmanenz hat. Immerhin waren diese Feststellungen wichtig, weil damit die Frage nach Gott weiterhin offenblieb. Zeit und Lichtgeschwindigkeit sind im Kosmos nur Hilfskonstruktionen. Leider versucht die heutige Physik in ihren Überlegungen noch immer, beide zu ergänzen, um Lösungen der „Welträtsel" zu finden, was aber nach menschlichen Maßstäben nicht erfolgen kann. Denn die Zeit ist kein Maßstab für den Raum und schon gar nicht für das Universum; Zeit als solche existiert überhaupt nicht und besitzt darum keinerlei Ver-

[15] F. Krause, „Der Baustoff der Welt"
Krause spricht von der Schwerelosigkeit der Gestirne und verweist die Gravitation in die Systemimmanenz irdischer physikalischer Vorstellungen. Darum gilt Gravitation nur für alle Erscheinungen auf der Erde, die einer gleichen Ursache, nämlich der radialen Struktur des Energiefeldes der Erde unterliegen.

bindlichkeit für das Universum, wodurch auch menschliche Raumvorstellungen völlig absurd sind. Im Kosmos gilt natürlich für eine Bewegung die Geschwindigkeit des Lichtes als das absolut höchste erscheinbare Maß. In anderen Frequenzbereichen unterliegt alles Erscheinende nicht mehr dem Maß der Lichtgeschwindigkeit. Es sind die „Geschwindigkeiten" von Gedanken, die nicht mehr durch „Masse" behindert werden. Je höher die Frequenz, umso transparenter ist auch die „Substanz" als Träger, und darum für den Menschen nicht mehr sinnenhaft wahrnehmbar. Allerdings stehen diese Frequenzen den Menschen in Gedanken, in ihrer Phantasie und über Intuitionen durchaus zur Verfügung. Vor allem aber sind die Menschen im Traum, bei Visionen und transzendenten Einbrüchen aus anderen Frequenzbereichen immer auch an diese Frequenzen angeschlossen.

Raum ist ohne Zeit nicht vorstellbar und Zeit nicht ohne Raum; denn ohne Bewegung im Raum gäbe es keine Zeitvorstellung. Insofern stellt die Zeit nur eine Koordinate für das Verstehen des Daseins im Kosmos dar. Der Mensch schafft sich eine Ordnung in der Zeit und legt diese Ordnung als „seine" Welt aus.[16] Alles ist Zeit, wobei keine Zeit eine andere behindert, aber jegliches Sein ist eine „gesonderte Zeit" in einem Kontinuum. Newton hatte dieses Kontinuum „Zeit" als etwas Äußerliches „vergegenständlicht", als einen dahinfließenden Strom von Vergangenheit, Gegenwart und Zukunft. Zeit wird somit zu einem grundlegenden Bestandteil unserer Welterfahrung[17], so dass selbst die Vorstellung unserer persönlichen Identität eng mit dem Gedächtnis und der fortdauernden Erfahrung in der Zeit verbunden ist. Andererseits unterscheidet sich unsere persönliche Erfahrung von der „objektiven Zeit" zutiefst. *Die Erstreckung von Körpern im Raum und der zeitliche Ablauf von Ereignissen in der Folge von Früher und Später ist keine Qualität des Wahrgenommenen selbst, sondern ist dem wahrnehmenden Geiste eigentümlich, der im Diesseits gar nicht anders kann, weil*

---

[16] David Peat aus „Heraklit": „Meiner Meinung nach weist die Zeit ebenfalls den Aspekt der Innenwelt auf. So wie Newton verstärkte Aufmerksamkeit auf die Außenwelt der Zeit lenkte, die fließende Bewegung, in der eine winzige Gegenwart eine Zukunft, die es nicht gibt, von einer Vergangenheit trennt, die auf immer verschwunden ist, so möchte ich das Augenmerk auf die Innenwelt der Zeit lenken."
[17] Paul Davies, „Gott und die moderne Physik"

Raum und Zeit Kategorien sind (Emanuel Kant). Den ersten „Todesstoß" erfuhr diese absolute Zeitvorstellung durch die Relativitätstheorie von Einstein.[18)]

Der Mensch lebt in einer Welt von Zeit und Raum, wobei diese beiden „Prinzipien" jede Wahrnehmung des „Seienden" als Realität bedingen. Denn Raum ist nur im Kosmos möglich und verweist dabei immer nur auf eine Dimension der Wirklichkeit. Allein diese Beengtheit des kosmischen Raumes ist die Stätte menschlichen Wirkens und disponiert den Menschen dazu, lineare Kausalzusammenhänge zu sehen und innerhalb dieses gedanklichen Energiestromes quasi Ursachen und Wirkungen wahrnehmen zu können. Das ist aber nur ein Aspekt der Wahrheit. So war dieses Erfassen der Welt in früheren Zeiten nicht für das Leben allein bestimmend gewesen. Die Menschen wurden weniger von ihren intellektuellen Fähigkeiten dominiert und besaßen sehr wahrscheinlich höher entwickelte intuitive Begabungen.

Für uns scheint die Zeit immer schneller zu fließen und der Raum das zu sein, was die Dinge enthält, und das logischerweise ohne Anfang und Ende. Diese Vorstellungen der „Realität" führen zwangsläufig zu irreal unvorstellbaren „Überdehnungen" aller Maße, die für die materielle objektive Welt in der Tat real zu sein scheinen – Entfernungen von Milliarden von Lichtjahren, die aber rein tautologisch sind und nichts aussagen. Es ist lediglich „gemessene" Illusion in einer wahrnehmbaren kosmischen Dimension, die durch die Akzeptanz weiterer übergeordneter Frequenzbereiche völlig annulliert würde. Denn die Schöpfung ist eine permanente, in deren „Fluss" der Kosmos als nur eine, und zwar materielle Dimension installiert ist. Was jedoch die „spirituelle Welt" anbetrifft, existieren weder „Zeit noch Raum" als Maßstäbe, denn für das Absolute, für die transzendente Einheit, gibt es keine Zeit. Darum ist in allen Religionen auch das „Absolute" das Ziel und damit zugleich die Überwindung der Zeit, die den Menschen nur zum Sklaven in der materiellen Welt macht. *Die Zeit ist ein „Effekt"*

[18)] Hans Peter Dürr, „ Physik der Transzendenz" (Zitat von E. Kant)

---

im Kosmos, und die Dinge existieren nicht im Raum, sondern sind der Raum. Das Universum ist eine sich durchdringende Hierarchie von Energien mit verschiedenen Dichtigkeiten, zu denen unsere Sinne nur einen begrenzten Zugang haben.[19]

„Die Zeit hat im göttlichen Plan viele Bedeutungen und Auswirkungen. Sie ist der Prozess, durch den das „Licht" im Kosmos als Maß (Einstein) verankert ist und damit zugleich der Mechanismus, der alles regelt und die Gesetzmäßigkeiten auf Erden bestimmt. Die „Herren der Zeit" (Momo / Michael Ende) sind dafür verantwortlich und überwachen die Prozesse im Kosmos, während die Erzengel die Aufgabe haben, die Verbindungen zwischen den „Räumen" der universalen Hierarchie und dem Kosmos herzustellen und ständig aufrecht zu erhalten, um die Schöpfungsenergie der Liebe darin zu verteilen."[20] Dieser wechselseitige Austausch zwischen Kosmos und spiritueller Hierarchie ist heute bereits von der Quantenphysik entdeckt worden, was zu einem neuen Verständnis der Schöpfung verhelfen wird. Es ist ein neuer Denkansatz dafür, wie spirituelle Energie der Schöpfung mit den materiellen Bedingungen im Kosmos korrespondiert, über „morphogenetische Felder" Gesetzmäßigkeiten schafft und alles reguliert. So wurden auch zwischen der Menschheit und den Hierarchien Regeln als Grundgesetze festgelegt.

Denn wir nehmen Zeit auf unterschiedlichen Bewusstseinsebenen und in verschiedenen Erscheinungsformen wahr. Und das bedeutet: Die Zeit weist auch auf den Aspekt der Innenwelt hin.[21] Um die Innenwelt der Zeit zu verstehen, muss man an die grenzenlose Unmittelbarkeit der Gegenwart anknüpfen.[22] Denn es gibt auch jenseits unserer objektiven äußerlichen Wahrnehmungen Zeit, die sich in die ferne Vergangenheit und Zukunft erstreckt. Der gegenwärtige Moment ist

---

[19] J.A. West„ Die Schlange am Firmament"
[20] Der Photonenring, S.227. Alle kosmischen Gestirne benötigen spirituelle „Hüter", um mit der Spirituellen Hierarchie zusammenzuarbeiten, womit Entwicklung und Betreuung des menschlichen Bewusstseins zusammenhängt.
[21] Gerhard Häberli„„Die Einheit von Kosmos, Atom und Geist":„Ich sage bewusst nicht„Wesen der Zeit", weil ich glaube, dass wir in unserem Bewusstsein ein unmittelbares Wissen vom Zeitablauf besitzen – es gehört zu den Aufgaben der Physik, das Verhältnis zwischen unmittelbaren Wissen von der Zeit und unserem symbolischen Wissen von der Zeit im Außen aufzuklären."
[22] David Peat aus „Heraklit" Kosmos und Innenwelt 166 Um die Zeit als Innenwelt wahrzunehmen, muss man verstehen, dass die Realität unseres Daseins sich stets in der Gegenwart befindet.

dafür lediglich eine „Tür", die Zugang zu unterschiedlichen Zeitebenen hat. Um die Zeit als Innenwelt wahrzunehmen, muss man versuchen sich zu vergegenwärtigen, dass die Realität in unserem Dasein sich stets nur in der Gegenwart befindet. Nur das menschliche Denken hilft aus dieser realen gegenwärtigen Gebundenheit heraus. Im Denken kann jeder Mensch durch die Annahme höherer Bewusstseinsdimensionen, in die das kosmische System eingebettet ist, die gegenwärtige Zeit überschreiten. Darum erscheint es dringlich, sich den noch hypothetischen höheren Dimensionen gedanklich zuzuwenden, was ja auch bereits erfolgt, aber der offiziellen Schulphysik als nicht beweisbar suspekt erscheint und daher ignoriert wird. Hier sei auf Burkhard Heims sechsdimensionales Weltmodell hingewiesen. *„Im virtuellen sechsdimensionalen Raum existieren potentielle Strukturmuster, die auch im uns zugänglichen Raum realisiert werden."* [23]

Das wird in Zukunft allgemein erkannt werden und zu einem neuen Erkennen der kosmischen Zusammenhänge verhelfen. Vorerst liegt es daran, dass fast alle Menschen noch zu sehr an ihre jetzigen Bewusstseinsgrenzen gebunden sind, die nur selten „durchbrochen" werden können. Das erfolgt nur mit Hilfe von empfangenen Intuitionen und einer offenen spirituellen Bereitschaft. Vorerst blockiert die Wissenschaft mit ihrem fatalen Dogmatismus, über tradierte und begrenzte, aber „objektiv beweisbare Begrifflichkeiten", alles verstehen und erklären zu können, jeglichen Fortschritt. Zwar wurden alle diese Erkenntnisse bereits von den Philosophen des Altertums entdeckt, jedoch im Kontext der historischen sprachlichen Begriffsvorstellungen formuliert. Darum muss alles immer wieder dem zeitgemäßen begrifflichen Denken angepasst werden, um das heute so festgefahrene Modell einer mechanistischen naturwissenschaftlichen Auffassung zu überwinden. Man muss sich trotz allen hemmenden Widerstandes objektive Beweise fordernder Wissenschaftler auf das Risiko einlassen, auch nach heutigen Meßmethoden nicht beweisbare und objektiv ungesicherte Hypothesen anzuerkennen.

---

[23] Burkhard Heim „Elementarstrukturen der Materie."

Genau wie im permanenten Kreislauf des Universums gibt es auch für den Kosmos weder Anfang noch Ende, und die Vorstellung eines Urknalls ist darum absurd. Insofern ist der *„Omegapunkt" als Endziel der Schöpfung* auch nur ein virtueller und steht für Gott[24]. Auch diese Vorstellung basiert wiederum auf den dafür völlig irrelevanten Zeitvorstellungen eines Anfangs in einer räumlichen Illusion des Kosmos. Dieser „sogenannte Urknall" und das, was man meist darunter versteht, geschieht permanent und ist ohne Anfang und ohne Ende. In der menschlichen Vorstellung einer zeitlichen Begrenzung, die automatisch auch einen Raum impliziert, erscheinen alle Bewegungen nacheinander und räumlich-zeitlich ausgedehnt. So hat Heisenberg die Theorie Einsteins in seiner Quantentheorie im „Lichtraum des Universums" in die Unendlichkeit weiterer Frequenzbereiche überschritten, und damit wurde „Gott" auch im Kosmos wieder sichtbar von unsichtbaren und unendlichen Welten. Auch für den Kosmos gilt die Permanenz einer ständigen Folge von „Urknällen" wie z.B. bei der Bildung neuer Galaxien. Das darf man aber nicht zu einem universalen integrierenden Prinzip erheben, weil es lediglich Stationen in einer permanenten Folge sind. Darin gibt es keinen Anfang und kein Ende, und darum muss diese Vorstellung endlich überwunden werden.

Selbst wenn man unter einem „Urknall" lediglich die „Ausgießung des Heiligen Geistes" verstünde, wäre das keine plausible Erklärung für den tieferen Sinn dieses Vorganges, sondern nur für das menschliche Verständnis eine nichtssagende Feststellung von einem scheinbaren Anfang. In Wirklichkeit handelt es sich dabei um eine Art „Ausstülpung oder Umstülpen" von Geist in Materie.[25] *Der Kosmos stellt ein sich selbst erneuerndes und selbstorganisierendes Ganzes dar, in dem das „Quantenvakuum" eine dominierende Rolle spielt und als ein mit poten-*

[24] Frank J. Tippler, „Die Physik der Unsterblichkeit" / Der Omegapunkt in der Schöpfung ist nicht die dreieinige Gottheit, weil die drei Seinsweisen in der Analyse liegen und nicht selbst der Omegapunkt sein können. Der Heilige Geist hat in der Physik die Funktion der Wellen (Frequenzen). In der Wellenfunktion steckt die gesamte Physik – in der Quantenkosmologie gibt es keine Zeit. Die String-Feldtheorie sieht alle Strukturen auf einer tieferliegenden Ebene, in denen man noch nach Raum und Zeit unterscheidet – das gilt nicht für die Quantentheorie und das Universum

[25] David Bohm a.a.O.:„ Im Meer potentieller Energien tauchen ständig wahrnehmbare Universen auf." In diesem Zusammenhang spricht Bohm von impliziter und expliziter Ordnung. Implizite Ordnung ist dabei die Tiefenstruktur aller Dinge, die raum- und zeitlos ist. Dies sind die Ideen Platons.

tieller Energie erfüllter „Raum" zu verstehen ist. Es handelt sich um einen „pulsierenden Strom" von Universen, worunter man keine zyklische Abfolge verstehen darf, in der ein Universum das nächste bestimmt oder ein Universum Anstoß für das Nachfolgende sei, *sondern der Fluss ist ein permanenter und ergießt ein Universum in das andere ohne Verlust und Anstoß.*[26]

Durchdringung von Geist und Materie

Geist und Materie sind die zwei Seiten in der göttlichen Monade, in der sie durch die Liebe vereint sind. Diese „erschafft" ständig „neue" Universen durch die ewig kreisende Seelenenergie, die dem Geist zur Ausgestaltung unendlicher Ideen zur Verfügung steht. Geistige Energien verwandeln sich in erscheinende Gestalten. Denn alles besteht aus Schwingungen, wobei sich in den Schwingungsknoten durch Überlagerungen (Interferenzen) von Frequenzen Materieteilchen bilden. Durch Energiezufuhr entstehen dynamische Strukturen, die sichtbarer Ausdruck eines unsichtbaren Schwingungsfeldes sind. Im Kosmos handelt es sich um die Umsetzung der Urenergie in die wahrnehmbare materielle dreidimensionale Welt. Es ist jener permanente Verdichtungsprozess von Energie zu Materie, deren kleinste Teilchen die Quarks sind. Diese stehen an der Grenze von Licht und Energieumwandlung, wobei dieser permanente Prozess das Leben schlechthin ist. Darum ist es notwendig, die Urenergie[27] bewusst wieder in alle Überlegungen einzubeziehen und sie als die Lebensenergie selbst zu begreifen. In diesem schöpferischen Lebensprozess ist das Licht als Urenergie das organisierende Prinzip im Kosmos. Sonnenlicht verknüpft die ersten Moleküle zu größeren Gebilden, was der Beginn der seelisch belebten Biosphäre ist. Darum befindet sich auch im gesamten Leben „Licht" (Biophotonen), das für die Kommunikation der Zellen untereinander unerlässlich ist. *„Biophotonen werden durch Kohä-*

[26] Ilya Prigonine, „Dialog mit der Natur"
[27] Die Urenergie anzuzapfen ist schon lange möglich, nur noch nicht einsatzfähig. Tesla und Reich entdeckten bereits rotierende Energiefelder. Tesla wollte der Welt darüber die freie und unerschöpfliche Energie zuteil werden lassen, die durch das Anzapfen der Erd- und Atmosphärenladung verfügbar ist und mit Hilfe einer Trägerwelle wie beim Radio weiter geleitet werden kann. Die Zeit wäre jetzt dafür bereit. Siehe auch Anhang!

renz zur Brücke zu höheren Dimensionen und bilden die Mitte zwischen potentieller und aktueller Information. Sie sind die Schnittstelle zwischen den virtuellen ganz auf der wellenhaften Seite stehenden Feldern der potentiellen Information und den messbaren auf der teilchenhaften Seite stehenden Feldern der aktuellen Information. Kohärente Zustände sind die Schnittstelle, durch die das Geistige ins Materielle hinein wirksam werden kann."[28]

Im Universum besteht immer ein Zusammenhang zwischen Geist und Materie, darum hat auch jedes Gestirn im manifesten Kosmos eine entsprechende geistige „Parallelwelt", welche auch die Gebilde im Kosmos beeinflusst und mitbestimmt. Die Folgen solcher geistiger Bestimmungen und Einflüsse können bis in die materielle Welt der Gestirne durchschlagen. So ist z.B. unser Sonnensystem eine sehr lange Zeit durch eine Zone größter „geistiger Dunkelheit" in ihrer übergeordneten Galaxie gewandert[29]. Diese Phase ist überwunden und beendet, was aber keineswegs bedeutet, dass auch auf Erden eine katastrophenfreie und im menschlichen Bewusstsein eine konfliktfreie Phase anbricht. Vom Geistigen her gesehen, sind nämlich alle bestimmenden Einflüsse gleich bedeutend und dienen in jeder Weise immer nur dem Prinzip der Liebe. Mit solchen „dunklen Phasen" hängt auch die Entwicklung des Bewusstseins der Menschheit zusammen, das vom Geistigen aus gesehen zu anderen Zeiten weder schlechter noch besser war. Es handelt sich immer nur um Veränderungen, die überall gleichwertig sind, und von der Liebe aus betrachtet, nur unterschiedliche Formen annehmen. In solchen dunklen Phasen wird aber auch immer zugleich die größte Liebe in der gesamten Schöpfung erbracht.

Diesen hierarchischen Zusammenhang des gesamten Universums zu verstehen, erscheint von der Peripherie des Kosmos aus gesehen unmöglich, weil es hierbei keine vergleichenden und folgerichtigen Zuordnungen und Rückführungen gibt. Man muss darum versuchen,

---

[28] Popp, Fritz Albrecht
[29] Swami Sri Yukteswar, „Die Heilige Wissenschaft" / „...es war daher die dunkelste Phase des Kali-Yoga im gesamten Zyklus von 24 000 Jahren".

den großen Zusammenhang im Universum als eine Kreisbewegung von „Abstieg und Wiederaufstieg des Geistes" in der Schöpfung zu sehen. Dieser Wendepunkt ist erreicht, indem der gesamte Prozess der universellen Bewegung die Umkehr antritt, und das ist der schmerzlichste Punkt im gesamten Universum. Es ist wie das Auftreffen eines Tennisballes, wobei die Rückschlagbewegung eine genauso heftige wie die Aufschlagkraft ist. Hinsichtlich der sichtbaren Auswirkungen bleiben zu erwartende katastrophale Ereignisse auch auf der Erde nicht aus.

Das Sonnensystem im Kosmos, das den Planeten Erde mit sich führt, auf dem die gesamte Menschheit in der Gegenwart eine gravierende Bewusstseinsveränderung erfährt, erleidet diesen „Wendepunkt"[30] sehr schmerzlich. Denn der „Aufprall" ist im Kosmos ja nicht nur ein Moment (wie für das Universum) sondern in menschlichen Zeitvorstellungen auch eine Phase, in der jetzt der „Rückschlag" gerade erst begonnen hat. Im 20. Jahrhundert erlebte die Menschheit diesen „tiefsten Aufprall". Es scheint darum geboten, die oft erschreckenden materiellen Katastrophen nicht nur als Folgeereignisse im kosmischen Sonnensystem zu sehen, sondern auch als eine Art Befreiungsakt und geistigen Umwandlungsprozess und Wendepunkt in der menschlichen Bewusstseinsentwicklung zu begreifen. Denn davon ist nicht nur die Menschheit betroffen, sondern die gesamte Hierarchie der Schöpfung. Augenscheinlich sind die besonders Betroffenen zwar die Menschen, weil sie als Träger des Bewusstseins dasselbe wieder in die entgegengesetzte Richtung bringen müssen, was aber auch sicher das größte Opfer Gottes in seiner eigenen Schöpfung ist, woran auch die gesamte Schöpfung beteiligt ist.

Da es sich beim Schöpfungsakt um einen permanenten handelt, ist natürlich auch dieser Wendepunkt letztendlich ein fiktiver, weil es in einer permanenten und endlosen Bewegung keinen Einschnitt gibt. Es ist vielmehr so zu verstehen, dass es sich um keinen einmaligen Akt, sondern um einen permanenten Ausgießungsvorgang handelt.

[30] Wilber, Ken; „Halbzeit der Evolution"

In einer ewigen Kreisbewegung durchläuft dieser „pulsierende Lebensstrom" einen Abstieg in die Materie und wieder einen Aufstieg in die Transparenz des Geistes. Insofern ist auch der „Wendepunkt" kein Punkt, sondern eine Phase im permanenten Prozess wie bei einem Riesenrad, bei dem es ein *Oben* und *Unten* nur in der Vorstellung gibt. Für die menschliche Bewusstseinsentwicklung steht jetzt dieser „Wendepunkt" an, wobei das nächste „Schöpfungsgeschehen" bereits schon unterwegs ist, um auch einst wieder in den Bereich einer Wende zu gelangen. Dann werden die gleichen Bewusstseins-entwicklungen vielleicht in einer anderen Galaxie vollzogen werden, so wie jetzt auf der Erde. Schöpfungen gehen so gesehen ineinander über, nur übersteigen diese Prozesse noch menschliche Vorstellun-gen, denn am Schöpfungsvorgang sind alle im Universum mit betei-ligt, weil jeder Aufstieg die Vorbereitung auf eine neue Schöpfung beinhaltet.

TEIL II
INKARNATION
Woher wir kommen

Inkarnation als Abstieg von Allseele und Allgeist

Der Abstieg

Involution ist die „Einwohnung" (das Einfließen) von Allseele und Allgeist in die Schöpfung, deren unterste Dimension der Kosmos ist. Hier wird aus der Involution des Geistes im wahrsten Sinne des Wortes die Inkarnation, die „Einwohnung ins Fleisch". Es ist das Eintauchen einer Seele in den Menschen. In den Bewegungen der höheren Dimensionen, deren Substanzen ätherischer Natur sind, erfolgen daher nicht im wörtlichen Sinne Inkarnationen, sondern es handelt sich eher um ein „Absinken" der Seelensubstanzen in eine jeweils tiefere Bewusstseinsdimension. Es ist eine Art „Einschlafen" und „Wiedererwachen" in der nächst tieferen Dimension , wobei vor dem Einschlafen die Regeln für die nächste Inkarnation festgelegt werden. Dieser Dimensionswechsel entspricht auf Erden „Geburt und Sterben".[31]

Die Liebe muss, um sich selbst zu begegnen, auch in die Zeitlichkeit des Kosmos eintauchen, weil es im gesamten „Abstieg" um die Entfaltung des göttlichen Bewusstseins geht, das sich auch in den materiellen Manifestationen des Kosmos widerspiegelt. Dabei nehmen „Seelensubstanzen" im Abstieg an Gestalthaftigkeit in dem Maße zu, wie sie am ursprünglichen Ideengehalt abnehmen. Im Abstieg ist alles umgekehrt proportional: Es verwandelt sich der ursprüngliche vollkommene Wille Gottes im Ideenausfluss bis in den unvollkommenen Eigenwillen des Menschen. Das ist das Prinzip aller Gestaltwerdung, die im Kosmos als tiefster Dimension endgültig zu keiner weiteren Verwandlung mehr fähig ist und darum automatisch die Rückspiegelung der Liebe initiiert.

---

[31] Franz Werfel „Stern der Ungeborenen": W. beschreibt darin, wie auf einem anderen Stern es über Klonen zu „Geburten" kommt und wie man das „Sterben" freiwillig bestimmt, indem man sich in einen Schlafraum begibt, um in einer anderen Welt wieder zu erwachen.

Es inkarniert also eine Art gedankliches Gestaltkonglomerat, um sich in den absteigenden Bewusstseinsdimensionen den jeweiligen Gesetzen zu unterwerfen, diese zu verwirklichen und die universelle Bewegung weiter in Gang zu halten. Dabei wird im ewigen Kreislauf von Dimension zu Dimension alles weiter getragen, was an Liebe bisher erbracht wurde, aber auch ebenso das, was zur Verdichtung durch den Eigenwillen geführt hat. Darum müssen alle bisher angehäuften „Verdichtungen" der Seele in der Dimension des Kosmos für den späteren Aufstieg wieder transparent gemacht werden. Die Begründungen für dieses „Absinken" in tiefere Bereiche beschreibt Swedenborg sehr anschaulich: „ … *dass nicht der Herr jene Zustandsveränderungen bewirke, sondern der Grund dafür liege in der Eigenliebe der Wesen, die sie beständig vom Herrn abzieht. Diese Zustandsveränderungen bedeuten darum immer einen Abstieg in der Hierarchie des Himmels.*"

Die Liebe selbst vollzieht in der Schöpfung diese unendliche ewige Kreislaufbewegung durch alle Seinsebenen, um im ständigen Wechsel eine Verwandlung zu erleben, wobei das Bewusstsein auf allen Ebenen immer den Level der Erkenntnis bestimmt, die Liebe allein deren Qualität. An dieser Kreislaufbewegung in der Sichtbarmachung Gottes in seiner Schöpfung sind alle Dimensionen sehr unterschiedlich beteiligt. Zwar kommunizieren alle Frequenzbereiche untereinander, dürfen sich aber nicht vermischen, wobei sich allerdings benachbarte Bereiche ständig in Form gegenseitiger Hilfe beeinflussen. Das bedeutet, sie sind gewissermaßen für einander „durchlässig" im Sinne eines ständigen Oszillierens ihrer Bewusstseinssphären. Die Erde – wie alles im Kosmos – ist so ständig auch von einer „spirituellen Hierarchie" umgeben, deren Aufgabe es ist, als Vermittler der interdimensionalen Energie zu dienen. Dadurch werden schöpferische evolutionäre Energiemuster geschaffen, die wiederum im Kosmos ihre materiellen Ausgestaltungen finden. Jedes Dimensionsbewusstsein ist dabei ein absolut freies und in seinen Entscheidungen für oder gegen die Liebe autonomes. Das Erbringen der Liebe wird allerdings um so schwerer, je stärker beim Abstieg der Eigenwille mitbestimmend ist. Da auf Erden das Ich mit seinem Eigenwillen am stärksten ausgeprägt ist, hingegen der Wille Gottes nur noch sehr schwach und kaum noch lebendig sind, ist in dieser „Bewusstseinsfinsternis" auch das Leiden am größten und die Liebe am allerschwersten zu erbringen. Die Erde ist innerhalb der gesamten Kreisbewegung die größte „Prüfungsstation" für die Liebe, muss jedoch als Start für den Wiederaufstieg vom gesamten Universum durchlaufen werden, wodurch der Kreislauf in einer ständigen Bewegung gehalten und vollendet wird.

Da die Dimension des Kosmos die höchst mögliche Verdichtung des Lichtes zur Materie ist, kann von da aus keine weitere „Inkarnation" erfolgen. Es handelt sich danach nur noch um eine Form abgesunkener Seelensubstanz. Diese abgesunkenen Seelensubstanzen werden wieder als „Stoff" für ein neues Universum „ausgebrannt" (HÖLLE), denn das gesamte Universum ist ein durchgängiger Frequenzbereich und unterliegt bestimmten Gesetzmäßigkeiten. Solche abgesunkenen Seelensubstanzen überleben zwar nicht als Kraftträger für die Liebe, bleiben aber als Energien erhalten. Denn das Material für ein neues Universum ist nicht Materie, sondern Energie, die auch zurückfließt, weil im Universum alles vom „Energieerhaltungsgesetz" bestimmt ist. Es ist eine gestaltlose, reine Energie, die so wieder neuen Intentionen zur Verfügung steht, um in einem neuen Universum wieder Gestalt anzunehmen.

Die Aufgabe der noch im Abstieg befindlichen geistigen Kräfte besteht primär in der liebenden und dienenden Weitergabe von Erkenntnissen. Der Sinn dieser Tätigkeit darf jedoch nicht unter dem Aspekt reiner Dienstleistungen für andere gesehen werden, sondern vielmehr als ein ungeheuer dynamischer Prozess im gegenseitigen liebenden Geben und Nehmen im Universum. Liebe ist dabei in allen Dimensionen die führende Kraft in der unermesslichen Fülle der Gestaltungen und ihren Beziehungen untereinander. Durch „Verfehlungen" können im Verlauf dieser gesamten Kreisbewegung auch ganze Dimensionen „erkranken", wodurch sich einerseits die Bewegung des Abstiegs ergibt, aber andererseits auch die stärksten Impulse für die Liebe ausgelöst werden. Der Abstieg wird so quasi durch die jeweils „Unbotmäßigen" und deren wachsenden Eigenwillen bewirkt. Es sind letztlich die „Gefallenen", die in der Rotation im Universum die größten Impulse für die Liebe auslösen.[32] Darum erscheint es wichtig, die Vorstellung von der Hierarchie des Universums wieder der Menschheit bewusst zu machen; denn ohne diese notwendige Erkenntnis über die Herkunft der Menschheit ist z.B. ein Begriff wie „Erbsünde" weder erklärbar noch verstehbar.

Dieses Erkennen der Hierarchie in der Schöpfung ist daher eine Voraussetzung zum Verstehen der Herkunft der Menschheit und der damit verbundenen Bedingungen für die Bewegung der Liebe im Universum. So paradox es erscheinen mag: ohne die „Sünde" gibt es keine Bewegung im Universum. Auch der „Fall Adams" ist nur daraus zu verstehen. Dieser wird im Testament in der Austreibung aus dem Paradies dargestellt. Es war die Folge dessen, das Verbot vom „Baum der Erkenntnis" zu essen, übertreten zu haben. Und das bedeutet, dass von diesem Zeitpunkt an die Menschheit die volle Verantwortung für ihr Tun und Denken übernehmen musste. Denn der Menschheit wurde über die Erkenntnis die Konsequenz von Ursache und Wirkung bewusst. Die Menschen mussten erkennen, dass es einen Weg „zurück ins verlorene Paradies" zwar nie mehr geben könne, aber im Erkennen Gottes ein Wiederaufstieg möglich ist. Denn die Erkenntnis ist die einzige Tür, die über die Liebe den Weg zur Erlösung wieder öffnen kann.

Im Universum erbringen darum alle diejenigen die größten Liebesopfer, die in die Materie „gefallen" sind, um sie über die Erkenntnis daraus wieder zu erlösen. In den höheren Dimensionen erfolgt die Liebe nicht über die Erkenntnis, sondern nur in gegenseitiger Hingabe. Aus diesem Grund ist die Erkenntnis in den absteigenden Dimensionen nicht notwendig und wenig sinnvoll, weil „Engel" in diesen Dimensionen noch im „steten Gesetz des ausfließenden Geistes" stehen. Erst von der Menschheit an muss das Gesetz der Liebe über die Erkenntnis wieder entdeckt werden. An dieser Abstiegsbewegung

---

[32] „Siehe das Böse als Antrieb für das Gute in der Schöpfung: aber das ist nicht moralisch als gut oder böse zu verstehen, sondern es ist die Bedingung, die in der Schöpfung erst die Bewegung ermöglicht. Im Kosmos erreicht die Liebe ihren größten Tiefpunkt und kann sich in ihrer größten Entfernung von Gott als größte Liebe erweisen." (Anonymos)

sind zwar alle im Universum beteiligt, aber es besteht nie ein zwingendes Muss, bis in die Materie des Kosmos hinabzusteigen.

Beim Abstieg wächst ständig die Reibung aller polarisierten Kräfte untereinander, wobei sich die Spannungen zwischen „Wille Gottes und Eigenwille" verstärken. Je tiefer der Dimensionsabstieg erfolgt, desto mehr steigert sich der Eigenwille, wodurch die Versuchungen, sich für die Liebe zu entscheiden, wachsen; denn je größer die Versuchungen und Anforderungen sind, umso stärker muss auch die Liebe sein, um das „Böse" zu überwinden. Die Seele erreicht beim Abstieg aus dem Zentrum in einer menschlichen Inkarnation bereits den höchsten Grad der „Ebenbildlichkeit Gottes" und der Mensch selbst seine größte Eigenwilligkeit als Individualität. *„Und Gott schuf den Menschen sich zum Ebenbild."* Die Erschaffung des „Ebenbildes" Gottes führte nicht nur zur bewussten Trennung der Geschlechter, sondern auch zum bewussten Erkennen von Leben und Tod. Das ermöglichte die freie Willensentscheidung eines Ich und beinhaltete gleichzeitig auch die Erkenntnis des ewigen Lebens der Seele. Abstieg bedeutet zugleich auch eine sich immer deutlicher abzeichnende Trennung von Gott und größte seelische Entfernung vom Zentrum. Die Menschheit erbringt auf diese Weise im Universum das größte Opfer für die Liebe und ist jetzt an der Wende zum Wiederaufstieg angelangt. Alle Dimensionen, die sich über der irdischen Dimension weiterhin noch im Abstieg befinden, haben dagegen eine Inkarnation auf Erden noch vor sich.

Dieser „Bewusstseinsabstieg" bis hin zur Inkarnation auf Erden ist durch ständige Zustandsveränderungen gekennzeichnet. Denn *die Engel sind nicht beständig im gleichen Zustand der Liebe und daher auch nicht im gleichen Zustand der Wahrheit".*[33] Es handelt sich um Zustandsveränderungen, weil es im „Himmel" weder Zeit noch Raumvorstellungen, also keine prozesshaften Veränderungen gibt, sondern nur Zustände. Auf Erden leben die Menschen dagegen in zeitlichen Entwicklungsprozessen, die das Leben in der äußeren Welt der Bilder

---

[33] Swedenborg a.a.O.

gestalten und der Zeit unterworfen sind. Darum erfahren die Menschen auch kaum die „Zustandsänderungen" der eigenen Seele, sondern bleiben vielmehr in den äußeren Prozessen der Materie gefangen. Zustand ist keineswegs Stillstand, sondern innere Wandlung als Bewegung. Im Kosmos nimmt der Mensch dagegen nur den Prozess wahr, der die ganze Bewusstseinsdimension fast ausschließlich bestimmt.

Damit es jedoch den Menschen auch bereits im Leben möglich wird, in einen höheren Bewusstseinszustand zu gelangen, müssten alle übertriebenen prozesshaften Aktivitäten einem kontemplativen Zustand weichen, weil solche Bewegungen im Prozess nur Flucht und Aktionismus sind, um nicht in die Ruhe des Herzens zu gelangen. Sie werden vom Ich willentlich quasi als Notwendigkeiten erzeugt, um das eigene Leben daran abzulesen und wertend messen zu können. Diese Täuschung kann nur überwunden werden, wenn eine empfänglichere Bewusstheit aus einer höheren Dimension ins Spiel gebracht wird, wobei man ein höheres Bewusstsein daran erkennt, dass den kontinuierlichen Gedankenströmen selbst niemals die emotionalen Verhaftungen zu eigen sind. Dieses neue Vermögen zu erkennen „fasst überhaupt keine Objekte mehr auf, sondern ist eine andere Art des Denkens, die den Fluss aller Ich-sagenden Gedanken unterbricht. Dadurch eröffnen sich die Möglichkeiten, die bisherigen „Trennwände" transparent zu machen, wobei das Übersteigen der realen Wirklichkeit nicht bedeutet, von endlichen Dingen getrennt zu sein, sondern vielmehr alle Gedanken auf einer höheren Frequenz zu integrieren. Auf dieser Bewusstseinsebene transzendieren wir jedwede selbstzentrierte Orientierung und sind völlig mit jedem und allem verbunden. Lokalisierungen, Haltungen oder Probleme binden nicht mehr und wir sind auf dieser Ebene nicht mehr darauf erpicht, etwas zu verbessern und zu verändern.[34]

Wenn der Mensch diese „Schaumschlägerei" durchschaut, erkennt er sehr schnell, dass jeder Prozess nur ein äußeres Geschehen ist und gar nichts mit der „Bewegung der Seele" zu tun hat. Denn jeder

[34] J.A. West „Die Schlange am Firmament"

Zustand ist immer eine innere Bewegung, die sich nur in einer Wandlung vollzieht und darum die eigentlich wirkliche Bewegung im Leben ist. Alle äußeren prozesshaften Bewegungen verhindern dagegen eine echte innere Wandlung. Das erscheint zwar oft im Leben wie ein Stillstand, ist aber als „Zustand" niemals als ein „Stillstand" im Sinne von Stehen zu sehen, sondern als die einzige Möglichkeit, sich innerlich zu verwandeln. Denn das ist auch die Verfassung im Jenseits oder höheren Dimensionen, wo eine ständige Wandlung der Zustände über den jeweiligen Bewusstseinslevel erfolgt. Dort gibt es keine störenden Prozesse mehr im Sinne ständiger Rotation wie bei einer Mühle, deren Räder sich sinnlos drehen, ohne dabei vom Fleck zu kommen. Selbst wenn die Räder der Mühlen dabei auch das Mahlen der Körner bewirken, so ist dennoch das Mahlen allein um des Mahlens willen völlig sinnlos.

Zuweilen erfahren Menschen im Leben auch Zustandsänderungen auf ihrem Weg nach „Innen", so, „als ginge ihnen ein Licht auf". Die meisten Menschen aber, die im Leben nur eine äußere Entwicklung absolvieren, erfahren kaum eine Zustandsänderung der eigenen Seele, sondern bleiben im Prozess der Materie selbst noch nach ihrem Tod stecken. Das aber ist dann jener Zustand des im Mittelalter beschriebenen „Fegefeuers", in dem diese äußeren Bildverhaftungen nachträglich geläutert werden müssen, um die Seele wieder in einen „Zustand" zu versetzen, von dem aus sie sich weiter auf höhere Dimensionen hin verändern kann. Alle Seelen fangen mit ihrer menschlichen Inkarnation bei Null an. Das ist ihr Opfer, denn letztlich ist jede Seele als Funke Gottes einmal aus dem Zentrum bis in die Materie inkarniert. Entscheidend ist einzig und allein, wie stark sie in ihrer irdischen Inkarnation bereits Zustandsveränderungen schafft, um sich wieder aus der Materie heraus lösen zu können. *„ Das Innere der Menschen ist nach dem Bilde des Himmels, das Äußere nach der Welt geschaffen. Das Innere ist dem Menschen verschlossen, darum wird er in völliger Unwissenheit geboren, und nur so wie es der Mensch versteht und danach lebt, wird ihm* *der Himmel wieder erschlossen werden."* [35)]

Die von Swedenborg beschriebenen Zustandsveränderungen der „Himmlischen Gesellschaften" innerhalb des Abstieges sind nichts anderes als jenes permanente Abnehmen des Zuflusses von Urenergie, was bis hin zur Verhärtung der Materie in der kosmischen Dimension geführt hat:

„Ich bin aus dem Himmel unterrichtet worden, warum dort solche Zustandsänderungen stattfinden. Die Engel nannten dafür mehrere Ursachen: 1. Die Freude am Leben und am Himmel, die ihnen aus der vom Herrn stammenden Liebe und Weisheit erwächst, würde nach und nach ihren Wert verlieren, wenn sie ununterbrochen darin erhalten würde, wie es bei denen zu geschehen pflegt, die pausenlos in Lustbarkeiten und Vergnügungen sind. 2. Eine weitere Ursache liegt darin, dass sie ebenso wie die Menschen ein Eigenes haben, das in der Liebe zu sich selbst besteht, und dass alle Himmel durch den Herrn von ihrem Eigenen abgehalten werden. In dem Maße, wie dies geschieht, sind sie in Liebe und Weisheit, in dem Maße aber, wie es nicht geschieht, in der Liebe zu sich selbst.

Weil nun ein jeder sein Eigenes liebt und dadurch angezogen wird, so treten bei ihnen Zustandsveränderungen und aufeinander folgende Wandlungen ein. Durch diese Zustandsveränderungen sollen sie davon abgehalten werden, sich in sich selbst zu verlieben. Die Engel setzten hinzu, dass nicht der Herr ihre Zustandsveränderungen bewirke, sondern der Grund dafür liege in ihnen selbst, er liege in ihrer Eigenliebe, die sie beständig vom Herrn abzieht. Zustandsveränderungen bedeuten darum immer einen Abstieg in der Hierarchie des Himmels. So ist z. B. der vierte Zustand des Liebeshimmels der erste im geistigen Himmel. Auf diese Art lösen sich die Dimensionen ab, was jedoch nicht im Ganzen erfolgt, sondern in einer Gesellschaft nach der anderen. (gemeint ist: jeder nach seiner Maßgabe). Sind die Engel im letzten Zustand (des Abstieges) angelangt, so beginnen sie traurig zu werden. Sie hegen zwar noch die Hoffnung, in Kürze wieder in den vorherigen Zustand (Himmel) zu

[35)] E. Swedenborg a.a.O.

gelangen, denn der Himmel besteht für sie darin, von ihrem Eigenen abgehalten zu werden."

Das Ziel des Abstiegs ist mit der kosmischen Dimension auf der Erde erreicht. Gegen diesen Abstieg sträubt sich die höhere „Population", der die Inkarnation auf Erden als letzte Stufe ihres Abstiegs noch bevorsteht, sehr heftig. Diese befindet sich aber als „Energieschub" auf dem absteigenden Strom und muss diese letzte absteigende Inkarnation durchmachen. Das wird zwar sehr wohl als Notwendigkeit der Weiterführung erkannt, aber man fürchtet sich sehr davor, weil man weiß, dass damit der tiefste Punkt der universellen Kreisbewegung erreicht ist, von wo es nur einen sehr schmerzlichen Wiederaufstieg gibt. Das aber geht nur über das „Opfer" der Inkarnation der jeweils höheren Population in die nächst tiefere Bewusstseinsdimension. In der „Inkarnation" auf Erden erfahren alle Seelen dann eine materielle Verkörperung, wovor sie sich sehr fürchten. Es fällt diesen Seelen besonders schwer, weil sie noch tief im Inneren Erinnerungen an ihren vorherigen Zustand besitzen.

Alle diese Begründungen und Beschreibungen für das zwingende Absinken der Seelen in tiefere Bereiche decken sich auffallend auch mit den Betrachtungen von Alice Bailey. Sie schildert die mit dem Abstieg verbundenen Veränderungen vor allem des „Ätherkörpers", - jener ätherischen Substanz der Seelen. Diese Veränderungen bringen immer stärker sich unterscheidende individuelle Gestalten hervor, was vor allem die allmähliche Trennung in männliche und weibliche Wesen zur Folge hat. Analog zur universalen Polarität von „Schöpfer und Schöpfung" entspricht auch die Geschlechtertrennung in Mann und Frau dem Prinzip der Dualität innerhalb der Monade „Mensch", die sich nach Vereinigung sehnt. Die vollkommene Vereinigung erfolgt jedoch im Wiederaufstieg der Seelen mit der Auflösung in die Allseele. So bildeten sich in den unteren Dimensionen der Hierarchie jene einst vereinten, nun aber gegensätzlichen und sich notwendig wieder ergänzenden Geschlechtsunterschiede aus. Eine streng sichtbare und verbindliche Trennung in *Männlich* und *Weiblich* erfolgt allerdings erst kurz vor der irdischen Inkarnation. In den höheren Dimensionen gibt es eine solche Geschlechterpolarität nicht, sehr wohl aber durchaus auch eine Art Polarisierung der geistigen Kräfte, die sich im Sinne eines geistigen Richtungsstrebens ständig ergänzen müssen. Dabei entstehen jene notwendigen Spannungen, die als „Reibung" das Tempo der Abstiegsbewegung bestimmen und ein Abnehmen des Energiezuflusses zur Folge haben. Dadurch wird die Liebe mehr und mehr verdunkelt, was zur wachsenden Eigenwilligkeit im Bewusstsein führt und nach der „Austreibung aus dem Paradies" auf Erden ein bitteres Erkennen zur Folge hat.

Der Kosmos als härteste Materialisierung und Ziel des Abstieges ist im Plan sehr wohl vorgesehen und keineswegs nur eine Folge von „Verfehlungen", sondern die *conditio sine qua non* für die universale Kreisbewegung und für eine Umkehrbewegung im Wiederaufstieg innerhalb der Hierarchie. Die Seelen haben dabei eine freie Entscheidung, insofern sie den Abstieg selbst zwar nicht verhindern, aber durchaus selbst bestimmen können, indem sie nach wie vor nur den Gesetzen der Liebe folgen und sich nicht durch die Ausprägung eines zu starken Eigenwillens immer mehr vom Zentrum entfernen. Dabei ist Luzifer ist die Emanation des Lichtes aus Gott und insofern der „Abstieg *per se*". Nur so ist auch die Schilderung vom „Höllensturz Luzifers" (Genesis) zu verstehen, der quasi alle „unbotmäßigen Engel" mit sich in die Tiefe riss. Diese Betrachtungsperspektive ergibt sich allerdings allein vom Endstandpunkt des universalen Abstieges, von der Menschheit aus gesehen. Vom Ursprung der „Lichtausschüttung" gesehen ist das jedoch die größte Liebe Gottes. „Luzifer" selbst ist hierbei der Lichtbringer und höchste Engel, dem dieses „unbotmäßige Licht entfallen ist", und der sich aus übergroßer Hingabe (Liebe) in die größte Finsternis stürzte, um das verschüttete Licht wieder „einzusammeln" und es wieder ins Zentrum zurückzubringen. Jener „Höllensturz der Engel" hatte in der Menschheit den Eigenwillen zur Folge, der als „freier Wille" in der „Ebenbildlichkeit" auf Erden auch die größte „Entfernung" von Gott darstellt. Nur so kann sich Gott in seiner Schöpfung über ein Geschöpf erkennen und sich über dessen „Liebesopfer" wieder ins Zentrum zurückführen. Dieses Liebesopfer ist Luzifer, der das Licht in die Schöpfung brachte. Er ist der erste „Lichtgedanke Gottes" und zugleich die Aussendung des Lichtes. Gott ist die Urquelle der Liebe, die ständig das Universum als Wille, Kraft und Bewusstsein durchflutet.

Der Abstieg der Liebe in die Dimension des Kosmos war ein langer und sehr dunkler Gang. Es ist die Urenergie, die hier im Kosmos auftrifft wie auf eine nicht mehr zu durchdringende Wand, aber nur in der dem Geiste entgegengesetzten Kraft, der Materie, werden die geistigen Wirkkräfte sichtbar. Auch in den anderen Dimensionen der Hierarchie finden solche Veränderungen beim Abstieg ganzer Dimensionen in den geistigen Wirkungen statt, nur verlaufen diese für menschliche Vorstellungen weniger katastrophal, weil sich diese Bewusstseinswechsel im Fluss der Abstiegsbewegung befinden und es sich nicht um eine Bewegungsumkehrung handelt. Aber von den im Weiterfluss befindlichen Wesenheiten werden auch diese Bewusstseinswechsel gleichwohl schmerzlich empfunden. Zur Erlösung aus dieser Finsternis hat Jesus Christus der Menschheit das Prinzip der Liebe wieder bewusst gemacht; und es ist jetzt an der Zeit, die Liebe über die Erkenntnis wieder bewusst zu aktualisieren. Denn von nun an ist die Menschheit für das Prinzip der Liebe bewusst reif geworden, um darüber auch die äußerste Peripherie, den Kosmos im Universum zu erlösen. Und das erfolgt im Wiederaufstieg der Seele über das Bewusstsein der Menschen.

Aufstieg der Seele über das Bewusstsein des Menschen

Der Wendepunkt der universellen Bewegung liegt im Kosmos und ist die „Halbzeit" der gesamten Evolution[36]. Es ist die Durchdringung von Geist und Materie, die im Kosmos eine Umkehr der Richtung im Wiederaufstieg erfährt. Im Aufstieg aus dem materiellen Kosmos kehrt das „Licht" als Seele wieder zu Gott zurück. Die kosmische Durchdringung von „Licht und Finsternis" erfolgt in einer Art gegen-

[36] K. Wilber a.a.O.

läufiger Bewegung von Geist und Materie, wodurch der Mensch genau im Schnittpunkt von Geist und Materie steht, um über seine Seele die Materie durch den Geist wieder transparent werden zu lassen. So treffen im Menschen beide Entwicklungsstränge zusammen, um über sein Bewusstsein wieder den Aufstieg zu beginnen.

Es ist das Zusammenschließen der Antipoden im Universum und war bereits mit der Ausgießung des Lichtes so vorgesehen. Dieser „Schnittpunkt" wurde vor ca. 25.000 Jahren im Vormenschen erreicht, eine Epoche, die Yukteswar als die größte Dunkelheit[37] der Menschheit bezeichnete und die Ken Wilber in seiner Schrift „Halbzeit der Evolution" so treffend untertitelt *Der Mensch auf dem Weg vom animalischen zum kosmischen Bewusstsein"*. Von da an erfolgt der Wiederaufstieg des Geistes aus der Materie. Geistmorphologie kehrt zurück zur eigenen Quelle und die Materiemorphologie löst sich auf, um als pure Energie von der Quelle für die Schaffung neuer Universen wieder eingesaugt zu werden. An der Schnittstelle „Mensch" erfolgt in einer Art Spiegelbildlichkeit diese Umkehr der universellen Bewegung. Es treffen dabei der tiefste Bewusstseinslevel der letzten im Abstieg befindlichen immateriellen Dimension auf das höchste Angebot eines naturgegebenen Trägers. Es ist die Verschmelzung von „Natur und Bewusstsein", die in der Inkarnation der bisher bewusstlosen Naturgeschöpfe über eine Initialzündung eine Bewusstseinsmutation auslöste, weil nur über den Menschen als geistbegabtes Wesen die Rückführung des Geistes erfolgen kann. Dieser Wiederaufstieg der Seele erfolgt spiegelbildlich zum Abstieg: So wie da die Erkenntnis jeweils auf die stufenweise absteigende Liebe folgte, so muss beim Aufstieg die Erkenntnis am Anfang stehen, und erst ihre Umsetzung in Liebe erbringt dann die Erlösung. „Ich bin der Weg, die Wahrheit und das Leben". Das bedeutet, dass dabei das Bewusstsein der Menschen über den freien Willen bestimmend ist und die Umsetzung und Ausgestaltung der Liebe erst danach freiwillig erfolgt. Sinn und Aufga-

---

[37] In den letzten 20.000 Jahren durchwanderte die Sonne in der Galaxie eine Phase der Dunkelheit, die sich bis hin in die geistigen Kräfte auswirkte. Nicht von ungefähr ist darum auch die menschliche Bewusstseinssphäre erst jetzt in der Lage, wieder aus den Tiefen dieser Verdunkelung aufzusteigen. (Yukteswar, „Die heilige Wissenschaft")

be des Wiederaufstiegs ist es, in einer freiwilligen „Läuterung" aller seelischen Verdichtungen den Energiefluss der Liebe wieder zu ermöglichen. War der Abstieg so gesehen eine Art „Erkrankung", so kann diese im Aufstieg der Seelen durch die Umkehr über die Liebe „geheilt" werden. Darum wird auch Jesus Christus als HEILAND bezeichnet.

Dieser Vorgang der „Rückführung" ist für alle materiegewordenen „Ideen" ein sehr schmerzlicher, weil allen Gestalten im Sterben quasi das „Leben" als Licht wieder entnommen wird. Besonders für das Licht in der weitesten „Entfernung" vom Zentrum der Lichtausgießung auf der Erde (was jedoch nicht räumlich vorzustellen ist; denn es handelt sich dabei lediglich um Zustände härtester Materialisierung) ist es oft besonders schwer, diese Verhärtungen wieder zur Transparenz hin aufzulösen. *„Alle Materie war einst ein Reingeistiges, das freiwillig aus der Ordnung trat und zu einem Gerichteten aus sich selbst verhärteten Geistigen wurde. Diese Materiewelt ist zu 2/3 Seele und zu 1/3 seelenlose Hülse. Dieser auf der Erde so gefestigte Wille Gottes als Naturgesetz ist eine Erlösungsanstalt für die darin eingeschlossenen Seelenanteile. Darum muss die Seelensubstanz viele Lebensstufen* (bis zur menschlichen Einzelseele) *durchlaufen und sich stets aufs Neue wieder mit einem materiellen Leib bekleiden, bis sie wieder reingeistig ist"* (Lorber). Das ist der Grund, warum das „Licht" sehr schwer zurückfindet und dies oft nur mit Hilfe von Engeln möglich ist . Diese sind Lichtenergien, aus dem Zentrum (Einheit) kommend, um das in die Materie so tief versunkene Licht, das sich nicht mehr selbst befreien kann, wieder zu Gott zurückzubringen. Gott ist aber das Ganze, und darum wird es auch wieder ins Zentrum zurückgebracht. Denn Gott selbst geht ja mit den Seelen den Weg und nimmt an dieser so harten Materialisierung teil.

Die Menschheit besteht aus vielen Individuen, die innerhalb des integrierenden und alles bestimmenden Gesetzes der gesamten Bewusstseinsdimension freie Willensentscheidungen fällen. Allein diese Entscheidungsfreiheit ist für den Bewusstseinsaufstieg der Liebe die absolute Voraussetzung. Daran sind zwar alle Seelen unterschiedlich beteiligt, sie tragen aber eine gleiche Verantwortung[38], weil immer die Gesetzmäßigkeit einer Dimension vollkommen erfüllt werden muss; denn innerhalb der großen Kreisbewegung im Universum handelt es sich in den verschiedenen Bewusstseinsebenen immer nur um „Teilvollkommenheiten", die durch das jeweils bestimmende Bewusstsein begrenzt sind. Im Aufstieg zur nächst höheren Dimension erfolgt dann erst die Auflösung dieses „Geheimnisses". Insofern sind für alle Seelen die Bedingungen gleich-gültig verteilt. Denn im Leben hat jede Seele über den freien Willen zwei Möglichkeiten: sich entweder in ihr Ich zu verlieben und damit in der Materie zu versinken oder Gott zu lieben und damit ihr Ich aufzuopfern. Eine im Menschen inkarnierte Seele wird mit der „Maya", der „Welt der Bilder und der großen Illusion" konfrontiert und kann darin versinken, wenn sich der Mensch einem nach außen gekehrten Leben unterwirft, das auf ihn einen magnetischen Einfluss ausstrahlt. Andererseits besteht aber auch die Möglichkeit, die „Welt zu lassen" und eine ganz nach innen schauende, introvertierte Geisteshaltung zu bekunden. Zwischen diesen beiden Extremen kann man hin und her taumeln oder lernen, diese beiden Wesensäußerungen zu verschmelzen: Den Dienst in der Welt aus der inneren Kontemplation heraus zu leben. Darum kamen Christus und die vielen Heiligen in die Welt als Helfer, um im Auftrag Gottes für IHN sich selbst wieder in einem „exemplarischen Leben"[39] zu erlösen. Die höchste Liebe gipfelt in der Erkenntnis Gottes, die höchste Erkenntnis gebiert die Liebe als Erlösung aus der Materie. Erlösung ist das Erkennen, dass nur die Liebe zu Gott zurückführt.

Vernetzung und Kommunikation im Universum

Alles im Universum ist in Strukturen organisiert und vernetzt. Dabei gilt das Gesetz, je höher der Frequenzbereich einer Dimension in der Hierarchie ist, um so mehr bilden diese Bereiche eine große Einheit und Geschlossenheit. Für den Menschen sind diese hohen Dimensionen ein nicht mehr vorstellbarer gestaltloser Bereich. Beschreibungen und Darstellungen von organisierten Strukturen gel-

[38] Hildegard von Bingen „Der Mensch in der Verantwortung"
[39] Walter Nigg „Exemplarisches Leben"

ten darum nur für den dritten (unteren) Bereich in der Hierarchie.[40] Es sind die Bereiche, die sich direkt über dem kosmischen Bewusstseins-bereich befinden und der parallelen jenseitigen Welt der Erde ent-sprechen. Nach hypothetischen Beschreibungen und Berichten herr-schen darin ähnliche gesellschaftliche Strukturen wie auf der Erde.[41] Alle Gestirne im Kosmos besitzen eine sie umhüllende geistige Paral-lelwelt und unterstehen auf diese Weise in der Hierarchie einer spiritu-ellen „Galaktischen Föderation", die sich selbst als eine Art „Vereinte Nationen von Sternensystemen" betrachtet. Deren Aufgabe ist es, eine Kommunikation aller Systeme zu ermöglichen. Ziel dieser Vernetzung ist es, Abwehrsysteme gegen Aggression zu erstellen und Licht und Liebe zur ständigen Harmonisierung im Universum zu verbreiten. Hauptfunktion ist die Ermöglichung eines kontrollierten Informations-flusses als Weiterhilfe in der Erweiterung des Bewusstseins aller Betei-ligten. Denn der Zuwachs an Bewusstsein im Laufe der menschlichen Entwicklung hat viele dimensionale Verschiebungen erfordert, die von der spirituellen Hierarchie vorgenommen wurden, um den inter-dimensionalen Energieaustausch immer wieder neu zu adjustieren.[42]

Im Kosmos sind alle Gestirne über ihre Parallelwelten auch geistig untereinander verbunden und unterliegen einem ständigen gegen-seitigen Einfluss, der zum Teil auch zerstörerisch sein kann, was zwar nur sehr bedingt für die Erde gilt, aber nicht bedeutet, dass es auf Erden keine kosmosbedingten Katastrophen geben könnte. Ganz im Gegenteil: in Zukunft wird es sogar noch sehr heftige geben, die aber nicht die Erde als Planet selbst betreffen, sondern nur das „Peripherie-potential", nämlich die Menschheit. Diese partiellen Zerstörungen dienen der Entfaltung neuer Entwicklungen und entsprechen gleich-sam den Jahreszeiten von Herbst und Frühling in der Natur. Es ist ein scheinbares „Sterben", um wieder neu „geboren" zu werden, denn die Erde ist im Kosmos als „Pflanzstätte" der tiefsten Materialisation des Geistes vorgesehen und nie wirklich als Planet bedroht, sondern unzerstörbar. Die Erde ist als Umschlagort im gesamten Universum

[40] Dionysios Areopagita a.a.O.
[41] Niddle „Der Photonenring – Nachrichten vom Sirius"
[42] Zoev Jho „E.T. 101 - Zur Planetaren Evolution"

sehr wichtig und wird darum ständig von der *„geistigen Hierarchie"* beobachtet. In jüngster Zeit war das durchaus spürbar, weil die Menschheit in der Tat den Wendepunkt zum Wiederaufstieg überschritten und den bereits erkennbaren Rückweg zum Zentrum angetreten hat.

Beim Aufstieg sind besonders die Kommunikationen und Kontakte, die ständig zwischen den Dimensionen stattfinden, eine notwendige gegenseitige Hilfe, die jeweils immer aus den höheren Dimensionen erfolgt. Es existiert ein ständiger spiritueller Einfluss aus höheren Dimensionen über Gedanken und Intuitionen. Vor allem sind es die Inkarnationen, die direkt aus der Dimension über der Erde stammen und an der Weiterentwicklung prägend beteiligt sind, weil sie aus einem ätherischen Zustandsbereich kommen, der auf Erden erst in ferner Zukunft wieder erreicht sein wird. Jede neue Population kommt mit neuen „Gedankensamen" als Mitgift, um den Rückweg zum Zentrum vorzubereiten. Auf Erden hat dieser Aufstieg jetzt erst richtig begonnen, obwohl er schon immer stattgefunden hat, denn erst jetzt wird er mit dem neuen Bewusstsein die ganze Menschheit erfassen. Alle „Helfer" aus sehr viel höheren Dimensionen haben dabei spezielle Aufgaben für Teilbereiche des Bewusstseins: Klärung des Denkens zum Supramentalen hin, Stimulanz der Chakren, um die telepathische Kommunikation voranzutreiben, ferner Weiterentwicklung der Genforschung und ein besseres Verstehen der Beziehungen zwischen Körperfunktionen und Chakren. Bisher genügte es, dass große Geister als Priester das Wissen um die Zusammenhänge bewahrten. Im 19. Jhdt. begann man mehr und mehr in die physikalischen Zusammenhänge einzudringen und sie zum allgemeinen Wissen zu machen. Damit wurde der Weg für eine weitere Entwicklung frei. Die „Neue Population" wird über diese Erkenntnisse aktiv in die Entwicklung eingreifen können und den Menschen das geistige Rüstzeug erarbeiten, um diesen Fortschritt des Bewusstseins zu ermöglichen.

Das gilt für jeden „Transfer": Bei der Inkarnation einer Seele aus einer höheren Dimension werden immer auch Ideen und gestaltete

Gedanken mit übertragen, die dann unter den neuen Bedingungen der jeweiligen Bewusstseinsdimension umgesetzt werden müssen, was übrigens auch bei jeder normalen gedanklichen Eingabe des Menschen der Fall ist. Die Fähigkeit der Menschen, sich durch geistige Kontakte von höher entwickelten Formen des Denkens inspirieren zu lassen, bindet die Menschen in das große Ganze des Universums ein. Nur darüber erfahren die Menschen, dass der Geist sie darin unterstützt, das Allganze zu erkennen, wobei Geist und Seele vom manifesten Körper völlig unabhängig sind. Unantastbar durchwandern beide die „Welt der Bilder", indem sie das Ewige und Unveränderliche mit dem Sich-Entfaltenden vereinen. Darum sind Kontakte und Eingaben von anderen Dimensionen zwar notwendig, aber nicht immer unproblematisch für die Menschen, vor allem, wenn diese Kommunikationen und gedanklichen Übertragungen auf sehr unterschiedlichen Bewusstseinsebenen erfolgen, z.B. wenn „Wesen" aus anderen Dimensionen bei Menschen „andocken", die aus der anderen „Wirklichkeit" Kontakte anstreben, ohne die nötigen Voraussetzungen dafür zu haben, wirksam zu helfen. Zuweilen suchen leider solche irregeleiteten Seelen Kontakte zu Lebenden, was sich dann bei diesen als Besessenheit erweisen kann. Allerdings gehören wie bei allen Kontakten immer zwei dazu, und das bedeutet, alle Kontakte müssen von beiden Seiten gebilligt werden, wobei sich meist die Beziehung nach dem jeweils entsprechenden Bewusstseinslevel richtet – *„Du gleichst dem Geist, den du begreifst"*[43]. Da dieser aber oft sehr unterschiedlich ist, entstehen leicht Missverständnisse auf beiden Seiten. Die Folge sind entweder missverständliche und unsinnige Durchsagen und Übertragungen oder es handelt sich um einen „gestörten Empfang" auf Grund falscher Motivationen wie Neugier oder Wichtigtuerei. Bei solchen nicht ganz ungefährlichen Kontakten (Seancen, Hypnosen) werden oft alte noch nicht ausgelebte Bereiche lediglich projizierend weitergegeben, anstatt sie zu läutern. Im epigonalen Bereich aller Künste finden solche Übertragungen am häufigsten statt. Es ist ein unstatthaftes Anzapfen, welches letztendlich reine Energieverschwendung ist, weil es fast nie der Liebe, sondern im besonderen

---

[43] Goethe "Faust"

Maße nur der Eigenprofilation dient. Durchsagen als offenbarende Erkenntnisse dagegen sind von großer Wichtigkeit für die gesamte Menschheit, geschehen aber nur selten. Die Menschen werden zwar ständig im Bewusstsein von höheren Dimensionen betreut, doch alle Eingaben und Gedanken sind dann in die Disposition einer freien Willensentscheidung des Menschen gestellt.

Es inkarnieren seit jeher auch sehr hohe Seelen aus höheren Dimensionen zur Hilfe beim Wiederaufstieg. Diese haben eine ähnliche Funktion wie die persönlichen Schutzengel, die zwar von den meisten Menschen nicht wahrgenommen werden, aber dennoch in der Welt die einzige Wirklichkeit im gesamten Geschehen repräsentieren. Diese Geistwesen und Lichtgestalten dienen vor allem auch direkt als inkarnierte Menschen der Weiterentwicklung des Bewusstseins und der vertiefenden Erkenntnis. Es sind jene „Ausnahmemenschen" wie Heilige, Genies, große Entdecker und Erfinder, eine Art Vorhut oder Wegbereiter, die in den letzten 100 Jahren von Generation zu Generation immer mehr auf Erden aufgetreten sind. Diese „Neuen" fühlen sich meist auf Erden selbst sehr fremd und finden sich oft nur schwer zurecht. So ähnlich dürfte es der ersten voll inkarnierten Population der Adamiten ergangen sein, die sich einst mit den Überresten der Neandertaler und Vormenschen sicher auch sehr schwer getan haben. Überreste solcher Frühpopulationen finden sich auf der Erde auch heute noch in Afrika, Neuseeland oder Südamerika und erzeugen staunende Irritation, weil sie kaum historisch, noch gesellschaftlich einzuordnen sind.

Für die Veredelung der Bewusstseinsstrukturen auf Erden sind vor allem jene Seelenanteile von großer Bedeutung, die direkt aus der Dimension über der irdischen inkarnieren. Sie haben insofern den stärksten prägenden Einfluss auf die Menschen, als sie aus dem ätherischen Zustandsbereich inkarnieren und den Kulturen entsprechen, die vor der adamitischen Population allein auf Erden herrschten. Diesen Bewusstseinszustand wieder zu erreichen ist auch das Ziel der Menschheit im „Neuen Äon". Darum erfuhr die voll inkarnierte

Menschheit bei ihrem Beginn und dem damals für sie so schwierigen Übergang ins menschliche Dasein noch Hilfe von der halbätherischen Population, die Führungsaufgaben übernahm. Denn zeitlich parallel zu den „Adamiten" gab es auf der Erde noch halbätherische Kulturen wie „Atlantis", ferner die Vorläufer der späteren Azteken, Ägypter und Babylonier. Die Berichte über diesen Anfang wurden erst tausende Jahre später nach mündlicher Überlieferung aufgeschrieben, denn die Adamiten gab es schon lange (ca. 12 Tausend Jahre) vor dem „offiziellen Bericht" der Bibel. Nach der „Genesis" beginnt die „Menschheit" mit der „Austreibung aus dem Paradies", was so viel bedeutet, dass mit dem letzten Inkarnationsabstieg die Population aus der nächst höheren Bewusstseinsdimension, dem „Paradies", eine Verbindung mit auf den Erden bereits vorhandenen biologischen Trägern eingehen musste. Damit wurde die archaische Population auf Erden die erste Verbindung zweier Dimensionen – und zwar bereits in den Vormenschen, die sich aus der Natur heraufentwickelt hatten, um als biologischer Träger für das menschliche Bewusstsein der absteigenden höheren Dimension zu dienen.

Die Erde ist im materiellen Kosmos eine Art „Sammelbecken" für die vielen „absteigenden Populationen" der unterschiedlichsten ätherischen „Herkunftsplaneten", weil sich für diese Inkarnationen auf der Erde in Äonen eine biologisch-genetische Basis entwickelte, die sich als ein geeigneter Empfänger für Inkarnationen anbot. Darum entschied die *„geistige Föderation"*, dass dieses System das einzig evolutionäre Muster sei, wirklich spirituelle Ergebnisse auch auf der Erde zu zeitigen.[44] Das ist auch der Grund für die große Vielfalt der verschiedenen Völker und Rassen auf der Erde, obwohl ursprünglich zwischen den Herkunftsplaneten kein direkter Zusammenhang bestand. Die verschiedenen Rassen auf Erden sind im Kosmos einzigartig. Ferner ist auf Erden das Prinzip der Vermischung von großer Bedeutung, um die Dimensionsvielfalt wieder zur Einheit zu führen. Denn das Streben nach Einheit und die Überwindung der Getrenntheit ist der natürliche Zustand allen Seins. Leider ist die Bewusstseinsenergie, die von den

---

[44] E.T. 101 a.a.O.

Menschen dafür aufgebracht wird, um die Illusion einer Getrenntheit aufrecht zu erhalten, ungeheuerlich groß. Zur Hilfe für die Überwindung dieser Illusion erfolgen ständig Inkarnationen aus höheren Sphären, um die Menschheit auf das zukünftige einheitliche Ziel des Rückweges ins gemeinsame Zentrum bewusst vorzubereiten. Der einzelne Mensch kann diese Rückführung nur über die Überwindung seiner egoistischen materiellen und trennenden Verhaftungen erbringen, indem er sich wieder als Mitglied der gesamten Menschheit begreift und sich hingebungsvoll in die Gesamtheit einbringt. Wie schwer das den Menschen fällt, zeigen in der Gegenwart die bisher misslungenen Bestrebungen innerhalb des Globalisierungsprozesses, in der Welt dafür einen gemeinsamen Nenner zu finden.

Vorläuferpopulationen

Die rein ätherischen Vorläuferpopulationen der Menschheit auf Erden kannten weder Zeugung noch Empfangen, weder Geburt noch Sterben, weil dies in den ätherischen Dimensionen nicht erfolgt und nicht notwendig war. Lustvolle Anreize und Begehrungen wie auf Erden fehlten ebenso, doch die Wesen liebten einander dafür umso mehr. Es fand eine Verschmelzung der Seelen statt, wodurch enorme Energien freigesetzt wurden, die dem gesamten Universum zugute kamen, um die Welt schöpferisch in Schönheit umzugestalten. Es ging dabei nur um die Hingabe in Liebe, niemals um ein Begehren schöner Bilder, die als gestalthafte Erscheinungsbilder primär bedeutungslos waren und durch Wesensbilder ersetzt wurden. Das gibt es zwar auch auf Erden, wobei allerdings das Erscheinungsbild immer die größere Anziehungskraft besitzt und die Liebe darum kaum eine Chance hat.

Die halbätherischen Populationen hatten noch die Fähigkeit, zwischen den höheren Dimension und der Erde hin und her zu pendeln, was man heute vielleicht als „Beamen" bezeichnen würde. Sie wurden von den ersten Menschen darum als „Götter auf Erden" verehrt. Deren vordringlichste Aufgabe war es, beim „Heraufziehen" des Bewusstseins der Menschheit zu helfen. Diese Halbätherischen vermischten sich auch zuweilen mit Menschen, aus denen dann jene mythologischen „Halbgötter" der Griechen hervorgingen. Die Zeugung war ein Akt „seelischer Durchdringung", wobei die Befruchtung nicht über ein menschliches Glied, sondern über eine ätherische Übertragung der DNS in die Vagina der Frau erfolgte, in einer Art „jungfräulicher Zeugung". Wiewohl sich aber die „Götter" von dieser Art der Vermischung distanzierten, so waren sie wohl doch von den Reizen der Menschenfrauen sehr angetan und verführbar. Nur so ist auch die Bemerkung „Adams" seinen Söhnen gegenüber zu verstehen: *„Verbindet euch nicht mit den Töchtern aus den Tälern"*,[45] womit die Naturvölker gemeint waren.

Wenn diese hilfreichen Kräfte aus höheren Dimensionen den heutigen Menschen auch nicht mehr sichtbar erscheinen, so stehen sie dennoch als spirituelle Einflüsse aus höheren Dimensionen immer noch zur Verfügung. An sich erfährt jeder Mensch solche Kontakte im Traum, denn da befindet er sich über den eigenen Ätherkörper im Frequenzbereich der höheren Dimensionen. Leider ist durch die menschliche Bewusstseinsentwicklung in der jetzigen „defizitären" mentalen Endphase ein so hohes Maß an intellektueller Blockade erreicht worden, dass die meisten intuitiven Eingaben aus diesen Frequenzbereichen kaum noch bewusst empfangen und wahrgenommen werden. Sie sind nur wenigen über Zustände wie Visionen, Traum oder Intuition möglich. Vorerst ist diese „Durchlässigkeit" für einen intuitiven Empfang vielen Menschen noch nicht voll bewusst, sie wird sich aber im kommenden Äon allen wieder öffnen. Der Sinn solcher Übermittlungen ist es, zu notwendigen höheren Erkenntnissen zu kommen, vor allem geht es aber zunächst um das bewusste Akzeptieren anderer Dimensionen in der Schöpfung.

Darum erfolgten immer große Bemühungen und Hilfen durch Engel, um die „Rückführung der Ideen" aus den Bildverhaftungen der Materie zu ermöglichen. Bailey[46] nennt sie *„die Großen Befreier, die den Menschensöhnen zu Hilfe kommen."* Alle diese Führer haben im mensch-

---

[45] J. Lorber „Die Haushaltung Gottes"
[46] A. Bailey „Die Wiederkunft Christi"

lichen Bewusstsein nachhaltige Wirkungen hervorgebracht. So brachte Henoch den Menschen die Gerechtigkeit, Buddha die Weisheit, und Christus machte den Menschen die „Hingabe" (Liebe) bewusst, die von da an auf Erden gelebt und erkannt werden muss. Henoch hatte den Abstieg bis zur Erde miterlebt und ist der früheste bezeugte Begleiter der Menschheit noch vor der Sintflut, der den Menschen half, ihr Leben sinnvoll zu gestalten und sich in der anfänglichen Verwirrung der irdischen Zustände zurechtzufinden, um nicht im Chaos unterzugehen. So brachte er ihnen Maß, Gesetz und Ordnung, um unter irdischen Bedingungen gestaltend arbeiten zu können. Diese Hilfe war absolut notwendig, um die Bedingungen auf Erden zu entdecken, denn die Menschheit war gänzlich aus der „Liebe und Weisheit" der ursprünglichen Herkunftsdimensionen herausgenommen. Es wird berichtet, dass Henoch den Menschen die vergessenen „Geheimnisse" der Engel verriet, ähnlich wie „Prometheus" in der griechischen Mythologie. Denn Henoch[47] brachte den Menschen das notwendige Wissen, wobei die große Versuchung darin bestand, dass die Menschen dieses Wissen als Macht missbrauchten oder sich in die Ergebnisse ihrer Errungenschaften „verliebten", indem sie der Verblendung erlagen, selbst die Erzeuger der entdeckten Geheimnisse und deren rechtmäßige Besitzer zu sein. Sie aßen vom „Baum der Erkenntnis" und erlagen der Versuchung durch die „Schlange". Es ist zugleich der Beginn des „Dialoges zwischen Gott und den Menschen", die sich von da an zwischen den Antagonisten des polaren Gesetzes in der Welt entscheiden müssen. Es sind die beiden antagonistischen Positionen von Gerechtigkeit und Barmherzigkeit einerseits und Macht und Verbrechen andererseits. Denn erst mit dem Beginn der Gestalthaftigkeit bekommt alles eine „Zwiespältigkeit", weil die Form ihre eigenen Regeln und Gesetze entwickelt und die Strukturen in der Welt mitbestimmt. Das ist der „Kampf" der „blinden Formen" mit den „gestaltwirkenden Kräften".

Im „Naturrecht der Vormenschen" (was an sich gar kein „Recht" ist) ging es nur um Triebe und Instinkte, die eine bewusste Bewertung der

---

[47] Henoch spricht von „Befestigungen von Himmel und Erde", womit alle physikalischen Gesetzmäßigkeiten im Kosmos gemeint sind. (Astronomische Bücher)

Handlungen gar nicht zulassen. Es ist der lange Gang der Menschheit bis heute, eine Lösung der Polarität im Leben in Verantwortung zu finden, was immer wieder zu gewaltigen Rückschlägen in der Geschichte der Menschheit führte. Leider war auch die Hilfe Henochs vergeblich, um das Chaos beim Dimensionswechsel erfolgreich zu bewältigen. Die Lösung erfolgte in der ersten belegten historischen Katastrophe, der Sintflut. Solche drastischen Einschnitte sind immer wieder die einzige Lösung, um das Geistige vom Materiellen zu trennen und um das Leben rein zu erhalten. Auch heute steht die Menschheit wieder an einem solchen Endpunkt der mentalen Entwicklung, deren Ergebnis zwar die Wissenschaften sind, jedoch leider nicht in Verbindung mit einer spirituellen Erkenntnis. Auch heute noch wird der Menschheit Hilfe durch „Soldaten" aus höheren Dimensionen zuteil, die als Hilfe für die Weiterentwicklung des Bewusstseins benötigt werden.

Denn alle Ideen und Vorstellungen, die das menschliche Leben bestimmen, sind Emanationen hoher Geister und der geistigen Elite, die über allen Formen thront. Sie versuchen, die Gesetze und Regeln zu transferieren, ohne jedoch aktiv eingreifen zu können. Denn aus allen Gesetzesformen müssen die Seelen wieder befreit werden, damit sie nicht in sich selbst stecken bleiben, sondern sich immer weiter verwandelnd entwickeln können. Wenn die Formen nicht mehr auflösbar erscheinen, ist dieser Prozess der Verfestigung im Kosmos zum Stillstand verdammt.[48] Hier greift nun in der Tat die Hierarchie ein, indem die Wesensäußerungen göttlicher Ideen aus den geistigen Urquellen über das menschliche Bewusstsein durch systematisch bewusste Methoden aus Gedankenformen allmählich wieder die Realität einer allen sichtbaren Erscheinungsform annehmen. Der Grundton, den sie anschlagen, und die Qualität, die sie ausstrahlen, wirken auf die höchstentwickelte Menschheit ein, die sich zu irgendeiner Zeit auf Erden befindet. Das Ziel der gesamten Entwicklung im zeitlichen Kosmos ist die „vollendete Lichtgestalt der Menschheit in der Ewigkeit".[49]

---

[48] Beispielhaft dafür ist die verhärtete Erstarrung der Institution der katholischen Kirche.
[49] Teilhard de Chardin, „Der Mensch im Kosmos"

Natürlich werden in diesem Prozess die zeitlichen Bilder im Kosmos immer als Bilder vergehen und sich verwandeln und die Menschheit wird eine neue Gestalt annehmen. Und das geschieht bereits, denn das neue Bewusstsein wird als „Licht" auch einen neuen Menschen hervorbringen, der bereits in vielen Menschen schon geboren ist, in den Heiligen schon immer da war und in Zukunft die ganze Menschheit erfassen wird.

Seit unvordenklichen Zeiten hat der Mensch in Erwartung göttlicher Offenbarung und göttlicher Intervention davon geträumt. Immer wieder in der Menschheitsgeschichte führten intensives Wünschen und Verlangen dazu, dass geistige Visionen reale Formen annahmen und Träume sich verwirklichten. Immer wieder hat Gott Offenbarungen gegeben und große Sendboten geschickt, die formulierte Grundgedanken den Denkern ihrer Zeit verkündeten, um der Menschheit zu helfen und sie zu führen. Die Menschen machten sich diese verspürten Ideen zu eigen, und auf diese Weise wurden große und stimulierende göttliche Absichten zu beherrschenden Faktoren im menschlichen Fortschritt. In der Gegenwart wird der Empfang solcher Botschaften eher skeptisch betrachtet, was sich aber in der weiteren Zukunft wieder ändern und als völlig normal und selbstverständlich angesehen werden wird. Denn für solche „Eingaben" werden die Menschen über die Telepathie wieder eine „Öffnung" entwickeln.[50]

Der Dimensionswechsel

Der letzte epochale „Dimensionswechsel" des Bewusstseins erfolgte vor ca. 20.000 Jahren mit dem Beginn der Population der „Adamiten". Die vorherigen großen Kulturen waren noch zum Teil in den benachbarten Dimensionen beheimatet gewesen und konnten noch die Bewusstseinsebenen wechseln. Dieses Oszillieren zwischen ähnlichen Frequenzbereichen war problemlos, ist jedoch im Bereich der

---

[50] Michael Faraday sagt, alle Materie stelle lediglich eine Feldverdichtung dar, „Knoten im Feinstofflichen" – es besteht lediglich ein Frequenzunterschied der Energien; und darum bestehen zwischen „Materie und höherdimensionalen Feldern" reale Berührungspunkte und Wechselbeziehungen, die über Telepathie versendet und empfangen werden können.

Erdfrequenzen bisher nur in einer Richtung, von der höheren Frequenz zur tieferen möglich. Das Eintauchen in die tiefere Frequenz ist dabei oft sehr schmerzhaft. Darum sind bei heutigen „Besuchen aus dem All" die „Insassen von Ufos" (ET) sogenannte „anthropoide Roboter", die zwar die heutigen „Roboter" auf Erden weit übertreffen und darum scheinbar lebendig wirken, in Wahrheit aber künstlich sind, weil sie vom Transmutationsprozess beim Dimensionswechsel kaum betroffen werden. Die damaligen Populationen, die noch oft als „Besucher" zu den Menschen kamen, hatten dagegen einen „halb-ätherischen" Körper, der einen solchen Wechsel leichter ermöglichte. Der neuen Population der „Adamiten" war ein solcher Dimensionswechsel nicht mehr möglich und ein Oszillieren zwischen den Dimensionen erlosch, weil auf Erden bereits ein zu hohes Maß an Verdichtung der Frequenzen erreicht worden war, so dass ein Wechsel der Frequenzbereiche nur noch im Traum möglich war. Der Dimensionswechsel erfolgte von da an über Inkarnationen mit der Geburt und nach dem irdischen Sterben beim Zurücklassen des leiblichen Körpers.

In diesem Zusammenhang scheinen die Berichte von „Besuchern aus dem All" erwähnenswert.[51] Diese „Besuche" aus den über uns liegenden „absteigenden Bewusstseinsdimensionen" erklären sich aus der Absicht, den „Bereich" zu erkunden, in den die nächste absteigende Inkarnation erfolgen muss. Dieses sichtbare Eindringen in die kosmische Dimension dient dabei auch dem Zweck, der Menschheit deutlich zu machen, dass es neben der irdischen Realität noch andere „Wirklichkeiten" gibt. Darum besuchen seit vielen Jahrhunderten ständig „Ufos" aus anderen Frequenzbereichen die Erde, um diese zu beobachten. Solche Besuche dienen primär dem eigenen Interesse, um sich auf den „letzten Abstieg" einer für sie sehr erschreckenden endgültigen Materialisierung vorzubereiten, wovor sich diese Populationen sehr fürchten. Es gibt jedoch für sie keine andere Möglichkeit, weil die Inkarnation in den materiellen Frequenzbereich erfolgen muss, um von der Erde aus den Wiederaufstieg der Seelensubstanz im Bewusstsein zu starten. Der Abstieg von ganzen Populationen ist –

---

[51] I. von Ludwiger über Ufos und Raumstationen, aus „Die Erforschung unbekannter Flugobjekte"

wie schon Swedenborg vermerkt – immer mit einer großen Traurigkeit verbunden, weil zwar die jeweils höhere Dimension Einsichten in die tiefere hat, was umgekehrt jedoch nicht möglich ist; und so weiß die Menschheit nicht genau, was sie nach dem Tod auf Erden erwartet. *„Sind die Engel im letzten Zustand (des Abstieges) angelangt, so beginnen sie traurig zu werden. Sie hegen zwar noch die Hoffnung, in Kürze wieder in den vorherigen Zustand (Himmel) zu gelangen, denn der Himmel besteht für sie darin, von ihrem Eigenen abgehalten zu werden."* [52]

Aus Berichten[53], aber auch aus eigener Erfahrung von Begegnungen mit der nächsthöheren Population machte ich die für mich sehr irritierende Feststellung, dass das Verhalten solcher „Besucher" der Menschheit gegenüber von einer abschätzigen Hochmütigkeit gekennzeichnet ist und eine gewisse Kälte und Lieblosigkeit ausstrahlt. Wie man mir deutlich machte, beobachten diese Populationen uns schon sehr lange und wissen, dass sie hier inkarnieren müssen. Bei ihren Beobachtungen stellten sie immer wieder mit Entsetzen die vielen Grausamkeiten auf Erden fest und, dass *„die Menschheit als Ganzes völlig verdorben"* sei und abgelöst werden müsse. Ich hatte dabei den Eindruck, dass sie sich nicht bewusst waren, dass eine solche „Ablösung" nur durch ihre Inkarnation auf Erden erfolgen kann. Denn sie selbst befinden sich als personifizierte Energien auf dem absteigenden Strom und müssen diese weitere absteigende Inkarnation auf sich nehmen. Sie erkennen zwar diese Notwendigkeit einer unumgänglichen Weiterführung der universellen Kreislaufbewegung, fürchten sich aber mit Recht davor. Es ist damit der Punkt erreicht, von wo aus die Menschheit wieder aus der tiefsten Materie aufsteigt, und das geht nur über das Opfer der höheren jetzt inkarnierenden Population. Es handelt sich dabei um den permanenten Inkarnationsprozess spiritueller Seelensubstanz, wobei sich mit der Inkarnation des Menschen dieser Prozess einer ständigen gestalthaften Verwandlung dahingehend verändert, dass die inkarnierten menschlichen Seelen nach ihrem leiblichen Ableben nicht mehr weiter absinken, sondern sich nur in der „Parallelwelt des Jenseits" weiter für den geistigen Aufstieg läutern

[52] Swedenborg a.a.O.
[53] Der Photonenring a.a.O.

können. Denn keine Seele muss noch einmal im Diesseits der Welt reinkarnieren. Dieser Prozess wurde mit der Inkarnation der adamitischen Population endgültig abgeschlossen, weil alle Seelen von nun an im Ätherkörper, dem „Körper der Seele", weiter gefördert werden.

Zwar hat die menschliche Seelensubstanz im Abstieg aus dem geistigen Zentrum bis hin zur Mensch-Inkarnation schon unendlich viele Verwandlungen durchgemacht, aber nur als menschliche Seele ist sie wieder in der Lage, den Rückweg anzutreten. Darum ist es auch völlig unsinnig, in diesem Zusammenhang von „jungen und alten" Seelen[54] zu sprechen, denn alle Seelen sind gleich alt, weil es sich um den gleichen Ursprung bei der Ausschüttung des Heiligen Geistes als Licht handelt, das im Universum sichtbar wurde. Darum führen solche „Zeitangaben" *ad absurdum*. Die Seelensubstanz als Geist-Idee durchläuft nach der Ausschüttung die Kreisbewegung der gesamten Schöpfung und ist darum überall „gleich alt". Da sich Seelen in der irdischen Dimension auch mit Seelensubstanzen von Geschöpfen der animalischen Natur verbinden, die sich ja auch weiterentwickeln müssen, wäre es <u>innerhalb der menschlichen Entwicklung</u> durchaus verstehbar, von „jungen Seelen" zu sprechen, weil sie sich mit der Seelensubstanz aus höheren Ebenen in einem neugeborenen Menschen zusammenfinden. „Alte Seelen", im Sinne von mehrfach als Menschen auf Erden reinkarnierten Seelen, gibt es dagegen nicht. Denn das würde ein großes Durcheinander im kontinuierlichen Energiefluss geben. Es wäre auch völlig unsinnig, eine bereits erfolgte Inkarnation auf Erden zu wiederholen, weil es nur eine Richtung in der Kreisbewegung der Schöpfung gibt. Auch heute fließen immer noch Seelenanteile der höchst entwickelten Natur und Seelenanteile des Abstieges aus höheren Dimensionen zusammen. Auf Erden sind es die Entwicklungsvölker und vor allem diejenigen Menschen, die noch dem Bewusstsein der Tiere näher stehen. Es sind Seelen, die sich vor ihrer Inkarnation für eine Verbindung von Tier und Menschenseelen bereit erklärten und damit ein großes Opfer für den

---

[54] Varda Hasselmann, „Archetypen der Seele"

notwendigen Nachschub erbringen.[55] Jakob Lorber beschreibt eine solche „Tierseelenvereinigung": *„Da steht schon eine Menschgestalt und wartet, bei einer nächsten Zeugung in den Leib einer Mutter aufgenommen zu werden, und hinter dieser Seelenerscheinung eine Naturseele, die bei nächster Gelegenheit mit aufgenommen wird. Die höchsten Tierstufen werden so über eine Menschenseele mit emporgehoben. 11/34 Ist erst einmal die höchste tierische Intelligenz entwickelt, so können diese entwickelten Wesen mit einer Menschenseele zusammenfließen.(Entwicklung der Seelenform bis zum Menschen). 6/366 Aus einer einfachen Tierseele kann aber niemals allein eine Menschenseele werden. Auch die Tierseelen vereinen sich nach ihrem leiblichen Ableben mit noch anderen Tierseelen, bis sie sich zu einer vollendeten Tierseele qualifiziert haben, um sich sodann mit einer Menschenseele zu vereinen."[56]*

Über solche Seelen werden viele Seelensubstanzen aus der Erdatmosphäre erlösend mitgenommen. Ein Aussterben der Naturvölker wäre deshalb auf Erden nicht sinnvoll und wird auch nicht geschehen, denn auch die Seelensubstanzen der Natur werden noch Jahrtausende lang „hochgehoben" werden müssen. Denn die Tierseelen müssen auch in den Entwicklungsprozess mit hinein genommen werden. Sie sind aus dem Seelengrund der Materie aufgestiegen bis hin zum Menschen. In diesem Prozess erfolgten wie bei den absteigenden Dimensionen bis hin zum Menschen zuweilen Phasen, die nicht weiterführten und darum abstarben. Auch in der Entwicklungsgeschichte der Erde sind verschiedene solche Entwicklungsstränge wieder abberufen worden, was zum Teil mit der Gesamtentwicklung des Planeten, aber auch mit der Entwicklung abgesunkener Seelenanteile zusammenhängt. Diese sind im Läuterungsprozess aus der Tiefe im Aufstieg hängen geblieben und müssen ihren Aufstieg erneut beginnen. In diesem Zusammenhang muss auch das allmähliche Aussterben so vieler Tiergattungen auf Erden verstanden werden. Jetzt ist aber die adamitische Menschheit an einem gewissen Endpunkt angelangt und ist durch die Jahrtausende lange Einstrahlung von Seelenanteilen aus höheren Dimensionen im Bewusstsein verwandelt worden.

[55] Lorber „Großes Evangelium des Johannes"
[56] Lorber a.a.O.

Die Inkarnation einer menschlichen Seele erfolgt um die 6.Woche, nachdem die natürliche physische Matrix bereits im Fötus angelegt ist. Diese verbindet sich dann jeweils mit dem biologischen Erbgut zu einer neuen Einheit, die sich als eigenständige Monade bis zur Geburt weiter entwickelt. Dabei werden die übertragenen Seelenanteile, die vom Ätherkörper bedingt sind, eingefärbt durch die biologische Erbanlage, die großen Anteil am späteren Phänotyp hat. Es ist das, was man als Vererbung bezeichnet, die wiederum aber von den inkarnierten Seelenanteilen in der späteren Entwicklung mitbestimmt wird. Insofern treffen physische und seelische Aktivitäten im Kosmos immer sich gegenseitig durchdringend zusammen. Darum auch die individuelle Vielfalt auf Erden, die aber von der jeweils epochal bestimmten Menschheit als Dimensionsausdruck im Bewusstsein integriert wird. Vorgeburtlich hat eine Seele nur einen sehr begrenzten Einfluss auf den späteren Phänotypus. Zwar kann eine Gestalt mitbestimmt werden, die jedoch höchst selten der Vorstellung ganz entsprechen wird, weil jede Erscheinung im Leben der erblichen Prägung und der Aufgabenbestimmung unterliegt. Diese ergeben sich letztlich erst nach der Geburt in einer erfolgten Inkarnation. Eine Erfüllung liegt darum immer in der Umsetzung aller „Talente" eines Menschen, d.h. darin, wie dieser mit der „Mitgift" von Erbanlage, Seelenanteilen und Lebensaufgaben umgeht, d.h. *„Mit seinem Pfündlein wuchert"* vgl. Mt.25,14 ff.

Die „Vergessene Geschichte der Erde"[57)]

An dieser Stelle muss ein Blick auf die „vergessene Geschichte" der Erde geworfen werden. Teilhard de Chardin spricht in diesem Zusammenhang von mehreren Millionen Jahren „Menschheitsgeschichte", die durch archäologische Funde belegt sind. Diese Belege sind geologischer Art und betreffen die Naturentwicklung auf den späteren „Homo Sapiens" hin, für dessen Beginn die Inkarnation des menschlichen Bewusstseins vor 20.000 Jahren entscheidend ist und eine Art „spiritueller Initialzündung" auslöste. Empfänger dafür war der Vor-

[57)] Teilhard de Chardin

mensch, der sich in einer langen biologischen Entwicklung als „Träger" für ein neues Bewusstsein anbot. Mit diesem „Vormenschen" fusionierte das „absteigende Bewusstsein" der höheren Dimension zum Menschen auf der Erde. Dies ist der Beginn einer historischen Zeitbestimmung der menschlichen Bewusstseinsentwicklung. Das „Vorher" liegt im Dunkeln, jedoch liegen allen Vorstellungen davon immer auch Wirklichkeiten zugrunde, an die sich die heutige Menschheit in phantastischen Science-fiction-Filmen quasi „wieder erinnert". Es sind Erinnerungsbilder einer Erdepoche, die Millionen von Jahren zurückliegt, nach dem Motto: „Zurück in die Zukunft".

Alle diese wieder „erinnerten" Fiktionen phantastischer Welten und Wesen spielten in der 4. Dimension, d. h. in der spirituellen Sphäre höherer Frequenzbereiche. Nach erdzeitlichen Bemessungen entsprechen sie den geologischen Zeitvorstellungen von vor ca. 35 Millionen Jahren. Diese existierten damit parallel zu den heutigen archäologischer Funden von Primaten. Übergänge verschiedener Bewusstseinsdimensionen erfolgten nach erdzeitlichen Maßstäben in unvorstellbar langen Etappen einer Entwicklung von immateriellen über halbmaterielle bis hin zu materiellen Gestaltungen des Vollmenschen auf der Erde. Diese erdzeitlichen Maßstäbe für Zeitabläufe lassen sich aber nicht auf andere Dimensionen übertragen, in denen es Zeit gar nicht gibt. In dieser Diskrepanz der Zeitvorstellungen liegen auch jene in der Genesis aufgeführten irritierenden Lebensdauern der Patriarchen von bis zu 900 Jahren begründet, deren „Heimat" noch im „Paradies" war und deren Inkarnationen auf Erden noch ambivalent zu verstehen sind.[58] Dabei wurden beim Übergang von einem in den anderen substantiellen Zustand alle „Erinnerungen" aus dem vorherigen Dimensionszustand gelöscht, und nur die angehäuften Verdunklungen durch den zunehmenden Eigenwillen blieben latent bestehen und harrten ihrer Erlösung über einen ebenso langen Weg der Transparenz, der jetzt endlich in die Phase der Aktualisierung getreten ist. Die dabei so erschreckend langen Zeitläufe spielen insofern keine Rolle, als es in den Parallelwelten (Jenseits) keine menschlichen Zeit-

[58] Hierzenberger, „Erkundungen des Jenseits"

vorstellungen mehr gibt und der vorstellbare Wiederaufstieg ins spirituelle Zentrum nicht mehr durch entmutigende menschliche Vorstellungen von einer unvorstellbar langen „ewigen Dauer" belastet werden kann.

In jüngster Zeit erschienen archäologische Forschungsberichte über die vordynastischen Jahrtausende Ägyptens. Es handelt sich dabei um die Zeitspanne von den ersten schriftlichen historischen Dokumenten im 5. Jahrtausend an, bis zurück in die Zeit von vor ca. 12.000 Jahren. Die historisch gesicherten schriftlichen Kenntnisse beginnen mit der 1. Dynastie ca. 3.500 v. Christus. Davor war angeblich historisch gesehen eine Zeitspanne, die man als konfus und unvollständig bezeichnen könnte. Für diese Zwischenzeit von 12.000 bis 5.000 v. Christus geben aber archäologische Funde Hinweise auf Überlieferungen von Völkern, die in großen Entfernungen von einander auf Erden lebten. In dieser Übergangszeit erfolgten auch große Vermischungen der „Völker" untereinander, wobei es sich um einen gleitenden Übergang in der physischen Erscheinung und im Bewusstsein der Erdbewohner handelte.[59] Dabei war für die Halbätherischen der Ätherkörper zunächst noch wichtiger als der körperliche Leib. Allerdings entstand bereits in den Nachfahren der Atlanter eine immer stärkere Verlagerung zum Körperlichen hin, wodurch auch alle „Bewusstseinsvorgänge" der Vorläuferpopulationen sich „vermaterialisierten". Historisch wird bisher diese Epoche pauschal als Steinzeitkultur bezeichnet, von der man annimmt, dass bereits in dieser Zeit einige neuzeitliche Kulturen neben den letzten Resten der halbätherischen Kulturen gleichzeitig existiert haben. Heute betrachtet man die wiederentdeckten Funde irritiert, weil sie nicht in das „Bild" einer Steinzeitkultur passen und uns daher kurios erscheinen. Durch archäologische Entdeckungen wird jetzt immer mehr begriffen, dass sie nicht von Steinzeitmenschen erbaut wurden, sondern von den Nachfahren der Atlanter. Die Adamiten spielten in dieser Zeit der beginnenden historischen Entwicklung noch überhaupt keine selb-

[59] Lorber, „Die Haushaltung Gottes"

ständige Rolle und wurden von den Halbätherischen unterrichtet, die auch der 1. Ägyptischen Dynastie eine so hohe Kultur vererbten.[60] Denn die Ägypter waren die letzten wirklichen Nachkommen der Atlanter, verloren jedoch mehr und mehr die ererbte Weisheit ihrer Vorfahren, die sich mit dem Untergang von Atlantis endgültig von dieser Erde verabschiedet hatte. Sie gehörten quasi zur letzten „Inkarnationswelle", oder besser Pseudo-Inkarnation am Ende des Abstieges in die materielle Welt. Danach haben sich die Unterschiede mehr und mehr verwischt, obwohl sich selbst noch die späteren Dynastien der Ägypter von den Adamiten stark distanzierten.[61] Denn erst mit Moses hat sich Israel als Volk von Ägypten emanzipiert.

Alle bisher sogenannten steinzeitlichen „Völker" scheinen nichts erbaut zu haben, was von Dauer war. Merkwürdigerweise scheinen jedoch die uns überlieferten wenigen Denkmäler selbst allen späteren ägyptischen Dynastien haushoch überlegen zu sein, so dass die Frage nahe liegt: Wann sind denn nun die Pyramiden[62] entstanden? Nach neuesten Erkenntnissen geschah dies lange vor den Adamiten. Es sind Bauwerke, die noch von der halbätherischen Population[63] erbaut wurden. Darum sind davon schon seit über 12.000 Jahren nur noch Ruinen übrig, und diese fanden in viel späterer Zeit völlig zweckentfremdet Verwendung als „Grabdenkmäler" von Fürsten. Dafür waren sie aber ursprünglich nicht bestimmt gewesen. Es waren Tempel für den Ein- und Ausstieg aus und in andere Dimensionsebenen. Sie entstanden vor der Zeitrechnung beim Übergang der ätherischen Population von Atlantis in die halbätherische Population, die wiederum um ca. 12.000 von der voll inkarnierten Menschheit abgelöst wurde. Die Pyramiden sind also nicht von den späteren Pharaonen errichtet worden, sondern viel früher. Die wenigen Reste führten dann die Ägypter in den kulturellen Abstieg bis in die Zeit Christi, in der erst wieder der geistige Aufstieg angekündigt wurde, indem die Liebe

---

[60] Bericht über eine Tempelanlage der Megaliter in Ostanatolien vor 11.000 Jahren. Die Anlage erfolgte jedoch wesentlich früher vor ca. 15.000 Jahren, wobei Megaliter keine Steinzeitmenschen, sondern Nachfahren der Atlanter waren. Siehe auch „Die Schlange am Firmament".
[61] Thomas Mann, „Joseph und seine Brüder"
[62], [63] Siehe Anhang S. 121

wieder ins Bewusstsein der Menschheit gelangte – als Voraussetzung für den geistigen Aufstieg, der jetzt im Heiligen Geist wieder Wirklichkeit werden kann. Wir wissen von diesen Populationen heute fast nichts mehr, weil es von diesen Kulturen keine Denkmäler mehr gibt und mit dem Untergang von Atlantis alle restlichen Spuren verschwunden sind. Vor ca. 14.000 Jahren erfolgte eine erste Zerstörung, der eine zweite 8.000 Jahre später folgte, die in allen Dokumenten der Menschheit als die große Sintflut beschrieben ist.

Andererseits hat man in jüngster Zeit für die Chronologie Ägyptens noch Zeugnisse gefunden, die auf die vordynastischen Zeiten hinweisen. Es sind Zeittafeln, auf denen die Gründung Ägyptens sehr viel früher angesetzt wird als mit dem 1. „Alten Reich". Diese frühesten Datierungen setzen die „Gründung Ägyptens" sogar zwischen 30.000 und 20.000 v. Chr. an (Nach Herodot). Schriftliche Dokumente als historische Zeugnisse sind jedoch erst aus dem 5. Jahrtausend überliefert. In diesem Jahrtausend hat die Schrift in den verschiedenen Kulturen ihren Anfang auf Erden relativ gleichzeitig begonnen. Die Wiege der Schrift stand ganz sicher im Mittelmeerraum, nachdem Atlantis versunken war. Zwar hatten auch die halbätherischen Populationen schon ähnliche Formen schriftlicher Dokumente einer aufgeschriebenen Sprache, doch bedurften sie dieser nicht zur Kommunikation, weil diese nonverbal über Telepathie ging. Eigentlich benutzten sie die Schrift nur zur Aufbewahrung in Dokumenten, die jedoch fast alle längst verschwunden sind, genau wie ihre Kultur.

Danach muss man unter „Adam" alle Völker und Kulturen zwischen 12.000 und 5.000 verstehen! Durch die Niederschrift in der Bibel (Genesis) gelangte bisher allein das jüdische Volk zur Identifikation mit den Adamiten. Natürlich waren nicht die Juden allein die Adamiten. Allerdings waren sie die ersten, die eine überlieferte „Genealogie" ihrer Herkunft erstellten (aufschrieben), die allerdings erst lange Zeit nach den ägyptischen Dokumenten entstand, die zweifellos als Vorläuferberichte gelten müssen. Nur in der Genesis schrieben sich die Semiten den Beginn der „Schöpfung" und der „Menschheit" zu. Der dafür scheinbar „berechtigende Grund" war, dass sie nicht wie die Ägypter direkte Nachfahren „älterer Restkulturen" waren. Mit ihnen begann das neue Äon und es entstand das Missverständnis, „Adam" stehe synonym für den Urvater der „Menschheit" (der ersten Vollmenschen), die ihre Kinder zeugten und empfingen. Daraus leitete sich auch viele tausend Jahre später der Primat ab, das „Auserwählte Volk" zu sein. Mit dieser rückwärts gewandten „Genealogie", in der man die Vorväter auf den „Urvater Adam" zurückführte, rechtfertigte man den Anspruch, über Adam mit Gott einen „Vertrag" abgeschlossen zu haben. Das jüdische Volk war aber nur ein Zweig unter vielen Völkern, die alle gleichzeitig das Leben der Menschheit auf Erden bestimmten, und das in sehr verschiedenen Entwicklungsstufen. Die ersten wirklichen historischen Aufzeichnungen erfolgten sogar noch viel später und sind bereits dokumentierte Zeugnisse des völligen Niederganges aller vorherigen Kulturen. Fast ausschließlich durch die Funde in Ägypten haben wir überhaupt noch Erinnerungen an einstige Hochkulturen.

Es bedurfte noch mehrere Jahrtausende für den nahtlosen Übergang, in dem sich die Ägypter-Völker allmählich auch zu vollinkarnierten adamitischen Menschen entwickelten. Sie hatten dabei die Aufgabe, alle Menschen zu leiten und zu führen, was dann auch in Griechenland eine späte Resonanz fand. Die Juden selbst wurden noch sehr lange als „auserwähltes Volk" von Engeln aus höheren Dimensionen betreut (Henoch, Elias, Propheten). Die überlebenden Atlanter „verschwanden", indem sie sich in die höhere Dimension „retteten", was aber nur so erschien, weil es einem „Sterben auf Erden" glich (Himmelfahrt des Elias). Danach waren sie aber wieder in der ehemaligen Herkunftsdimension, im „Jenseits", um von da aus wieder weiter geführt zu werden und damit keine erneute Inkarnation auf Erden durchmachen zu müssen. Sie zogen sich wieder in ihre „Herkunftswelten" zurück.[64]

---

[64] Siehe Anhang „Herkunftswelten", S. 117

Symbolisch fand dieser letzte Bewusstseinswechsel und Übergang im „Sphinx" (Äon des Löwen) seinen stärksten Ausdruck. Diese Statuen erfuhren zu Beginn der neuen Menschheit göttliche Verehrung. Sphinx[65] ist, ähnlich dem Kentaur, halb Tier halb Mensch – ein Zwitterwesen. Das galt vor allem den voll inkarnierten Menschen beim Übergang von den Halbätherischen zum Vollmenschen. Das war notwendig, um die neue Population auch „biologisch" (animalisch) einzubinden. Es ist das Symbol der zukünftigen Population, die im Geist das Tier im Leib überwinden muss, um erst jetzt nach fast 12.000 Jahren in das Geist-Zeitalter eintreten zu können.

Im esoterischen Sprachgebrauch werden die beiden letzten absteigenden Populationen vor der irdischen, voll inkarnierten Menschheit als „lemurische und atlantische" bezeichnet. Diese als ätherisch bzw. halbätherisch zu bezeichnenden Populationen besaßen bereits eine sehr menschenähnliche Gestalt. Sie befanden sich im „Abstieg", weil ihr zuständliches Sein als bereits „erkrankt und verdorben" bezeichnet werden muss. Ihre Egoverhaftung und die Ausprägung eines Eigenwillens wurden immer stärker, was eine nicht mehr genügende Aufnahmefähigkeit von Urenergie zur Folge hatte. Das führte zu einer anwachsenden seelischen Verhärtung, deren Folgen im weiteren „Abstieg vererbt" wurden. Bewusstseinsmäßig lebten sie ähnlich „unschuldig und unwissend" wie die Kinder, kannten darum weder die Folgen ihres unbewussten Daseins, noch hatten sie ein korrigierendes Gewissen im engeren Sinne. Das Erwachen aus diesem „unschuldigen Traum" erfolgte erst mit der Inkarnation auf Erden, nämlich der „Austreibung aus dem Paradies". *Denn wie geschrieben steht, sprach Gott zu Adam: „...verflucht sei dein Acker und mit Mühsal sollst du dich von ihm ernähren, denn du bist Erde und sollst wieder zur Erde werden." Und zu Eva sprach er: „Unter Schmerzen sollst Du gebären."* Damit war die Menschheit von nun an dem Prozess der Zeit unterworfen in einem durch Zeugung,

---

[65] J .West, „Die Schlange am Firmament". Geheimnis des Sphinx und Atlantis. Es ist eine Statue der göttlichen Verehrung, und zwar ähnlich dem Kentaur halb Tier halb Mensch, ein Zwitterwesen. Das ist das Symbol der zukünftigen Population, die im Geist das Tier im Leib überwinden muss, um erst in der Gegenwart nach fast 12.000 Jahren in das Geist-Zeitalter einzutreten.

Geburt und Tod zeitlich begrenzten. Tun und Sein. Nur wenn man diesen universellen Gesamtzusammenhang sich wieder bewusst macht, lassen sich z.B. auch missverständliche Begriffe wie *„Vertreibung aus dem Paradies", „Essen vom Baum der Erkenntnis"* und *„Erbsünde"* erklären und verstehen. Es handelt sich dabei um die von den vorherigen Populationen ererbten „Sünden".

Unter „Adams Fall" ist im wahrsten Sinn des Wortes der Fall der Menschheit in die Dimension der „Materie" gemeint. Bekanntlich pflückte Eva die Frucht vom Baum der Erkenntnis und gab sie Adam. Eva symbolisiert so die Versuchung für den erkennenden Adam. Über die Schlange näherte sich die Erkenntnis mit Hilfe von Eva an und verhieß Adam, alles von nun an erkennen zu können. Adam „beißt" im wahrsten Sinne des Wortes an und spürt sofort, dass er der Versuchung erlegen ist und schämt sich. Darum ist immer auch die Scham die erste Vorstufe zur Reue, um erst dann zur wirklichen Erkenntnis zu gelangen. Eva hat zwar diesen Prozess in Gang gesetzt, erfährt aber keine Scham darüber, weil sie als Liebesopfer dem Manne die Erkenntnis überlässt, der sie dann wiederum als Liebe aus sich herausstellen kann. Eva hat darum nie einen direkten Zugang zur Erkenntnis, sondern kann nur im blinden Vertrauen das Liebesopfer für die Erkenntnis erbringen. Im Lauf der Zeit haben beide, Mann und Frau, immer wieder versagt: Der Mann, der immer wieder der Versuchung erliegt und die Frau, die sich weigert, „Versuchung" als Hingabe in Liebe zu sein. Über die Begehrlichkeiten ging die Liebe immer wieder verloren, weil in dieser tiefsten Dimension bereits die härteste Egoverhaftung erreicht ist. Es ist innerhalb der Hierarchie des Universums die letzte Station vor einer Umkehr zum Wiederaufstieg. Alle im bisherigen Abstieg der Dimensionen angehäuften „Sünden", d.h. die Verhaftungen an ein Ego und damit zugleich die Trennung von der Liebe, können erst von der Menschheit über einen erneuten Aufstieg in den Geist wieder aufgelöst werden. Ziel ist die Wiedervereinigung aller Polaritäten, die auf Erden am stärksten in der Gegengesetzlichkeit der Geschlechter ausgeprägt ist.

Die „Ergänzung der Geschlechter" hat sich im Entwicklungsprozess auf Erden je nach dem Bewusstseinsstand der Menschheit in unterschiedlichen Formen ausgeprägt. So haben sich auch heute durch den höchsten herrschenden Bewusstseinslevel wieder alle bisherigen Regeln und Gesetze zwischen Mann und Frau grundsätzlich verändert und relativiert, jedoch nur hinsichtlich ihrer gesellschaftlichen Strukturen und der daraus abgeleiteten Bedeutungen. Wichtig allein ist aber die ewig bleibende Prämisse der „Ergänzung der Geschlechter", die sich zwar in den formalen Ausprägungen ändern kann, nicht aber in ihrer ureigensten Bestimmung. Mit einem allmählichen Zurücktreten des bisher dominant sexuell bestimmten Ergänzungsbedürfnisses der Geschlechter werden sich in der Zukunft vermehrt spirituell orientierte Einstellungen durchsetzen. Bisher war der animalische Anteil im Menschen noch überwiegend ausgeprägt, wie es heute noch bei den Entwicklungsvölkern primär der Fall ist. Mit dem Beginn des Rationalismus im 18. Jahrhundert begann in Europa die Frau mehr und mehr aus der Rolle einer nur Geschlechtspartnerin herauszutreten, was zu nicht unerheblichen gesellschaftlichen Spannungen geführt hat. Es kam dabei auch oft zu erheblichen Verletzungen und Übertreibungen im gegenseitigen Verhalten der Geschlechter.

Diese „emanzipatorischen Bestrebungen" werden in Zukunft alle Völker auf Erden erfassen und den „Kampf" der Geschlechter weiterhin bestimmen. Dabei muss jedoch das Prinzip der Ergänzung immer erhalten bleiben, um darüber auch das „Fleisch" zu erlösen. Es wird sich in Zukunft wohl mehr um Formen von Partnerschaften zwischen Mann und Frau handeln, die in einer Art „geistiger gegenseitiger Befruchtung" bestehen werden. Dabei werden sich „Zeugen und Empfangen" in mehr spirituelle Bereiche verlagern. Poetisch ausgedrückt, könnte man mit Goethe sagen: *„Das ewig Weibliche zieht uns hinan"*, die Realität ist aber sehr viel prosaischer: Bei dieser „geistigen Zeugung" spielen weder Begehren noch Verführen eine Rolle, sondern es geht dann vielmehr um eine Ergänzung zwischen Intuition und intelligibler Verschmelzung. Dabei kommen zwar die Ideen nach wie vor immer über den Mann, doch das Auffinden derselben erfolgt für eine reale Umsetzung oder „Geburt der Ideen" über die Intuitionen der Frau, die allein über Intuitionen dem Mann telepathisch die Ideen eingibt. Frauen fungieren dabei wie ein „Medium", wobei die gesendete Idee – wie bei der Geburt eines Kindes – erst in der Umsetzung sichtbar wird. Es handelt sich dabei um ein völlig neues wechselseitiges „Liebesspiel", dessen Frucht erst durch die Ergänzung beider zur Realität wird, ohne dass eine „leibliche Beteiligung" noch vonnöten ist.

Betrachtet man unter dem Aspekt eines zu erwartenden Wiederaufstieges die letzten 2.000 Jahre Christentum als das bewusste Erscheinen der „Liebe" auf Erden, so ist man versucht, diese historische „Epoche" des christlichen Abendlandes pauschal als eine „schiefgelaufene" zu bezeichnen. Im Hinblick auf die unendliche Kreislaufbewegung in der Schöpfung ist dies jedoch völlig unangemessen. Hässliche Bilder von Kriegen, Zerstörungen oder Katastrophen sind in der gesamten Entwicklung oft notwendige, um die Menschen immer wieder zur Besinnung auf das Wesentliche zu bringen, um nicht in den oft so lieblosen Äußerlichkeiten stecken zu bleiben. Leider haben die Menschen bisher aus Kriegen oder Katastrophen wenig gelernt und sind in der Tat auch nie besser geworden. Obwohl die Menschen seit Christus auf die Liebe hin verpflichtet worden sind, um darüber die Welt auf Gott hin transparent zu machen, haben sie das noch immer kaum in die Tat umgesetzt. Wenn auch die Umsetzung der Erkenntnis scheinbar missglückt ist, so haben die Menschen dennoch sehr wohl begriffen, sich nicht im Eigenwillen in die „Bilder der Welt" zu verlieben, sondern sie transparent zu machen, damit „Dein Wille" geschehe. Denn die Bewusstseinsentwicklung geht immer weiter und die Erkenntnis wird die „Bilder der Welt" zwar als notwendige, aber bedeutungslose entlarven. Der Sinn ist, in einem immer neuen Bewusstsein, die Liebe umzusetzen. Wenn auch dabei der Mensch selbst als Bild verdirbt, seine Seele wird nie verderben. Nur ist sie den Bildern innewohnend ausgeliefert und darum oft von so hässlichen Bildererscheinungen umgeben. Doch die Seele wird immer wieder ihr Ziel suchen, und das ist die LIEBE! Denn sie ist die Vision und wird immer dafür sorgen, die Entwicklung zum Ziel zu führen.

Ken Wilber: *„Was die Rückkehr zu Gott „verhindert", ist nicht Gottes Schöpfung als solche, sondern das Nichtwissen der Menschen darum, dass es nur Gott gibt. Die Schöpfung prädisponiert alle Ebenen, die Quelle zu vergessen. Rückkehr zur Quelle bedeutet also nicht zwangsläufig die Zerstörung der unteren Ebenen – man muss sie nur transzendieren, d.h. aufhören, sich ausschließlich mit ihnen zu identifizieren."*

TEIL III

DER MENSCH

Wer wir sind

Der Mensch im Fadenkreuz von Leib und Seele

„… zwei Seelen wohnen, ach! in meiner Brust …" (Goethe)

Teilhard de Chardin: *„Der Mensch ist nicht ein zoologischer Typus wie die anderen, sondern der Kernpunkt einer universellen Bewegung, in der sich – begrenzt auf unseren Planeten – etwas offenbart, was wahrscheinlich die charakteristischste und aufschlussreichste Grundströmung der uns umgebenden Unendlichkeit ist. Der Mensch ist das Ziel, auf das hin und in dem das Universum sich einrollt."*

Die zwei Körper: Physis und Ätherkörper

„Der Mensch ist ein beseeltes Wesen. Was sich aufsteigend aus der Tiefe unseres Inneren in uns vollzieht als der Wechsel unserer Gefühle und Stimmungen, unserer Erregungen und Leidenschaften, als der Drang unserer Triebe und Strebungen, als der Ablauf unserer Entscheidungen und Handlungen, als das Spiel unserer Vorstellungen und Gedanken, mit denen wir die Weiten von Raum und Zeit umgreifen – all das ist es, worin sich unser auf die Welt entworfenes Dasein entfaltet und erfüllt. Und das, was wir Leben nennen, ist das umgreifende Ganze, in das alles Seelische mit seiner Mannigfaltigkeit eingebettet ist." (Phillip Lersch)

Der Mensch ist ein Doppelwesen, ein „Kentaur", denn im Menschen sind Leib und Seele vereint. Der physisch-biologische Leib ist die sinnenhaft wahrnehmbare materielle Erscheinlichkeit als der zeitlich begrenzte und sterbliche Funktionsbereich eines organischen Stoffwechsels, und somit der Träger der gesamten Vitalität. Mit diesem physischen Körper eng verbunden und diesen umhüllend existiert noch der feinstoffliche Ätherkörper als Lebensträger und Funktionsbereich der Seele, über den der Empfang aller Lebensenergien in der gesamten Schöpfung erfolgt. Denn allein die Seele ist im Menschen, wie in allen Geschöpfen, das wahre Leben.

Die Physis

„Aufbau der Person" nach Phillip Lersch

Phillip Lersch greift diesen Gedanken von „Leib und Seele" auf und beschreibt in seiner zusammenfassenden Schrift *Aufbau der Person* den Menschen als Ergebnis einer durchlaufenen jahrtausendelangen Entwicklung und Ausfaltung in all seinen Lebensäußerungen. In einem tektonisch gegliederten *Schichtenmodell* stellt Lersch die in einer langen zeitlichen Entwicklung herausgebildeten Lebensäußerungen der heutigen Menschheit dar, an dem sich unschwer die Entwicklungsstufen der Menschheit vom Vormenschen bis zum heutigen Menschen wieder erkennen lassen. Genau wie beim einzelnen Menschen beginnt das eigentliche Menschsein erst mit der bewussten Ausprägung des *Ich*.

Diese „Schichten" sind nicht als Analogie zu geologischen Gesteinsformationen zu sehen, sondern als ein sich gegenseitig bedingendes Beisammensein eines integrativen Ganzen, dessen Teile sich gegenseitig funktionell durchdringen. Er benennt folgende drei Funktionsbereiche: den vitalen Lebensgrund, den endothymen Bereich (Endothymos ist das Stammhirn, wo alle triebhaften und emotionalen Bewegungen registriert werden) und den kortikalen personellen Oberbau (Kortex ist die Hirnrinde, in der alle intelligiblen Vorgänge ablaufen). Entscheidend dabei ist für Lersch, die jeweilige Akzentuierung der Bereiche im Leben eines Menschen und das Verhältnis dieser drei Schichten untereinander richtig zu sehen. Denn es handelt sich im Menschen immer um eine Integration aller Schichten über das Ich, um zu einer individuellen Persönlichkeit zu werden. Das Ich ist dabei das Integral, ohne das es weder Strebungen, Gefühlsregungen des individuellen Selbstseins; weder egoistischen Geltungsdrang oder Selbstwertstreben, noch ein Streben nach Transzendenz gäbe. Denn alle diese Lebensäußerungen sind nur auf dem Hintergrund eines Ichbewusstseins möglich und erklärbar und bedürfen einer Ordnung und Steuerung, die vom Denken und Wollen vollzogen wird. *Agens movens* in der Zeitlichkeit ist die im Fadenkreuz von horizontalem und vertikalem Bewusstsein sich ergebende Spannung, jene „Quadratur des Kreises", deren Deckungsgleichheit im Leben absolut unmöglich ist. Es handelt sich dabei um die ursächlich bedingten Spannungen zwischen jener unauflöslichen materiellen Verbundenheit, die im animalischen Trieb gründet und jene nie erfüllbare, unersättliche Begehrlichkeit erzeugt einerseits, und zum anderen der Sehnsucht nach Erlösung daraus und um jene begrenzte Erkenntnismöglichkeit, die der Grund für die „geistige Blindheit" der Menschen ist: „Denn sie wissen nicht, was sie tun".

Das „Schichtenmodell"[66] von Phillip Lersch umfasst drei voneinander unterschiedliche Funktionsbereiche: **1. Lebensgrund; 2. Endothymer Grund; 3. Kortikaler Oberbau**

Vitalgrund – der Lebensgrund

Die Vitalsphäre ist die Gesamtheit aller organischen Zustände und Vorgänge, die sich im Leib abspielen – es ist der biologisch-physiologische Träger, der die Vorbedingung für seelisches Leben im Menschen schafft; denn Leiblich-Materielles und Seelisch-Immaterielles stehen in ständiger wechselseitiger Beziehung und stellen eine integrierte, polar-koexistentielle Ganzheit dar. Für sich allein betrachtet handelt es sich um den animalischen Anteil des Menschen, und in Analogie zur Bewusstseinsentwicklung der Menschheit entspricht diese Vitalsphäre dem eindimensionalen archaischen Bewusstsein des Frühmenschen und innerhalb der Entwicklung jedes einzelnen Menschen dem Stadium des Säuglings.

Mit dem allmählichen Erwachen des ICH beginnt der Mensch mehr und mehr bewusst die Welt zu erleben. Ihm öffnet sich die Welt des Erlebens wechselnder seelischer Vorgänge, Inhalte und Zustände. Es sind Stimmungen, Gefühle, Affekte, Gemütsbewegungen sowie Triebe

[66] Siehe Anhang 118

und Strebungen. Durch diese „Antriebserlebnisse" wird das seelische Leben wesentlich in Gang gebracht, weil diese aus Bedürfnissen als Grundbefindlichkeiten entstehen und für Selbsterhaltung, Selbstentfaltung und Selbstgestaltung die Voraussetzungen bilden. So ist jedes Bedürfnis immer richtungsbestimmt, denn es geht dabei um ein Ziel und seine Erreichung. Triebe und Strebungen sind so gesehen immer zugleich auch Wertgerichtetheiten. Lersch listet hierfür unterschiedliche Antriebserlebnisse auf (siehe Anhang).

In dieser Aufgliederung der menschlichen Triebe und Strebungen sind die Grundrichtungen der seelischen Dynamik aufgezeigt. Sie sind nicht von Beginn der Menschheit oder von Geburt eines einzelnen Menschen an voll entwickelt, sondern kommen erst allmählich auf den verschiedenen Entwicklungsstufen zur Entfaltung und lassen genetisch aufeinander aufbauend je eine besondere Seite des menschlichen Seins sichtbar werden. In dieser Ausprägung muss das genetisch Spätere als Umformung und Modifikation des genetisch Früheren verstanden werden. Die Menschen sind durch die Gene ihrer Vorfahren biologisch vorgeprägt, erfahren aber über die Seele im Leben erst eine endgültige Ausgestaltung als individuelle Persönlichkeiten.

Triebe und Strebungen sind allem Bemerken strukturell vorgeordnet und werden erst danach zu Antriebserlebnissen, die dann wiederum alle Strebungen zu Wertgerichtetheiten verwandeln. Diese finden im ursprünglichen Bemerken einen Widerhall und werden dem Bewusstsein als Qualitäten zurückgemeldet, was wiederum ein zukünftiges Angemutetwerden zur Folge hat. Strebungen und Anmutungserlebnisse sind also immer aufeinander bezogen. Hierin liegt auch die Nahtstelle zu den Gefühlen mit den Trieben und Strebungen. Durch Gefühle werden Antriebserlebnisse mit Bedeutsamkeit verbunden, die uns ansprechen und Wertgerichtetheiten in Wertergriffenheiten umwandeln. Gefühle verwandeln so Antriebserlebnisse zu Lebenswerten, Bedeutungswerten und Sinnwerten. Es erscheint daher notwendig, analog zur Gliederung der Antrieberlebnisse diesen auch die immer damit verbundenen Gefühlsregungen zuzuordnen und aufzulisten.

Endothymer Grund – die Gefühlsregungen

Auch hier listet Lersch wieder unterschiedliche Gefühlsregungen auf, die er in Gefühlsregungen des „lebendigen Daseins", Gefühlsregungen des „individuellen Selbstseins", Gefühlsregungen des Egoismus, des Machtstrebens und des Geltungsdranges und transitive, d. h. mitmenschliche Gefühlsregungen, einteilt.

Alle Gefühlsregungen werden vom allgemeinen Lebensgefühl, einer Grunddurchtönung eingefärbt, die bereits die Griechen in den vier Temperamenten darstellten: Sanguiniker, Melancholiker, Choleriker und Phlegmatiker. Diese werden von den verschiedenen Körpersäften im Körper hervorgerufen und bestimmen primär im Leben eines Menschen den Grundtonus aller Gefühlszustände. Darüber äußert sich der Vitalgrund, den der Mensch mit dem Tier gemeinsam hat und der in der Entwicklung der Menschheit auch psychologisch die ersten Ausprägungen des Lebensgefühls bestimmt. Diese Gefühlsregungen werden als stationäre leibliche Zustände begrenzt und als diffuse Zustände das ganze Leben lang empfunden. Auf ihnen beruhen alle wechselnden Gestimmtheiten im Leben, die uns über unsere Leiblichkeit als Innerlichkeit zum Bewusstsein kommt. Es sind Formen des leib-seelischen Gesamtlebens als psychosomatische Gestimmtheiten. In ihnen spüren und erfahren wir die Leibgebundenheit der Seele und unser Eingebundensein in den Zusammenhang der organischen Natur. Die leiblichen Gefühlszustände sind die erlebnishafte Spiegelung aller Vorgänge des physischen Stoffwechsels. Es sind vor allem die Gestimmtheiten, denen eine charakterologische Rolle zukommt und die sich im Charakter eines Menschen am stärksten widerspiegeln, vor allem bei denen, deren Lebensgefühl sich allein in leiblichen Gefühlszuständen erschöpft, wie es bei reinen Genussmenschen Menschen oder auch im Zustand einer chronischen Erkrankung der Fall ist.

Der personale Oberbau (Kortex) – das Ich

INTELLIGENZ UND WOLLEN ALS ICH–FUNKTIONEN / DENKEN, VERSTAND, VERNUNFT ALS ERGEBNISSE

Funktionen unseres Ichbewusstseins sind Intelligenz, Fühlen und Wollen. Intelligenz als Denken ist die Fähigkeit, die Welt über Verstand und Vernunft erfassend zu begreifen, zu gliedern und zu ordnen. Das Fühlen ist dabei die wertende Instanz und der Wille entscheidet darüber, das Erfasste in die Tat umzusetzen. Im denkenden Erfassen, bewertenden Fühlen und umsetzenden Wollen konstituiert sich das ICH; denn jeder Wille schließt ein Icherlebnis ein und unterscheidet sich so vom rein instinktgesteuerten Trieb der Tiere, der beim Menschen lediglich die vitale Energie für den Willen liefert. Wollen ist also immer eine bewusste Auseinandersetzung mit den Anforderungen der Umwelt, wobei die Zielgerichtetheit zum Wesen des Wollens gehört. So erfährt sich der Mensch im Wollen als bewusstes, einheitliches Ichzentrum und nicht als passiv getrieben, sondern als aktiv steuernd. Somit sind Denken und Wollen die Grundvoraussetzungen für die Identifikationsmöglichkeit des Menschen mit seinem Ich, das über seine Erscheinungsform zur individuellen Person wird. Der Mensch besitzt über sein ICH die Möglichkeit eines Weltinnewerdens, Reflektierens und vor allem der Selbsterkenntnis, wobei diese Intensionen allein über ein „Vertikalbewusstsein" erfolgen. Denn nur da, wo Vertikaleinstrahlung auf ein Horizontalbewusstsein trifft, nur da ist das menschliche Sein ein Ganzes und das ICH immer nur der Schnittpunkt beider Koordinaten, deren Zusammenspiel die Möglichkeit beinhaltet, äußerlich Wahrgenommenes zu verinnerlichen und aus einer zeitlichen Endlichkeit in die raum- und zeitlose Ebene der Ewigkeit zu transponieren. ICH ist also immer horizontal und vertikal zugleich, niemals nur das eine oder das andere, selbst wenn ein Ich sich nur auf der Horizontalen identifiziert und die Vertikaleinstellung als metaphysische Schwärmerei leugnet oder gar nicht um sie weiß. Denn nur über die Vertikale erfährt das Ich als Bewusstsein sein wirkliches Sein, den Schein als Bild erfährt es dagegen nur auf der Horizontalen".

„Aussenerleben" und „Weltinnewerden"
1. Außenbereich des Erlebens

Es handelt sich um zwei Bewusstseinsrichtungen: eine horizontale und eine vertikale, die den Menschen durch sein ganzes Leben begleiten. Es sind die horizontale Verflochtenheit mit der Welt und die integrative Ganzheit durch die vertikalen bewussten Einstrahlungen aller seelischen Vollzüge und inneren Zustände. Dabei ist die Welt der Horizont für unser erlebendes Bemerken und intelligibles wirkendes Verhalten, wobei wir zwischen praktisch-intelligenten und geistig-erkennenden Funktionen des Denkens unterscheiden. Die intellektuellen Funktionen des Denkens bestehen darin, dass uns das Denken im Setzen von Begriffen und im Feststellen von Beziehungen die Möglichkeit gibt, die Welt als eine Ordnung von Sachverhalten zu erkennen, wodurch wir uns praktisch auf die Welt einstellen können. Es geht dabei um das denkende Erfassen, um die Wirklichkeit des Seins ins Bewusstsein zu bringen, und zwar als ein überschaubares geordnetes Feld von Gegenständen, Sachverhalten und Sinngehalten.

Medium des Denkens ist dabei die Sprache, und zwar die Sprache als laut gewordenes Denken nach Platon. Die Sprache ist Bezeichnung der Gedanken und das größte Mittel sich selbst und andere zu verstehen. „ Im Anfang war das Wort ..." Dieser Satz bringt zum Ausdruck, dass im Wort und durch das Wort sich die Schöpfung und der Schöpfer offenbaren. Die Welt ist der ausgesprochene Gedanke Gottes. Sprachunfähigkeit, wie sie in der Natur das Erleben bestimmt, erscheint den Menschen wie eine Verzauberung und wird von ihnen wie eine Unerlöstheit empfunden, in der das sprachunfähige Wesen lebt. Insofern gleicht die Sprache einer erlösenden Befreiung von einem Bann (Märchen). Die geistig-ideellen Funktionen des vertikalen Denkens dagegen finden ihre voraussetzende Grundlage in den transitiven Gefühlsregungen in der Innerlichkeit des Gemüts und verweisen bereits auf eine andere Dimension eines denkenden Erkennens hin. Die geistige Funktion des Denkens erschließt z. B. im subjektiven Sinnerlebnis die Sichtbarkeit einer Idee, die allen Erfahrungen und religiösen Offenbarungen zugrunde liegt. Dieses Denken erfragt aus der Erkenntnis eines ordnenden Logos danach, woher unser eigenes Dasein seinen Sinn erhält.

Diese Doppelfunktion des Denkens spiegelt sich auch in der zweifachen Bedeutung der Sprache wider. Ist das Denken in seiner rein intellektuellen Funktion ein Mittel, das Dasein in der Welt zu organisieren und zu interpretieren, so wird es in seiner geistig-ideellen Funktion zur bedeutungsvollen Auslegung der Welt von Sinngehalten, Ideen und Wesenheiten des Seins. Dabei handelt es sich lediglich um zwei wesentlich verschiedene Richtungen – horizontal und vertikal – in denen das Denken zum Einsatz kommt. William Stern spricht in diesem Zusammenhang von „Gegenstands- und Beziehungsdenken" (horizontal) im Unterschied zum reinen „Sinndenken" (vertikal). Diese beiden Bewusstseinsausrichtungen, die Horizontale und die Vertikale, ergeben in ihren vielschichtigen Überschneidungen den individuellen Eigenraum eines Menschen, über den auch alle Vernetzungen und Kommunikationen zu anderen Menschen hergestellt werden. Einerseits bieten diese Überschneidungen für den Entwicklungsprozess der Menschheit die notwendigen Reibungen und Spannungen. Andererseits ermöglichen sie jedem Menschen, sich seines eigenen Ich bewusst zu werden als Voraussetzung für die Transparenz einer Erkenntnis. Denn *jeder Mensch sei der Spiegel für den anderen, um sich selbst erkennen zu können".*[67] So bestimmt das Zusammenspiel von horizontaler und vertikaler Bewusstseinsausrichtung den größtmöglichen geistigen und materiellen Bewegungsradius des Ich, der auf der Horizontalen alle äußeren Strebungen des Ich umfasst und auf der Vertikalen die Verbindung zur Seele und zur Transzendenz des Innenbereiches des Erlebens ermöglicht.

Weltinnewerden –
Der Innenbereich des Erlebens, Vorstellungen und Phantasie

Über das sich in der Welt Orientieren hinaus hat der Mensch auch die Möglichkeit des *Weltinnewerdens* und des Erschließens eines

---

[67] Caterina von Siena, „Gespräch von Gottes Vorsehung"

Innenbereiches in sich selbst. Im Weltinnewerden begegnet uns das Sein als hier und jetzt mit demselben Gewicht der Wirklichkeit wie im äußerlichen sinnlichen Bemerken unserer Wahrnehmungen und gefühlsmäßigen Erlebens. Ein erster Schritt in die Dimension des Weltinnewerdens ist die Möglichkeit des Menschen im vorstellenden Sich-Vergegenwärtigen. Vorstellungen durchflechten integrativ alle sinnlichen Wahrnehmungen und sind Funktionen unseres Gegenstandsbewusstsein. Wahrnehmungen haben dabei mehr den Charakter der Leiblichkeit, Vorstellungen mehr den der Abbildhaltigkeit. Im Wahrnehmen erfassen wir quasi einen objektiv realen Raum, Vorstellungen figurieren dagegen in einer scheinbar anderen Dimension, die dem sinnlich wahrnehmbaren Raum quasi überlagert ist. Allerdings hätte der Mensch ohne Wahrnehmungen auch keine Vorstellungen, denn Vorstellungen entstehen aus Wahrnehmungen. Beide bedingen sich gegenseitig, weil Vorstellungen wieder integrativ auf Wahrnehmungen zurückwirken. Zusammen gehören sie zu den grundlegenden Vollzügen der Weltorientierung und des Weltinnewerdens. Mit Vorstellungen ist auch die Phantasie eng verbunden, weil auch sie ein Geschehen eines inneren vorstellenden Erlebens ist.

Theorie der Urphantasie

In dieser Theorie geht man davon aus, dass bereits im vorbewussten Zustand im Menschen ein Fundus unendlicher Bilder und Ideen „vorgeformt" latent vorhanden ist. Man könnte diese im Hinblick auf das menschliche Leben als sogenannte *„archetypische Muster"* oder auch Such- und Erwartungsbilder[68] bezeichnen, die der Mensch erst im Leben wahrnehmend „wiedererkennt" und dann quasi abruft. Bei dieser immanenten Urphantasie handelt es sich immer um eine ganzheitliche Gestaltauffassung, die im Empfangen und Hervorbringen zugleich erfolgt, wobei ein „vorbewusstes Bild" mit einer realen wahrnehmenden Erfahrung zur Deckung gebracht wird. Die Urphantasie ist es, die als Gestalteinheit und Bedeutsamkeitsganzes in der Wahrnehmung entdeckt wird, jedoch bereits vorstellungslos und vorbe-

---

[68] vgl. C.G.Jung, „Kollektives Unterbewusstsein"

wusst in der Seele vorhanden ist und nur bei der Begegnung mit der Welt durch die Vermittlung der Sinnesorgane in die Wachheit des bemerkenden Erlebens gehoben wird. Das könnte man auch als „schöpferische Phantasie" bezeichnen, die über die Intuition erfolgt. Damit ist auch die Intuition eine Art vermittelndes Vorstadium des erst danach einsetzenden Denkens und Erfahrens. Intuitionen sind Eingebungen, die zuerst vom Ätherkörper empfangen werden und über eine Art Modul im Gehirn zur Vorstellung moduliert werden. Es handelt sich dabei immer um Eingebungen aus höheren Dimensionen. Die Aufgabe des Menschen ist dabei, Intuitionen in den gesamten Kontext des Lebens einzuordnen und dann sichtbar in Taten umzusetzen. Und das erfolgt dann über die Phantasie, die direkt mit dem Ätherkörper fusioniert, um als bildhafte Erscheinlichkeit sich im Gehirn wie auf einer Matrize sichtbar auszugestalten.

Der Mensch erfasst durch die äußerlich ausgelösten Wahrnehmungsreize bereits latent gestaltete Bilder in seiner Vorstellung. In dieser Theorie geht man davon aus, dass ohne diese immanente Urphantasie eine ganzheitliche Gestalterfassung des Menschen nicht zu erklären wäre. Somit ist die Urphantasie die Vorbedingung für das Entdecken aller Ideen und im Weltinnewerden gleichsam das „Gelenk", was den Außenbereich des Erlebens mit dem sich offenbarenden Innenbereich verbindet. Nach dem Prinzip der Urphantasie sind somit alle Ideen vorgeformt und in den Urbildern vorhanden. Platon spricht in diesem Zusammenhang davon, dass alle realen Objekte unvollkommene vergängliche Abbilder transzendenter ewiger Ideen seien. Da aber alle „Eingaben oder Entdeckungen" nach ihrer Hervorbringung des ordnenden Prinzips des Denkens bedürfen, um sie in die bereits bestehenden Ordnungen und Bedingungen der Welt einzuordnen, so wird auch das „Weltinnewerden" über das denkende Erfassen ständig von einer Weltorientierung überformt und sogleich als scheinbare „persönliche Leistung" und Besitz empfunden. Darum sagt Paulus zurecht: *„Was rühmt ihr euch, als hättet ihr nicht alles empfangen!"*

Von der „Urphantasie" unterscheidet man zuweilen die „schöpferische Phantasie", die gleichsam eine Art „Erkenntnis" ist. Ähnlich wie in der „Urphantasie" wird auch in der schöpferischen Phantasie das, was in der Wahrnehmung als Gestalteinheit und Bedeutungsganzes erfahren wird und bereits vorstellungslos und vorbewusst in der Seele vorhanden ist, bei der Begegnung mit der Welt durch die Sinne in die Realität eines erkennenden Erlebens gehoben. Im Gegensatz zur Urphantasie bedarf scheinbar die schöpferischen Phantasie nicht mehr eines Anstoßes und auslösenden Reizes durch die Begegnung mit der Außenwelt, um die Urbilder in der Seele zu erwecken. Es kommt zu spontanen visionären Offenbarungen, die von profanen Erfindungen über ästhetische Produktionen in allen Künsten bis hin in den Bereich der Philosophie und des Religiösen reichen. Da aber nicht nur die Urphantasie, sondern überhaupt keine Idee und kein einziger Gedanke vom Menschen selbst kommen kann, gilt das auch für die „schöpferische Phantasie". Auch sie bleibt letztlich ein „Eingabe" aus einer anderen Dimension. So wie jeder Gedanke primär immer eine „Eingabe" ist, bei der es nur um eine bestimmte Form des „Abrufens" in die konkrete Realität der Welt geht. Selbst das Genie als Ausnahmemensch ist nicht „schöpferisch", sondern besitzt lediglich im Gegensatz zum „normalen" Menschen die Möglichkeit, in „tiefere Schichten" im „Fundus" vorzudringen, um dort Vorgaben abzurufen, die den Menschen neu und genial erscheinen und darum als „schöpferisch" bezeichnet werden.

Kein Mensch kann jemals auf Erden etwas entdecken, was nicht im Plan der Entwicklung vorgesehen ist. Probleme ergeben sich immer nur im Umgang mit den Entdeckungen. Denn alle „Eingaben oder Entdeckungen" bedürfen nach ihrer Hervorbringung des ordnenden Prinzips des Denkens, weil es notwendig ist, das „Neue" in die bereits bestehenden Ordnungen und Bedingungen der Welt einzuordnen. Das erfolgt über das denkende Erfassen, das dem Menschen die Wirklichkeit des Seins über sein Bewusstsein als ein überschaubares und der Ordnung zugängliches Wirkungsfeld ermöglicht. Bemerken, Feststellen, Entscheiden und Urteilen sind die Vollzugsfunktionen dieses denkenden Erfassens, wobei die Psychologie lediglich einen rein beschreibenden Beitrag von dem leisten kann, was in uns vorgeht, wenn wir denken. Die Befassung mit der Logik des Denkens sprengt bereits diesen bisherigen Rahmen in der Philosophie, sowie in allen religiösen Bezügen. Hier liegt auch der absolute Schnittpunkt zwischen horizontalen und vertikalen Bewusstseinsrichtungen, an denen die doppelte Funktion des Denkens deutlich wird.

Wachen und Schlafen – Zwei Seinszustände

Wir unterscheiden bekanntlich zwei Seinszustände: Wachen und Schlafen. Das Wachbewusstsein erfährt der Mensch im zeitlichen Prozess über sehr unterschiedliche Wahrnehmungsaktualitäten, die vom rein sinnlichen Bemerken über erlebendes Wahrnehmen bis hin zum Vorstellen und Reflektieren über Sinnzusammenhänge und Schlussfolgerungen reichen. Bei Letzterem gebraucht der Wahrnehmende zusätzlich noch die Urteilskräfte des Verstandes für das, was er nicht direkt sinnlich wahrnehmen kann (Gesetz der Entsprechungen oder der Analogie). Darüber hinaus gibt es noch die unmittelbare Wahrnehmung des Mystikers, der im Bewusstsein seines Selbst konzentriert ist, was dadurch erreicht wird, dass das Denkvermögen direkt als Organ der geistigen Schau und Übermittlung benutzt wird. „Der Mystiker ist reines Erkennen." In den Offenbarungen ist die „wahrnehmende Erkenntnis" unmittelbar und man sieht den dargestellten Gedanken durch das Medium der Denkfähigkeit. Dabei überschreitet das Wahrnehmen bereits das rein sinnlich wahrnehmende Wachbewusstsein ins „Traumbewusstsein".

Das Wachbewusstsein wird in der Gegenwart mit dem Ichbewusstsein gleichgesetzt. Dieses war nicht von Anbeginn der Menschheitsentwicklung bereits voll ausgebildet, sondern entwickelte sich erst im Laufe einer 10.000 Jahre langen Epoche bis hin zum mentalen Bewusstsein, um voll aktualisiert zu werden. Damit wurde das ICH zur zentralen Ausrichtung des Menschen, um über seine Denkfähigkeit

Wissen oder Erkenntnisse zu erlangen. Obwohl dieser individuelle Eigenraum des Ich ein fließender ist, kann sich das Ichbewusstsein nur bis an die für eine bestimmte Bewusstseinsdimension gesetzten Grenzen zum eigenen Innenraum hin ausdehnen. Diese Ausdehnung wiederum bestimmt dann den individuell erreichten Standort auf der „Vertikalen".

Überschreitungen darüber hinaus zum Innenraum sind bewusst nicht möglich und erfolgen lediglich im Traum, in Trance, bei Visionen oder Illuminationen, die nicht mehr vom Wachbewusstsein kontrolliert und erst nachträglich vom diesem registriert und eingeordnet werden können. Über dieses „Ruhebewusstsein" kann zwar der tiefst mögliche Eigenraum ausgeschöpft werden, ohne dass jedoch das menschliche Bewusstsein selbst in den Innenraum der Seele vordringen kann. So hält sich zwar unsere Seele während des Schlafens in einer höheren Bewusstseinsebene auf, in der mit den unterschiedlichen Schlafphasen – Träumen, Tiefschlaf – auch zugleich der Bewusstseinsgrad wechselt.[69] Zwar können wir uns im Wachzustand teilweise noch an Träume erinnern, aber eine Identifizierung wie im erlebnishaften Wachbewusstsein ist nur schwer möglich, weil sich unser Ich für seine Träume persönlich nicht verantwortlich fühlt. Darum bleiben auch alle Versuche, Träume zu deuten – seien sie auch „wissenschaftlich gesichert" – letztlich immer unverbindlich, weil das Ichbewusstsein sich in einer nachträglichen Deutung immer nur selbst bespiegelt und damit wieder nur auf sich zurückfällt. Es ist zwar möglich, über gehabte Träume zu reflektieren, aber unmöglich, darüber eine verbindliche Aussage zu machen, weil das Ich im Wachbewusstsein alle Traumbilder mit subjektiven Vorstellungen einfärbt. Denn im Gegensatz zum Wachbewusstsein ist der Traum fast immer nonverbal und ein Verstehen ohne sprachliche Begrifflichkeit. Es ist ein ganzheitliches Kommunizieren in Bildern ähnlich der Telepathie. Was sich dagegen im denkenden Erfassen durch den Begriff vollzieht, ist immer bereits eine Art Fixierung. Diese ist notwendig innerhalb der Fülle und jenem ständigen Wechsel im Wahrnehmen und sinnlichen

---

[69] E.Meckelburg, „Transwelt"; siehe Anhang S. 117: Tabelle der Frequenzarten im Schlaf

Bemerken sowie für eine wieder vorgestellte Vergegenwärtigung, wobei die Vorstellungen zwar die Voraussetzung für sprachliche Begriffe, nicht aber mit diesen wesensgleich sind. Im Wachzustand sind darum Vorstellungskraft und Erinnerung unumgänglich notwendige, weil der Mensch nur darüber einen Prozess in der Zeit begreifen und gestalten kann. In den höheren Bewusstseinsdimensionen gibt es genau wie im Traum weder Prozess noch Zeit als Träger für Handeln und Gestalten, sondern nur die Phantasie, die in spontaner Gestaltung pur ins Erscheinen eines immanenten Zustandes tritt, der sich zwar auch ständig ändern und verwandeln kann, aber nicht als Folge von Vorstellungen, sondern in einer Art „spontaner Schöpfung", die sich als Gedanken in Bildern verwirklicht.

In diesem quasi „virtuellen" Traumleben vergessen die Menschen, dass sie jede Nacht während des Schlafes für die physisch horizontale Bewusstseinsebene „sterben" und woanders „lebendig und tätig" sind. Es ist ihnen nicht bewusst, dass sie dabei bereits eine selbstverständliche Perfektion im „Verlassen des physischen Körpers" erreicht haben. Niemand besitzt eine verlässliche Rückerinnerung an dieses Heraustreten aus der leiblichen Ebene und ist in der Lage, das „tätige Traumleben" in das wache Ichbewusstsein mitzubringen. Der Schlaf ist gemessen an den wachen Aktivitäten die kürzere Zwischenzeit und hat nicht die gleiche Bedeutung wie der Wachzustand. Man ist nur in eine andere „Wirklichkeit" vorübergehend „verreist". Somnambulee (traumwandlerische) Zustände im Wachzustand empfinden wir irritierend und störend, während wir den Schlafzustand als ein willentlich nicht beeinflussbares Körperverhalten als völlig normal akzeptieren. Im Schlaf erfolgt eine Lockerung des im Wachbewusstsein festen Verbindung der beiden Körper durch unterschiedliche Energien und eine Verminderung der Gehirnströme im Tiefschlaf. Das Gehirn arbeitet langsamer, wobei die unbewussten Energien völlig aktiv bleiben. Der Mensch scheint von geheimen Energiequellen zu profitieren. *Hierbei werden offenbar noch geistige Entwicklungsprogramme von einer Matrix (Schablone) abgerufen, die in einer höheren Dimensionalität, unserer vorgeburtlichen „Heimat", eingebettet sind. Im*

Schlaf durchläuft der Mensch unterschiedliche Frequenzbereiche, in denen er unterschiedliche Traumzustände erfährt.

Im Schlaf handelt es sich um eine Art „Umschalten" ähnlich wie beim Tod auf einen anderen Frequenzbereich. Darum wird auch der „Schlaf als kleiner Bruder des Todes" bezeichnet.[70] Es handelt sich dabei um eine Erhöhung der Frequenzen, über die man auch eine totale Veränderung des Zeitempfindens erfährt. Schon im Traum deckt sich die Fülle der Vorgänge nicht mit den Zeitvorstellungen unserer Erdenzeit, was auch alle Sinnzusammenhänge stark beeinflusst und verändert, denn wenn die Theta- bis Delta-Wellen des Traumzustandes aktiviert sind, öffnen sich die „interdimensionalen Portale des Geistes". Dieser Wellenprozess setzt im Menschen eine völlige Unbewusstheit voraus, denn nur so können die normalen Funktionen des Gehirns die skalaren[71] Frequenzen nicht stören; und das ist beim Menschen nur im Schlaf der Fall oder nach seinem Ableben. Insofern ist der Vorgang des täglichen Schlafens als „begrenztes Sterben" mit dem Leben nach dem Tod identisch. Der wesentliche Unterschied besteht darin, dass im Schlaf der magnetische Faden oder Energiestrom, an dem die Lebenskräfte entlang laufen, unversehrt bleibt und die Rückkehr in den Körper sichert. Im Tod ist dieser Lebensfaden gebrochen oder abgerissen. Wenn das geschehen ist, kann die bewusste Wesenheit nicht mehr in den groben physischen Körper zurückkehren, weil diesem das Zusammenhalteprinzip fehlt, und er darum zerfällt und sich auflöst.

Dieser zyklische Wechsel zwischen Wachen und Schlafen ist ein analoger Prozess zum zyklischen Gesetz von Leben und Tod, was sich die Menschen wieder ganz bewusst machen sollten. Der Tod scheint oft so sinnlos zu sein, und das nur deshalb, weil die dahinter bestimmende Absicht der Seele nicht bekannt ist. Ähnlich wie im gehabten

---

[70] „So oft trat der Mensch im Schlaf, im „kleinen Tod", aus seinem Körper aus, blieb aber durch die „silberne Schnur" (Lebensfaden) mit seinem Leib verbunden und kehrte nach den „Ausflügen" in jenseitige Sphären erfrischt und mit Kraft aufgeladen und regeneriert wieder zurück."(Koh.9,10)
[71] Eine skalare Welle ist keine Hertz-Frequenz, sondern die Basis der verschiedenen Schöpfungsenergien als zeitlose Lichtträger.

Traum bleibt auch im Inkarnationsvorgang die vor der Geburt liegende vergangene Entwicklung verborgen. Von uralten Vererbungen und Umweltbedingungen weiß man nichts mehr, weil das Wahrnehmungsvermögen für die innere Stimme der Seele noch nicht allgemein entwickelt ist. Es ist aber gegenwärtig ein solcher Bewusstseinswandel in der Menschheit zu beobachten, der parallel mit Veränderungen in der Grundsubstanz der Physis einhergeht, so dass die berechtigte Hoffnung besteht, dass sehr bald auch das Wachbewusstsein wieder so sensibilisiert wird und der Mensch wieder ein Öffnungsorgan für die „Nachrichten" der Seele entwickeln kann. Eine solche „Öffnung" erfolgte bei hoch sensiblen hellsichtigen Menschen bereits schon immer, aber auch bei bestimmten Erkrankungen wie Alzheimer oder Schizophrenie. Es ist eine Art Umpolung der Frequenzen, oder anders ausgedrückt, die körperlichen Frequenzen verlieren im Wachzustand mehr und mehr ihre „abdeckende" Bedeutung, so dass die Frequenzen des Ätherkörpers genauso wie im Traum pur durchstrahlen können. Denn im Traum sind ja auch die Frequenzen des Wachbewusstseins ausgeschaltet. In der Zukunft werden Menschen selbst die Wachfrequenzen zu Gunsten der Traumfrequenzen herunter regeln können. Vorerst widerfährt das nur bestimmten Menschen, die dafür vorgesehen sind. Solche Hellsichtigkeiten oder Visionen absorbieren sehr viele Energien, was leicht zu Irritationen in der Realwelt führen kann. Auch Telepathie gehört in diesen Bereich höherer Frequenzübertragungen.

Heute sprechen wir zwar weniger von Telepathie, sondern meist von Gedankenübertragung. Beides muss aber unterschieden werden: Gedanken sind immer ein Ausdruck abstrakter Vorentwürfe, die erst verifiziert werden müssen, um dann reale Wirklichkeit zu werden. Gedanken allein sind quasi nur Formblätter, die gelesen und umgesetzt werden müssen. Darum besteht häufig die Gefahr, sich mit Gedanken allein schon zu begnügen. Jeder Gedanke muss aber zum wirklichen Leben erweckt werden. Und das ist bei der Telepathie immer der Fall: Diese Übertragungen oder Empfänge sind selbst bereits lebendige Gestaltungen und müssen nicht erst durch Verifizierung zum Leben erweckt werden. Sie sind eine Ganzheit von aktualisierten Sinnzusammenhängen und werden als ein komplexes Geschehen erfasst. Dieses hat darum immer „offenbarenden Charakter", ähnlich wie bei Visionen oder im Traum, nur viel stärker, denn das Leben selbst spielt sich in diesen telepathischen Bildübertragungen ab. Dabei handelt es sich immer um Aktivitäten des Ätherkörpers, der bisher nur eine abbildhafte Funktion der Physis hatte und als Aktivposten bisher nur sehr selten bei Heiligen und telepathisch Begabten in Erscheinung trat. Dieser Zugang wird in Zukunft für viele Menschen wieder geöffnet werden, wobei allerdings eine Öffnung aktiv über den Willen nicht zu erreichen ist, sondern im Gegenteil nur im *Loslassen aller Willensimpulse*, die jede telepathische Übertragung verhindern und zunichte machen, erreicht werden kann. Die Liebe ist im Loslassen der alleinige Zugang für eine Öffnung, die dabei Hand in Hand das neue Bewusstsein zum Einsatz bringt. Denn die Öffnung kann niemals eine determinierte oder automatische sein – auch sie muss „erliebt" werden.

Visionäre „Einbrüche" oder „durchlässige Übertragungen" erfolgen über Molekularstrukturen bis hin zu Photonen mit Hilfe des „Siliziums".[72] Über diesen Energieleiter können Gedanken sofort und direkt erfasst werden, weil eine Frequenzgleichheit vorliegt. Auch Gedanken sind Frequenzen, die lediglich parallel geschaltet werden, wie in der Telepathie, die ebenfalls mit dem Silizium Frequenzgleichheit besitzt. Es handelt sich dabei um die gleichen Kommunikationsmöglichkeiten wie in höheren Bewusstseinsdimensionen: Man stellt sich etwas vor, und es ist sogleich lebendig und real vorhanden. Ein Haus z. B. muss man nicht mehr über einen Plan oder Entwurf ausführen, sondern es entsteht im Moment der Vorstellung. Es ist ähnlich, wie wenn man heute schon eine „virtuelle Welt" in Sekunden im Computer entstehen lässt (z. B. Second Life). Genauso wie in den höheren Dimensionen wird es in ferner Zukunft auch auf der Erde

[72] Siehe Anhang S. 120

sein. Man muss sich dann die imaginäre Welt der Vorstellungen nicht mehr wie heute durch mühevolle Arbeit „untertan" machen.[73]

In den ätherischen Vorläuferpopulationen[74] war Silizium die Basis der Molekularstrukturen, was bis heute im „Gedächtnis der Zellen" der Menschheit noch gespeichert ist. Diese Grundsubstanz hatte sich mit der Menschheit geändert und wurde vom Kohlenstoff abgelöst. Mit dem Wiederaufstieg im neuen Äon *kehrt sich von nun an dieser Prozess wieder um, und die Menschheit wird wieder in die Reinheit der Energie des Siliziums zurückkehren.* Es ist die Substanz von Kristallen, die starke Energieleiter sind und in vollständiger Übereinstimmung mit Gedanken korrespondieren. Sie „*bringen die Gedankenformen der Menschen mit dem göttlichen Bewusstsein und den höheren Energien in vollständige Übereinstimmung. Dieser Schlüssel zum Tor in höhere Ebenen ist bereits im Menschen als Sehnsucht nach Gott angelegt. Dieser Weg geht aber nur über die Macht der Gedanken und wird nicht eher passieren, bis die irdische Wissenschaft beginnt, sich dem Göttlichen wieder zu öffnen. Und das bedeutet, zu begreifen, dass die Reinheit des Herzens die Fähigkeit ist, einander bedingungslos zu lieben, weil es das einzige ist, was euch antreibt, euch in die nächst höhere Dimension einzuklinken."* (Jasmuheen)

Für eine wachsende Spiritualität in der Zukunft bietet das Silizium die besten Möglichkeiten, denn über dessen Molekularsubstanzen werden Gedanken direkt erfasst werden. Vorerst wird es so sein, dass man Gedanken parallel auf die Frequenz des Silizium schalten kann, aber später das Silizium nicht mehr als „Leiter" benötigt, weil telepathische Übertragung die gleiche Wellenlänge besitzen. Das werden die Wissenschaftler der neuen Generation schon bald über „morphogenetische Felder" empfangen und verstehend umsetzen können. Das Silizium wird in Zukunft wieder zum Grundstoff der neuen Menschen werden. Darüber wird man sich dann auch im Wachbewusst-

---

[73] In diesem Zusammenhang sei auch auf den neuen medizinischen Zweig der Neuromedizin hingewiesen: Man spricht von Neuro-Imagination, wobei gedankliche Steuerbefehle über das Gehirn erzeugt werden. Richtig dabei ist, dass alle willensmäßigen Steuerungen über das Gehirn gehen, was jedoch nicht für das Unbewusste, den Traum oder den telepathischen Bereich Geltung besitzt. Telepathische Aktivitäten gehen allein über die Urenergie.
[74] Jasmuheen alias Ellen Greve, „Lichtnahrung": „… denn diese waren Wesen, die sich vom Äther ernährten, aus der universellen Kraft."

sein in alle Dimensionen „einklinken" können, und zwar genauso wie jetzt im Traum. Solche „Transkommunikationen" sind alle Arten außersinnlicher Wahrnehmungen wie Telepathie, Visionen, Präkognitionen und „morphogenetische Felder".[75] Auch die Theorien der „Neuen Physik" bestätigen bereits, dass unser Bewusstsein seine Informationen nicht nur über die physischen Sinne bezieht, sondern auch eine unmittelbare Verbindung zu höheren Dimensionen hat. Es handelt sich dabei um Resonanzen zu anderen Existenzebenen und um unsichtbare Informationsfelder. *„Wir müssen endlich erkennen, dass wir sowohl spirituelle Wesen sind, die mit ihrer Seele in einer spirituellen Welt existieren, als auch materielle Wesen, die in einer materiellen Welt existieren ".*[76]

Die Naturwissenschaften sind endgültig an der Grenze des auf Erden systemimmanent Erforschbaren angelangt. Es ist jetzt an der Zeit, den nächsten Schritt zu tun, um in „spirituelle Bereiche" vorzustoßen, wobei es notwendig erscheint, auch vom physikalischen Basiswissen in die geistigen Bereiche einen nahtlosen Übergang zu finden. Das gegenwärtige Problem der Naturwissenschaften ist der gravierende Mangel an ganzheitlichem Denken. Es wird immer nur systemimmanent gedacht und niemals das gesamte Universum mit einbezogen. In den Vorläuferkulturen bestand die Weisheit dagegen immer in einem ganzheitlichen Denken: „Kein Aspekt des altägyptischen Wissens ist vom Ganzen getrennt".[77] Dieses systemimmanente Denken war jedoch bis heute notwendig, um zuerst den Mikrokosmos der realen Welt zu erforschen und zu verstehen. Jetzt aber ist es notwendig, diesen viel zu engen Rahmen zu übersteigen und das Wissen zur Erkenntnis einer Gesamtschau der Schöpfung zu erweitern. Denn nur so können die Gesetze auch wieder im Mikrokosmos richtig verstanden werden. Allein der schöpferische Gedanke eines durchgehenden Ganzen wird eine „Erlösung" aus der bisherigen begrenzten Weltsicht sein. Darum muss wieder bei den atlantischen Kulturen angesetzt werden. Allerdings mit einem Unterschied: Atlantis gehörte zur

---

[75] Rupert Sheldrake spricht in diesem Zusammenhang von unsichtbaren Informationsfeldern.
[76] Dr. Vladimir Delavre, „Signale aus anderen Welten" (Wenn es ein Leben nach dem Tod gibt, ist nur darüber – über Telepathie – ein Informationsaustausch denkbar)
[77] J.A. West, „Die Schlange am Firmament"

absteigenden Dimension, während die heutige Welt bereits am Beginn des Bewusstseins zur aufsteigenden Dimension steht. Damals sahen (zeitlich gesehen) die absteigenden Dimensionen, wohin ihr Weg sie führte. Sie brachten alles Wissen mit, das dann mehr und mehr in der Verfinsterung der ersten großen Menschheitsepoche verdunkelt wurde. Jetzt muss das Wissen in der Erkenntnis wieder neu entdeckt werden, was eines ganz anderen Kraftaktes bedarf. Die absteigenden Dimensionen sanken mehr passiv dem Ziel der Wende entgegen. Der Aufstieg ist dagegen ein eminent schöpferischer und aktiver Weg, was gleichbedeutend ist mit der Erschaffung eines „neuen Universums".

Bekanntlich gehen alle gedanklichen Aktivitäten primär von einem gesteuerten Willen über das Gehirn als Empfangsstation aus. Das aber gilt nicht für das Unbewusste, für den Traum und schon gar nicht für den telepathischen Bereich. Aktivitäten gehen da nie über den Willen und von gesteuerten Nerven aus, sondern allein über das „Anzapfen der Urenergie", die nicht dem Willen unterliegt, sondern ganz allein nur der Liebe als der für den Strom der Urenergie öffnenden Instanz. Dieses Öffnen wird die Aufgabe der Menschheit im „Neuen Äon" sein. Doch das kann nicht passieren, solange die Wissenschaftler nicht endlich beginnen, sich dieser inneren Erkenntnis bewusst zu öffnen, um endlich ihr alles blockierendes und beschränktes technologisches Denken aufzugeben. Dafür wird in Zukunft das Bewusstsein umgewandelt werden, und wenn das geschafft ist, geht alles nur noch über Telepathie. Das ist die Sprache des Lichtes, worüber das Potential der höheren Dimension, der gegenwärtigen „Traumdimension", wieder aus der Latenz ins „Wachbewusstsein" gehoben werden wird. Das wird in der Zukunft erfolgen, weil die Menschheit wieder stärker telepathisch empfangen wird, und zwar ähnlich wie die Menschheit in der einstigen „magischen Bewusstseinsphase"[78], allerdings dann auf einer „höheren Oktave" des Bewusstseins. In der damaligen magischen Phase fehlte den Menschen die Integrationsmöglichkeit durch die Mentalsphäre des Bewusstseins. Die Folge war, dass die telepa-

---

[78] Gebser „Ursprung und Gegenwart"

thisch empfangenen Durchsagen nicht zum Nutzen und zur Bewältigung in der materiellen Welt umgesetzt werden konnten. Das kann man heute noch immer bei den im magischen Bewusstsein lebenden Entwicklungsvölkern beobachten. Dieses magische Denken ist darum am Ende dieses Äons in die Sackgasse skurriler und völlig überholter Verhaltensmuster geraten. In der einstigen magischen Phase dagegen erlebten die Menschen das Leben noch wirklich so, wie heute im Traumgeschehen.

Die Entwicklungsstufen des menschlichen Bewusstseins nach Jean Gebser: „Ursprung und Gegenwart"

Unser menschliches Bewusstsein hat nicht nur im Laufe der überschaubaren historischen Entwicklung große Wandlungen erlebt, sondern auch jeder einzelne Mensch erfährt im Laufe seines Lebens von der Kindheit an einen permanenten Veränderungsprozess seines Bewusstseins. Für diese Entwicklung des menschlichen Bewusstseins benennt Jean Gebser in seinem groß angelegten Entwurf „Ursprung und Gegenwart" vier Bewusstseinsmutationen: 1. archaische / 2. magische / 3. mythische und 4. mentale Grundstruktur des jeweiligen Bewusstseins. Dabei integriert die jeweils folgende Epoche die erreichte Bewusstheit der vorangegangenen Strukturen. Jede höhere Bewusstseinsform integriert also die vorherige, indem sie diese mit dem neu erreichten Bewusstseinsstand verwandelnd wirksam macht.

1. Die archaische Bewusstseinsstruktur ist eine null-dimensionale, traum- und zeitlose Ununterschiedenheit von Mensch und All. Es herrscht ein noch problemloser Einklang von Natur und Mensch. Die Seele schläft noch. Die Wahrnehmung ist ein rein sinnliches Bemerken und hat gegenständlichen Charakter. Die einfachste nicht mehr unterscheidbare Qualität ist das Empfinden des Lust-Unlust-Prinzips: Neandertaler, Vormenschen. Dieser Bewusstseinszustand entspricht dem Säugling und Kleinstkind.

2. Die magische Bewusstseinsstruktur wird bereits zur eindimensionalen und tritt aus der Raum- und Zeitlosigkeit heraus. Jedoch ist alles, was noch in der Seele schläft, vorerst nur spiegelbildlich im Außen wach. Der Mensch beginnt zu wollen, doch ein sittliches Bewusstsein, das eine Verantwortung zu tragen imstande wäre, weil es auf einem bewussten Ich beruht, liegt für die Ich-Losigkeit des magischen Menschen noch nicht vor. Es handelt sich jetzt um ein erlebendes Wahrnehmen, so dass bereits eine Art Weltinnewerden zustande kommt, weil sinnliche Einwirkungen in ein Erleben übersetzt werden. Diese Phase entspricht dem Kleinkind, der Trotzphase mit dem Beginn eines Ichbewusstseins („Magie und Zauber, Große Mutter").

3. Die mythologische Bewusstseinsstruktur beinhaltet bereits die Bewusstwerdung der Seele und damit zugleich auch der Zeitlichkeit aller Lebensprozesse. Der Mensch tritt in die Spannung einer zweidimensionalen Polarität. So wird jetzt neben der „Erde" auch der „Himmel" entdeckt. Das Erfahren der Seele ist das sichtbarste Zeichen einer Bewusstwerdung des eigenen Ich, und auf dem Umweg über das Erwachen zu sich selbst, erwacht auch das Du. Dem mythologischen Bewusstsein als Erfahren einer Seele entspricht ein imaginäres Wahrnehmen, weil neben dem äußerlichen Wahrnehmen auch eine Traum- und Vorstellungswelt bereits erfahren und erlebt wird. Diese Phase entspricht der Kindheit, Einschulung und dem Beginn einer ersten Sozialisierung (Ägypten, Astrologie, Vielgötterei).

4. Die Phase der mentalen Bewusstseinsstruktur setzt Gebser zeitlich im ersten vorchristlichen Jahrtausend an: in Griechenland mit der Philosophie, in Israel mit dem Monotheismus und in Rom mit der Staatslehre (Moses – Platon – Kaiser Augustus). Als Entsprechung zum Monotheismus ist die Geburt des voll erwachten Ich zu sehen und damit der Dualismus von Gott und Mensch, reflektierendes Selbsterkennen und Verantwortlichkeit für das eigene Leben. Das von nun an reflektierende Wahrnehmen wird dreidimensional perspektivisch, weil über das erwachte Ich der Mensch in der Lage ist, über vordergründiges Wahrnehmen hinaus auch seiner selbst und der Welt inne

zu werden, was erstmalig ein Fürwahrnehmen ermöglicht und zum abstrakten Denken führt. Philipp Lersch spricht in diesem Zusammenhang von zwei Wahrnehmungsmöglichkeiten: von einer horizontalen Verflochtenheit von Ich und Welt, dem so genannten Funktionieren im Leben und von einer vertikalen Ganzheit der davon unterscheidbaren seelischen Vollzüge und Zustände. Diese Phase könnte man vergleichsweise mit der Adoleszenz, dem Reifeprozess des Jugendlichen zum Erwachsenen sehen.

Diese letzte, bereits seit ca. 2.500 Jahren andauernde „mentale Bewusstseinsphase", ist seit der Renaissance (ca. 16. Jhdt.) in ihre defizitäre Endphase eingetreten. In der Gegenwart befindet sich darum die Menschheit wiederum in einer Übergangsphase zu einer neuen Bewusstseinsstruktur, die Gebser als integrale bezeichnete. Darunter versteht er ein Bewusstsein, das transpersonal über das Ich hinausweist im Sinne einer Transparenz neuer Wahrnehmungsmöglichkeiten: Diaphanität (Durchsichtigkeit) auf ein Erscheinendes im Innern hin. Andere Bezeichnungen für dieses neue Bewusstsein sind supramentales, kosmisches oder spirituelles Bewusstsein. Alle diese Begriffe meinen das Gleiche, aber über die zukünftige Entwicklung kann man noch keine verbindlichen Aussagen machen. Wir können nur die neuen Möglichkeiten ansatzweise erahnen, weil sich die Veränderungen bereits immer deutlicher bemerkbar machen. Damit ist heute das „adamitische Bewusstsein" an den Endpunkt der dafür vorgesehenen Entwicklung angelangt. Der Beginn dieser Bewusstseinsepoche als „Nullpunkt des Geistes" wird ja in der Genesis sehr ausführlich beschrieben, jedoch in Bildern, die für uns heute oft schwer interpretierbar erscheinen.

Dieses Gesetz der fortschreitenden Bewusstseinsentfaltung gipfelt im menschlichen Verstand und wurde im Laufe einer Jahrtausende dauernden Entwicklung in die Tat umgesetzt. Der Verstand ist bekanntlich allein das den Menschen bestimmende Merkmal und als solches selbst nicht übertragbar. Die gegenwärtigen Versuche, auch Tiere an das mentale Bewusstsein heranzuführen, sind darum zum

Scheitern verurteilt. Genau dieselbe falsche Einstellung besteht auch gegenüber allen Entwicklungsvölkern. Auch sie kann man nicht in das heutige höchste mentale Bewusstsein hinein „katapultieren". Denn das zeitlich bedingte Bewusstseinsgefälle ist die notwendige Spannung, aus der heraus die gesamte Menschheitsentwicklung resultiert, und diese erlaubt keine gewaltsamen „Sprünge". Wenn das richtig verstanden und alle „wertenden Maßstäbe" fallen gelassen würden, könnten die in einer „globalisierten Welt" vorherrschenden Probleme mit den Entwicklungsvölkern besser gelöst werden.

Der Ätherkörper nach Alice Bailey

„Die Allgegenwart Gottes hat ihre Grundlage in der Substanz des Universums, dem ÄTHER. Das ist ein Sammelbegriff, der den Ozean von Energien umfasst, die alle miteinander in Wechselbeziehungen stehen. Das Integral einer jeden Form im Universum ist der ÄTHERKÖRPER. Das gilt auch für den Menschen als Geschöpf; denn durch den Ätherkörper ist der Mensch mit jedem anderen Wesen des göttlichen Lebens verbunden. Die Funktion des Ätherkörpers besteht darin, Energieimpulse aufzunehmen, die das Leben selbst sind; denn der Ätherkörper ist nichts anderes als Energie. Diese Energie geht von einer zentralen Stelle als universales Denken aus".

Da im Universum alles zusammenhängt, besitzt auch die kosmosbedingte Menschheit alle Substanzen der Schöpfung. So besitzt der Mensch nicht nur einen biologisch-physiologischen Körper, der Träger der Sinne und Voraussetzung für die Darstellung in den Frequenzen dieser Erde ist, sondern darüber hinaus auch einen Ätherkörper, der Träger des Bewusstseins und mit dem physischen Körper eng verbunden ist. Dieser Körper blieb uns quasi aus den vorherigen ätherischen Dimensionen erhalten und bestimmt in Verbindung mit den physischen Voraussetzungen die Entwicklung im Leben eines jeden Menschen mit.

Der Ätherkörper besteht aus feinstofflicher Substanz, die aus höheren Frequenzbereichen stammt und die Verbindung mit diesen ermöglicht. Denn nur das „Seelenfünklein"[79] schafft die Verbindung mit dem geistigen Zentrum Gottes selbst. Die Funktion des Ätherkörpers besteht also darin, Energieimpulse aufzunehmen, die das Leben selbst sind. Über diesen „Körper" gehen alle menschlichen Vorstellungen, Gedanken, Phantasien und Intuitionen. Dabei besitzt der Ätherkörper enge Verbindungen zu den parallelen Sinnen der Physis, die der Seele als „Verkehrsmittel" zwischen sich und dem Leib dienen. Die Sinne des Leibes sind wiederum die Leitzügel in den Händen der Seele zur Beherrschung des Leibes in der Außenwelt. Leider haben die meisten Menschen davon kaum eine Ahnung und werden in Zukunft nur über eine konsequente Selbsterkenntnis einen Zugang zur Seele erlangen. Denn die Seele enthält in sich alles, und der Mensch findet allein über den Geist einen Zugang zu seinem Inneren. Über diesen „Geistfunken" steht er in engster Verbindung mit dem Urgeist Gottes selbst.

Alle geistigen Energien gehen vom universellen Zentrum als universales „Denken" aus und werden in hierarchischer Folge in den Bewusstseinsdimensionen der Schöpfung aufgefangen („angezapft"). Man hat den ätherischen Körper als ein mit Feuer durchwobenes Geflecht oder ein von „goldenem Licht belebtes Gewebe" bezeichnet. Die Bibel (Prediger 12, 6) spricht von ihm als „güldene Schale", nach welcher erst später der dichte physische Körper geformt wird, wobei gemäß dem Gesetz der Anziehung die Physis dazu gebracht wird, sich an das Energiemodell anzuheften, bis beide Formen einander vollkommen durchdringen und eine Einheit bilden. Das Ganze ist ein umfassendes System der Übermittlung und gegenseitigen Abhängigkeit, wobei der ätherische Körper den Urtypus für den physischen Körper bildet. Der Kern des Ganzen ist die Seele selbst, die den Ätherkörper belebt, über den die Lebendigkeit des grobstofflichen Körpers ermöglicht wird. Die Seele selbst ist nicht mehr feinstofflich, sie ist der Geistfunke aus dem Zentrum und das Allesbelebende der gesamten

---

[79] Meister Eckhard

Schöpfung Denn der Äther erfüllt den ganzen, endlosen „Raum" im Universum. Er ist die *„Außenlebenssphäre des Geistes", der als geistige Speise alle Geschöpfe ernährt, und ist in jeder Seele der kondensierte Brennpunkt des Lebensgeistes schlechthin.* [80] "

Der Keim für alles Leben liegt in der Substanz des Äthers selbst und ist im Wort „Allgegenwart" zu sehen. Er ist die Voraussetzung für die gedankliche Beeinflussung des Bewusstseins aller Menschen, was letztendlich zu einer Einheitlichkeit im Denken führt. Darüber hinaus ermöglicht es der Äther, die menschlichen Bewusstseinsbegrenzungen zu überschreiten. Jeder Mensch ist also Empfänger gelenkter Gedanken, die sein Bewusstsein und seine Seele auf Übereinstimmung bringen, so dass die empfangenen Gedanken in und durch seinen eigenen Energiekörper hindurch wirken. Diese Ideen manifestieren das schöpferische Vorhaben für das gesamte Universum, wobei die Willensenergie Gottes im Äther der beherrschende Faktor in jeder Erscheinungsform ist; denn alle manifesten Formen bestehen aus Energie. Das gilt im besonderen Maße für den Menschen, der durch den Ätherkörper so mit dem gesamten Universum verbunden ist. Der Ätherkörper ist somit zugleich Träger und Ausdrucksform einer vorherrschenden Energie, von der die Menschheit im jeweiligen zeitlichen Zyklus beherrscht wird.

Das Integral einer jeden Form im Universum ist der ÄTHERKÖRPER; denn es gibt im manifestierten Kosmos (in den Sonnensystemen, in der planetarischen Welt oder in den verschiedenen Naturreichen) nichts, was nicht eine feinstoffliche und unberührbare, jedoch substanzerfüllte Energieform besäße, die einen äußeren physischen Körper umhüllt, kontrolliert, beherrscht und in seinem Zustand bestimmt. Der Ätherkörper ist somit die Grundlage und zentrale Leitstelle für alle wahrnehmbaren Phänomene im Kosmos, und das bedeutet, dass die Urenergien über den Ätherkörper nicht nur die individuellen menschlichen Reaktionen bestimmen und folglich auch alle Wesensäußerung der Menschen im täglichen Leben beherrschen, sondern

[80] Lorber a.a.O.

dass die jeweils in irgendeinem Weltenzeitalter vorherrschenden planetarischen Energien ganze Epochen, Kulturkreise oder Völker dieser Welt prägen. Diese Energien gehen vom universellen Zentrum aus und werden in hierarchischer Folge absteigend wirksam. Dabei erfahren die hohen Frequenzen aus dem Zentrum, die über „Engel", Geister und höchste menschliche Wesen weitergeleitet werden, innerhalb des „Abstiegs" bis hin zur Materie im Kosmos eine permanente Umwandlung durch eine Reduzierung in tiefere Frequenzen.

Das ist der Grund, warum den Menschen neben ihrem groben physischen Körper der feinstoffliche Ätherkörper als „geistiger Führer" mitgegeben worden ist. Über diese feinstoffliche Substanz werden die interdimensionalen Verbindungen aufrecht erhalten, denn jeder Mensch hält sich im Ätherkörper während des Traumes auf. Darum nennt man den „Ätherkörper" auch den „Traumkörper". Denn genau wie im Wachzustand hat man auch im Traum Wahrnehmungen, die aber nicht mit den grobstofflichen Sinneswahrnehmungen zu vergleichen sind. Dafür ist der Mensch in dieser feinstofflichen Substanz seinem einstigen Geistursprung viel näher. Die heutige Wissenschaft hat den Nachweis der verschiedenen Energien im Kosmos bereits erbracht. Die wachsende Erkenntnis, dass jeder Mensch ein energetisches Feld besitzt und sogar das Atom eine lebendige, schwingende Wesenheit ist, erhärtet diesen Gesichtspunkt.[81] Die Wissenschaft hat die Energie als beherrschenden Faktor in jeder Erscheinungsform erkannt, weil alle manifesten Formen aus Energie bestehen, und der Mensch dabei keine Ausnahme bildet. Der Beweis, dass Licht und Materie synonyme Ausdrücke ein und desselben sind, führt als wissenschaftliche Folgerung zu den verbindlichen Energiegesetzen. *„Der gesamte Evolutionsprozess ist nicht das Wirken einer außerhalb befindlichen Gottheit, die ihre Energie und Weisheit auf eine erwartungsvolle Welt ausgießt, sondern vielmehr etwas, das selbst in dieser Welt latent vorhanden ist, denn es liegt verborgen im Kern des Atoms, im Herzen des Menschen selbst, im Planeten und im Sonnensystem. Es ist jenes Etwas, das alles seinem Ziel entgegentreibt und die Kraft, die allmählich aus dem*

[81] Alice Bailey, „Das Bewusstsein des Atoms"

Chaos Ordnung schafft; letzte Vollkommenheit aus der zeitweiligen Unvollkommenheit. Es ist alles das, was wir in unseren höchsten und besten Augenblicken visionär erschaut und erkannt haben". (Alice Bailey)

Zusammenfassung

1. Alle Energien treten über die integrierende Kraft der Ätherkörper im Universum miteinander in Verbindung, wobei der Impuls dafür in der energetischen Substanz des Äthers selbst liegt.

2. Die gedankliche Beeinflussung aller Menschen führt zu einer Einheitlichkeit im Denken, und das bedeutet, Gedanken durch gelenkte Energien zu empfangen und zu begreifen. Empfänger gelenkter Gedanken ist jeder Mensch, der sein Denken und seine Seele auf empfangende Übereinstimmung gebracht hat, so dass Gedankenformen durch seinen Energiekörper wirken können. Die Aufnahmebereitschaft liegt im freien Willen des Menschen. Die aus dem Zentrum gesendeten Gedankenformen manifestieren das universelle schöpferische Vorhaben für die Menschheit. Im Gegensatz dazu steht die Natur allein im „göttlichen Gesetz"; d. h. alle naturhaften Lebensformen werden allein durch göttliche Energien gelenkt und beherrscht, und zwar mittels ihrer Energiekörper, die integrale Teile des Ganzen sind. Sie reagieren jedoch unbewusst und ohne Einsicht. Die Menschen dagegen nehmen immer mehr bewusst das „Denken Gottes" wahr, was im erleuchteten Denken der Hierarchie das Ziel der Entwicklung ist und zum Ausdruck kommt.

Struktur und Bedeutung des Ätherkörpers

Der ätherische Körper ist die „Schablone" des physischen Körpers und somit der Urtypus, nach dem die dichte physische Form eines menschlichen Körpers in einer Inkarnation gestaltet wird. Der Ätherkörper besteht aus einem Netzwerk feinverzweigter, feinstofflicher Kanäle und bildet so den Brennpunkt für alle Energieströme, die beleben, anregen und die Rotation in der Materie bewirken. Diese „substanzerfüllte Energieform" umhüllt den äußeren physischen Körper, und über sie besitzt der Mensch dann die Fähigkeit, die ein- und aus-strömenden Energien des Ätherkörpers wahrzunehmen und auf Energiestöße, die aus der Umwelt wie auch aus dem Inneren eines Menschen kommen, zu reagieren.

Im Ätherkörper befinden sich (unter anderem) sieben wichtige Zentren als Module (Relais) für die empfangende spirituelle Aufnahme und Verteilung von verschiedenen Energiearten im physischen System. Der dichte physische Körper, der aus Zellen besteht, von denen jede ihr „individuelles" Leben, ihr Licht und ihre Wirksamkeit hat, wird durch das Energienetz des Ätherkörpers zusammengehalten und ist so dessen manifeste Ausdrucksform. Mit diesem fein verzweig-ten „Meridianen" des Ätherkörpers korrespondiert im physischen Kör-per das Nervensystem. Dieses ist ein verhältnismäßig materielles Netz für die Weiterleitung von Energien und Kraftströmen und ist quasi die äußere parallele Erscheinungsform des inneren, lebendigen, feinstoff-lichen Geflechtes des Ätherkörpers mit dessen Meridianen und den darauf befindlichen Akupunkturpunkten (vgl. Traditionelle Chinesi-sche Medizin). Das Nervengeflecht ist das physische Abbild, der „nega-tive" (im Sinne von passiv empfangende) Aspekt der „positiven" (aktiv sendenden) Energien, die das Leben eines Menschen bestimmend beeinflussen. Die vom Nervensystem empfangenen Energien werden dann an das endokrine Drüsensystem weitergeleitet, welches wieder-um das greifbare exoterische Übertragungsorgan für alle Aktivitäten im Körper ist. Parallel zu diesen sieben Hauptdrüsen im physischen Körper befinden sich im Ätherkörper die sieben Kraftzentren oder „Chakren" als Übertragungsmodule. Jedes dieser Zentren versorgt die entsprechende Drüse mit bestimmten Energien, wobei die jeweilige Drüse die sichtbare Reproduktion des betreffenden Zentrums ist.

Die 7 Chakren oder Hauptzentren

Die Chakren sind Lebensenergiezentren und Übertragungsmodule für die unterschiedlichen Energien, die über den Ätherkörper in den physischen Körper fließen. Es sind quasi Relais für die Aufnahme und

Verteilung von Energien, ohne die kein Mensch leben könnte, weil die Urenergie nur über sie empfangen werden kann. Der Ätherkörper besteht aus ineinander greifenden und umlaufenden Kraftlinien. Diese Energielinien und das damit eng verwobene System von Kraftströmen sind mit den sieben Chakren im Ätherkörper verbunden, wobei jedes dieser Kraftzentren zu einer bestimmten Art von einströmender Energie eine Beziehung hat. Wenn eine Energie, die den Ätherkörper erreicht, keine Beziehung zu einem besonderen Zentrum hat, dann bleibt dieses Zentrum in Ruhe und unerweckt. Wenn aber eine Energie verwandter Art ein Zentrum für ihre Einwirkung empfänglich macht, dann kommt dieses Zentrum in Schwingungen und wird aufnahmefähig. Das kann sich z.B. dann zu einem beherrschenden Faktor im Leben eines Menschen auf der physischen Ebene entwickeln. Alle Energieformen, die dem kosmischen Sonnensystem innerhalb ihres spezifischen Wirkungsbereiches zugrunde liegen, werden durch die vorherrschende solare oder planetarische Energie mitbestimmt und gelenkt. So werden unaufhörlich und ohne zeitliche Unterbrechung alle Energieformen durchpulst, verändert und mit Kraft erfüllt.

Bei den meisten Menschen sind gegenwärtig von den 7 Chakren fast nur die unteren Chakren aktiv, was zur Folge hat, dass der mehr animalische Bereich in der gesamten Menschheit noch immer sehr ausgeprägt ist und im Leben eine dominante Bedeutung hat. Das allerdings wird sich in der Zukunft in der Gewichtung verändern, weil die Menschen ihre noch immer stärker vitalitätsorientierte Verhaftetheit zu Gunsten einer mehr spirituellen Ausrichtung verlieren werden. Natürlich bleiben auch dann immer noch die unteren Chakren als Basis beim Wechselspiel zwischen Vitalität und Bewusstsein aktiv. Letztlich jedoch bestimmt immer das Bewusstsein die Art des Zusammenspiels der Chakren. Es geht dabei um eine Harmonisierung dieser Energien. Sind z.B. bei einem Menschen die oberen Chakren stärker ausgebildet, fehlt zuweilen die Kraft der unteren, weil diese auch von Gott gegebene Kraft vielleicht durch eine zu starke Kontrolle des Verstandes abgewürgt wird. Das war häufig im christlichen Abendland der Fall. Ursache war und ist jene übertriebene asketische Einstellung zum Vitalbereich. Dieser wurde häufig verabscheut, weil man sich vor dem animalischen Teil im Menschen fürchtete. Doch auch dieser gehört im Leben dazu und ist aus Liebe geschaffen worden. Man soll darum darin nicht nur eine animalische Triebkraft sehen, die besser verdeckt oder ignoriert werden sollte, sondern auch den stärksten Impuls zur Hingabe an andere Menschen, vor allem auch die Aktivierung jeglicher schöpferischen Tätigkeit. Heute scheint eine heftige Gegenbewegung zur Jahrhunderte langen christlichen Askese sich zu entfalten, indem man den Energien des Vitalbereiches völlig unkontrolliert und hemmungslos freien Lauf lässt und damit eine Harmonisierung ebenfalls verfehlt.

Die sieben Hauptzentren und ihre organischen Entsprechungen zu den Drüsen:

Chakren	Drüsen
Kopfzentrum	Zirbeldrüse
Zentrum zwischen den Augenbrauen	Hypophyse
Kehlzentrum	Schilddrüse
Herzzentrum	Thymusdrüse
Solarplexus	Pankreas (Bauchspeicheldrüse)
Sakralzentrum	Keimdrüsen
Zentrum an der Basis der Wirbelsäule	Nebennieren

1. Das Kopfzentrum

Sein Sitz ist am Scheitel des Kopfes. Seine verdichtete physische Ausdrucksform ist die Zirbeldrüse. Diese ist im Kindesalter solange in Funktion, bis der Wille zum Sein genügend stark ist und der inkarnierte Mensch sich im physischen Körper fest verankert hat. Auch in den letzten Entwicklungsstadien eines Menschen tritt diese Drüse wieder in Tätigkeit und dient als Ausdrucksmittel der Willensenergie eines vollendeten Daseins auf Erden. Es ist das Organ der Synthese und dient dazu, einen Menschen bewusst mit seiner Seele in Verbindung zu bringen. Dadurch vereinigen sich in ihm die Energie des Willens, des Bewusstseins und der Schöpferkraft, womit die Synthese der göttlichen Aspekte hergestellt ist (Für eine „bessere Einstrahlung" spiritueller Energien diente den Mönchen die Tonsur).

2. Das Stirnzentrum

Dieses Zentrum liegt zwischen den Augenbrauen gerade über den Augen (in Indien eine häufige Zeichnung als Punkt auf der Stirn). Es ist die Ausdrucksform einer integrierten Persönlichkeit und das Zentrum für die Energieverteilung der aktiven Intelligenz. Es ist mit der Persönlichkeit durch den schöpferischen Lebensfaden verbunden und steht daher in enger Verbindung mit dem Kehlzentrum (dem Zentrum jeder schöpferischen Tätigkeit). Ist einmal ein aktives Wechselspiel zwischen Stirn und Kehlzentrum hergestellt, so bewirkt dies, dass ein solcher Mensch bereits ein schöpferisches Leben führt und die göttliche Idee in sichtbarer Form zum Ausdruck bringt. Die verdichtete physische Ausdrucksform ist die Hypophyse.[82] Das Zentrum bringt in seiner höchsten Form Imagination zum Ausdruck. Es sind die dynamischen Triebkräfte hinter allem Erschaffenen, und so ist die Hypophyse das Organ der veredelten, sublimierten Energien des Verlangens. In der Meditation verwandelt die Hypophyse Kohlenstoffelemente in Silizium. Das hat eine Erweiterung des Bewusstseins zur Folge, das

---

[82] Bob Frisell, „Aus der Zukunft in die Gegenwart". „Die Hypophyse scheidet in der Meditation Silizium aus. In der Tat wandelt die Hypophyse in der Meditation Kohlenstoffelemente in Silizium in minimalen Dosen um. Das ist für die Bewusstseinserweiterung als Grundstoff für die nächste Population sehr wichtig; denn da wird Silizium wieder der Grundstoff sein. Silizium heute natürlich dem Körper zuzuführen, ist nicht möglich. Es muss als Produkt der Umwandlung in den Körper in einer Art „Stoffwechsel" umgesetzt werden." Siehe Anhang S. 120

aber nur, wenn Silizium als Produkt einer Umwandlung als Stoffwechsel im Körper entsteht, niemals allein medikamentös zugeführt wird.

3. Das Kehlzentrum

Dieses Zentrum liegt an der hinteren Seite des Halses und reicht nach oben bis zum verlängerten Mark – wobei die Karotisdrüse inbegriffen ist – und nach unten bis in die Gegend der Schulterblätter. Beim Durchschnittsmenschen ist es außerordentlich kraftvoll und gut entwickelt. In diesem Zusammenhang ist folgende astrologische Feststellung interessant: *Das Kehlzentrum wird von Saturn regiert, so wie das Kopfzentrum von Uranus und von Merkur beherrscht wird: Uranus, Merkur und Saturn ergießen ihre Energien durch diese „geistigen Kontaktstellen" auf der physischen Ebene in die fest gegründete Sphäre von Licht und Macht, die der Mensch in Zeit und Raum besitzt.*[83] Diese Beziehungen haben einen wesentlichen Einfluss auf einen spirituellen Entwicklungsschub im Leben eines Menschen, wobei das Kehlzentrum das Organ für die Verteilung schöpferischer Energie ist. Es ist im Menschen das Zentrum, durch das sich der Intelligenzaspekt als Spiritualität in schöpferischer Weise konzentriert. Die verdichtete physische Ausdrucksform dieses Zentrums ist die Schilddrüse. Sie ist für das Wohlergehen des heutigen Durchschnittsmenschen von größter Bedeutung. Ihr Zweck besteht darin, die Gesundheit zu bewahren und bestimmte wichtige Aspekte der physischen Natur im Gleichgewicht zu halten. Sie symbolisiert die Spiritualität aller gedanklichen Substanz.

4. Das Herzzentrum

Es entspricht der geistigen Quelle von Licht und Liebe und ist der Schlusspunkt jenes Vorganges, bei dem die emotionale Natur mit ihrer besonders hervortretenden Qualität des Verlangens unter die Herrschaft der Seele gebracht und das Begehren des niederen Selbst in Liebe umgewandelt wird. Dieses Zentrum ist das Organ für die Verteilung der hierarchischen Energie, die über die Seele in das Herzzentrum ergossen wird, und ist für die Herstellung einer festen Beziehung

[83] Alice Bailey a.a.O.

zwischen der sich rasch entwickelnden Menschheit und der geistigen Hierarchie verantwortlich. Nur auf diese Weise kommen zwei große universelle Zentren – geistige Hierarchie und materielle Menschheit - in enge Berührung und Verbindung. *Nur wie ein Mensch in seinem Herzen denkt, so ist er wirklich.* Dieses Zentrum ist für die Verteilung der universellen Energie, die über die Seele in das Herzzentrum ergossen wird, zuständig. Nur so wird diese Energie für die Erneuerung der Menschheit durch die Liebe, die Jesus den Menschen wieder bewusst gemacht hat, ermöglicht.

Das „Herzdenken" wird allerdings erst dann wirklich möglich, wenn die mentalen Fähigkeiten entsprechend entwickelt worden sind und eine hohe Stufe des Bewusstseins erreicht haben. Das Fühlen im Herzen wird leider oft mit einem „wünschenden Denken" verwechselt. Die Fähigkeit, **im Herzen zu denken**, wird nur dadurch erlangt, dass Begierde in Liebe umgewandelt wurde. Diese Umwandlung geht während jenes Lebensabschnittes vor sich, in dem man daran arbeitet, die Kräfte des Solarplexus in das Herzzentrum zu erheben. Erst wenn dieser höhere Aspekt des Herzzentrums tatsächlich wirksam geworden ist, tritt das Denken als Ergebnis richtigen „Fühlens" an die Stelle persönlicher und subjektiver Empfindungsfähigkeit. Das Herzdenken bringt dem Menschen die ersten schwachen Anzeichen für jenen Daseinszustand, den man das supramentale oder integrale Bewusstsein nennen könnte und tritt in eine wesentliche Beziehung zur gesamten Persönlichkeit. Eine Verbindung mit der Hierarchie kommt dabei automatisch in dem Maß zustande, wie die Koordinierung und ein direkter Kontakt mit der Seele hergestellt werden. Denn das Herzzentrum empfindet und reagiert allein auf die Energie der Liebe.

Seine verdichtete physische Ausdrucksform ist die **Thymusdrüse.** Von dieser kleinen Drüse weiß man noch wenig, denn die Eigenschaften ihres Sekretes konnten bisher noch nicht genau bestimmt werden. Diese Drüse ist in der Jugend für das Wachstum bedeutungsvoll und scheint in dieser Funktion beim Erwachsenen eher wirkungslos zu sein. Wenn allerdings die Thymusdrüse beim Erwachsenen über den inneren Weg wieder in Aktion tritt, beginnt sich der göttliche Plan in diesem Menschen auszuwirken. Das ist dann der erste Schritt zur wirklichen Liebe hin.

Diese bisher genannten vier Chakren liegen alle oberhalb des Zwerchfells, das quasi eine Scheide innerhalb des Körpers darstellt. Unter dem Zwerchfell liegen weitere drei Chakren: das Solarplexuszentrum, das Sakralzentrum und das Zentrum an der Basis der Wirbelsäule. In der heutigen Menschheit ist von diesen dreien das Solarplexus-Zentrum wohl das wichtigste, das Sakralzentrum das am stärksten ausgeprägte und vom heutigen Bewusstseinslevel aus gesehen ist das Basiszentrum das am wenigsten aktive Zentrum im Körper.

5. Das Solarplexuszentrum

Es liegt in der Mitte des Menschen hinter dem Bauchnabel und ist ganz besonders aktiv. Denn der Solarplexus ist die zentrale treibende Kraft im Menschen, dessen Bewusstseinsentwicklung quasi an diesem Punkt der gesamten Menschheitsgeschichte beginnt. Dieses Zentrum ist das Ausfalltor, durch das die emotionale Energie in die äußere Welt strömt. Es ist das Organ des Verlangens und besitzt darum die größte Bedeutung im Leben des Durchschnittsmenschen. Seine Beherrschung ist ein ganz wesentliches Ziel auf dem inneren Weg, weil Begierde in geistiges Streben umgewandelt werden muss. Das Solarplexuszentrum ist eine große Sammel- und Verteilerstelle für alle Zentren unterhalb des Zwerchfells und somit der Empfänger und Verteiler aller Begierdenimpulse und emotionalen Reaktionen. Es ist damit jenes Zentrum im Ätherkörper, wodurch das gesamte Dasein eines durchschnittlichen, unerleuchteten Menschen in seinen Wünschen bestimmt wird. Durch dieses Zentrum fließen auch die meisten jener Energien, die zum äußeren Fortschritt und Erfolg im Leben eines Menschen beitragen, aber darum auch den Menschen in ständiger Bewegung und Unrast halten. Das Solarplexuszentrum ist also der große „Unruhestifter" im Körper, wodurch sich auch die gesamte Region unmittelbar unter dem Zwerchfell bei den meisten Menschen in einem Zustand ständigen Aufruhrs und größter Verspannung befindet.

Die verdichtete äußere Form dieses Zentrums im physischen Körper ist die Bauchspeicheldrüse (Pankreas). Eine Beherrschung des Solarplexus, richtiges Empfangen und richtiges Freilassen der dort konzentrierten Energien würde alle lebenswichtigen Organe gründlich reinigen, außerordentlich stärken und allen einen sehr wesentlichen Schutz geben. Als Zentrum der Synthese sammelt und bindet es in der Höherentwicklung eines Menschen alle niederen Energien in sich und ist somit tatsächlich ein Hilfswerkzeug für die Integration der Persönlichkeit. Denn das Hauptproblem eines zwar hochentwickelten intelligenten, aber noch nicht geistig eingestellten Menschen liegt im Verlangen oder Begehren. Je nach der Wesensart dieser Strebungen und Energien, die seine Gedanken auf den Solarplexus einwirken lassen, wird auch seine Entscheidung sein: entweder auf dem Pfad des Lichts vorwärts zu schreiten, oder egozentrisch stehen zu bleiben und den niederen Weg einzuschlagen, der unweigerlich zum Erlöschen des Seelenlichtes führt.

6. Das Sakralzentrum

Es hat seinen Sitz im unteren Teil der Lendengegend und beherrscht das Geschlechtsleben. Dieses Zentrum wird so lange kraftvoll und wirksam in der Menschheit aktiv bleiben, bis zwei Drittel der Menschheit eine Höherpotenzierung erreicht haben, denn die Zeugungsprozesse müssen noch aktiv weitergehen, um für die neu inkarnierenden Seelen genügend Körper zu bieten. Aber in dem Maß wie die Menschheit voranschreitet, wird dieses Zentrum immer mehr von seiner ursprünglichen Bedeutung verlieren und dessen Aktivität wird auf Grund von Erkenntnissen, Inspiration und höherer, feinerer Kontakte kompensiert werden können.

Das Sakralzentrum entspricht der Leben spendenden Kraft auf Erden. Die Symbolik des Sakralzentrums betrifft vor allem die physische Formgestalt eines Menschen, und es ist vielleicht von allen anderen dasjenige Zentrum, durch das die Kräfte der individuellen Erscheinung eines Menschen schließlich zum Ausdruck kommen und durch welches das gesamte Problem der Dualität im Kosmos gelöst werden muss. Diese Lösung wird aber aus dem Denkbereich kommen; denn nur dadurch werden die physischen Reaktionen unter Kontrolle gebracht werden können. Das Sakralzentrum steht daher in enger Beziehung zur Erscheinung und Vitalität eines Menschen. Die verdichtete physische Ausdrucksform für dieses Zentrum sind die Keimdrüsen, die Zeugungsorgane, wenn man sie als grundsätzliche Einheit betrachtet, obwohl sie in zweifacher Form (männlich und weiblich) bestehen. Aus dieser Getrenntheit erwächst ein mächtiger Impuls zur Verschmelzung und ein Drang nach Vereinigung. Der Geschlechtstrieb ist vorerst primär im rein physischen Sinn das instinktive Verlangen nach Einssein, ist jedoch auch das der Mystik innewohnende Prinzip des Einsseins mit dem Göttlichen.

7. Das Zentrum an der Basis der Wirbelsäule wird vor allem anderen vom Gesetz des Daseins beherrscht und gelenkt. Dieses Zentrum liegt ganz am unteren Ende der Wirbelsäule und unterstützt alle anderen. Es wird erst durch einen Willensakt zur vollen Tätigkeit angeregt und ist in der Inkarnation die treibende Kraft, die den Willen zum Leben beherrscht und dessen Wirkungen hervorbringt. Es ist das Lebensprinzip schlechthin. Dieses Basiszentrum ist der Punkt, an dem sich nach dem Evolutionsgesetz Geist und Materie begegnen, und hier kommt das Leben mit der Form in Verbindung. Es ist also das Zentrum, wo sich die Dualität der manifestierten Göttlichkeit als Mensch zusammenfindet und in einer Form ausgestaltet.

Das Zusammenspiel der beiden Körper (Physis und Ätherkörper)

1. *„Der grob-physische Körper"* ist die Gesamtsumme aller Organismen, aus denen er besteht. Diese haben jene vielfältigen Funktionen, welche die Seele befähigen, sich als Funktionsträger eines größeren und umfassenderen Systems zum Ausdruck zu bringen. Dabei ist der physische Körper der „Reaktionsapparat" des innewohnenden feinstofflichen Ätherkörpers, der dazu dient, die geistige Wesenheit des Menschen mit dem universellen planetarischen Logos als übergeordnetem Lebensträger, in dem wir leben, in Verbindung zu bringen.

2. *„Der Ätherkörper"* hat vor allem die Funktion, den physischen Körper zu beleben und zu aktivieren und ihn dadurch in den Energiekörper der Erde und des Sonnensystems einzugliedern. Er ist ein Gewebe von Energieströmen und Kraftfäden der Urenergie des Lichtes. Er ist ein Teil jenes riesigen Energienetzes, das die Grundlage für alle makrokosmischen und mikrokosmischen Formen bildet. Entlang dieser Energiefäden strömen die kosmischen Kräfte, genauso wie das Blut durch die Arterien und Venen fließt. Dieser permanente Kreislauf der Lebenskräfte fließt durch die Ätherkörper aller Geschöpfe und ist die Grundlage für das gesamte manifestierte Leben.

3. Neben diesen Grundfunktionen des Ätherkörpers haben sich in diesem im Laufe der menschlichen Entwicklung zwei weitere Funktionsbereiche herausgebildet: *ein emotionaler und ein mentaler Bereich.* Beide dienen innerhalb der menschlichen Bewusstseinsentwicklung der Differenzierung aller Gefühlsreaktionen und des Denkens. Der emotionale Funktionsbereich, auch „Astral- oder Begierdekörper" genannt, entspricht im Modell von Lersch dem „endothymen Grund". Im Laufe der menschlichen Entwicklung differenziert sich dieser Funktionsbereich durch das Einwirken von triebhafter Begierde auf die Seele zu Gefühlsregungen, deren Wirkungen dann über den Körper als Schmerz oder Lust erfahren werden. Der mentale Funktionsbereich, auch „Mentalbereich" genannt, betrifft das intelligible Denken sowie das vertiefende Weltinnewerden und bildet das wichtigste Instrument, das der Seele zur Verfügung steht, den Sinn des Seins zu erkennen.

Der spirituelle Körper versucht ständig, Impulse und Informationen vom Geist zu empfangen, die zwar auf den Mentalbereich auftreffen, aber leider oft von diesem abgeblockt werden. Erst wenn diese Wahrheit von den Menschen erkannt wird, offenbart sich der Geist, und es wird begriffen werden, welches Prinzip durch die beiden Körper zum Ausdruck kommen soll. Dann wird auch verstanden werden, wie der Wille richtig gelenkt werden muss, um gewünschte Zustände und Erkenntnisse zu erreichen. Die beiden Körper, der physische und der ätherische, sind lediglich die Träger und die Manifestationen für die verschiedenen Bewusstseinsebenen. Sie bringen jeweils dasjenige Prinzip zum Ausdruck, das die Haupteigenschaft oder Qualität einer betreffenden Ebene ist. Allein über den Ätherkörper kann eine Überwindung der jeweiligen Beschränkung des Erkennens eines Allzusammenhangs in der Schöpfung durch den Zugang zur 4. Dimension ermöglich werden, denn im Ätherkörper sind alle karmischen Muster enthalten. Allein in ihm spielen sich alle karmischen Bedingungen ab, und darum ist der Ätherkörper auch das einzig wahre Ergebnis eines Lebens.

Parallele Entwicklung von Bewusstsein und Ätherkörper

Alle Energien im Kosmos werden innerhalb ihres spezifischen Wirkungsbereiches in ihren gestaltgebenden Impulsen durch die übergeordnete kosmische Energie mitbestimmt. Dabei unterliegt der Ätherkörper parallel zum physischen Körper auch einem unaufhörlichen Wandel. Im Verlauf eines Lebens verändert sich so der Ätherkörper, um auf immer höhere Energien anzusprechen, was parallel im physischen Körper ebenfalls entsprechende Veränderungen zur Folge hat, da ja das Netzwerk des Ätherkörpers jeden einzelnen Teil des physischen Körpers durchzieht, der über das parallele Nervensystem „ernährt" wird. Der jeweiligen Entwicklungsstufe des Bewusstseinszustandes und der Intensität des geistigen Strebens eines Menschen entspricht auch die Energie, die über das Nervensystem fließt. Transformatoren sind dabei die Chakren, die sich nicht im grob-physischen Körper befinden, sondern ausschließlich von ätherischer Substanz und Elemente des Ätherkörpers sind.

In dieser universellen Bewegung der sich im Kreis einer Spirale drehenden Hierarchie ist die endgültige Zielsetzung und der Sinn der Erlösung im Universum sehr wohl vorherbestimmt und unabdingbar. Der Omegapunkt ist das letzte Ziel dieser Bewegung, von der Teilhard de Chardin sagt: *„Dann ist für den Geist das Ende und die Erfüllung auf*

Erden gekommen." Die **Noosphäre**[84], die das höchste Maß ihrer Zentrierung erreicht hat, kehrt in einer nach innen gerichteten Gesamtbewegung zu sich selbst wieder zurück. Wir werden in ferner Zukunft im Geist auferstehen und an der Weiterentwicklung des gesamten Universums am Omegapunkt teilhaben. Innerhalb dieser universellen Bestimmung und in den sich darin abspielenden Gestaltungen besteht allerdings die Freiheit der „Entscheidung", die für die Liebe immer eine absolute Voraussetzung bleibt. Auf der Erde ist der Tiefstpunkt dieser gesamten Bewegung erreicht, wobei das Ziel des geistigen Zentrums vorbestimmt und der Wiederaufstieg irreversibel ist. Dabei unterliegen zwar die in Aktion tretenden Willenskräfte über die Bildgestaltungen einer freien Entscheidung, werden aber immer von der jeweils übergeordneten Bewusstseinsstufe bestimmt. Diese Willenskräfte, die hinter den sichtbaren Bildkräften wirken (Wirkkräfte), liegen immer vor ihrer sichtbaren Ausgestaltung und sind daher als Entwurf und als Idee vorhersagbar, wobei allerdings die Bildausgestaltung der freien Willensentscheidung unterliegt und erst nachträglich erscheint. Prophetien sind immer Vorhersagen von Wirkkräften, die sich in naher oder ferner Zukunft in der wahrnehmbaren Gestalten zeigen werden. Denn alle gestaltenden Gedankenkräfte und Ideen sind Wirkkräfte und müssen sich in sichtbaren und erlebbaren Bildern umsetzen. Diese wiederum hängen von den jeweiligen Bewusstseinsebenen ab und können durchaus von den erwarteten genauen zeitlichen Vorstellungen abweichen.

Es gibt zwei Hauptlinien der menschlichen Evolution: Eine, die mit der Materie und der Form, und eine zweite, die mit der Seele, dem Bewusstseinsaspekt, dem „Denker" in der Form, zu tun hat. Weg und Verlauf sind für beide verschieden. Zu Beginn der menschlichen Entwicklung identifiziert sich die Seele lange Zeit hindurch nur mit dem Formaspekt und folgt allein dem *Pfad des Todes*. Später reduziert sich diese alleinige Identifizierung mit der Form durch geistige Bemühungen, und die Seele wird ihrer selbst mehr gewahr, erkennt so ihren

---

[84] Teilhard de Chardin (Kosmogenese): Noosphäre ist die geistige Vernetzung des gesamten Bewusstseins im Universum. Ziel dieses Bewusstseins ist es wieder, im Omegapunkt zusammenzufinden. Omegapunkt ist Zentrum des Universums (Gott)

eigenen Pfad und folgt dann dem Weg des Lichts und des Lebens. Für jeden dieser beiden Aspekte ist der eigene Pfad immer der rechte, denn die Energieimpulse, die im physischen Körper oder im Ätherkörper verborgen liegen, sind wertneutral und können für sich nie falsch sein. Sie werden nur oft in ihrer ursprünglichen Bestimmung verkehrt, wobei sie von ihrer rechten Anwendung abgedrängt werden. Diese Erkenntnis war es auch, die Hiob ausrufen ließ: „Ich habe das, was recht war, verkehrt". Beide Entwicklungswege sind zwar unterschiedliche, verlaufen aber parallel und können ebenso wie die Bewusstseinsentwicklung in zeitliche Epochen untergliedert werden.[85]

Im ersten Stadium der Menschheit, in der archaischen Bewusstseinsphase, begann die ätherische Energie, die durch die reagenzfähigen Zentren strömte und dadurch die endokrinen Drüsen aktualisierte, allmählich auch eine bestimmte Wirkung auf den Blutstrom auszuüben. Eine sehr lange Zeit hindurch wirkten diese Energien allein durch dieses Mittel. Daher auch das Bibelwort: „Das Blut ist das Leben." Das gilt zwar auch noch heute, denn der Lebensaspekt der Energie beseelt das Blut mit Hilfe der Drüsen und ihrer Wirkfaktoren, doch daneben gibt es noch andere Energieströme des Lebens. Das Blut ist in der ganz frühen Menschheit die älteste Funktion der ätherischen Energie über den Ätherkörper. Erst im weiteren Verlauf der menschlichen Entwicklung, fanden mit wachsendem Bewusstsein auch im Ätherkörper Erweiterungen statt. Die Zentren (Chakren) begannen ihre Wirksamkeit auszuweiten (zu erweitern), um über die feinstofflichen Vernetzungen auf das gesamte Nervensystem einzuwirken. Dadurch erfolgte ein immer intensiverer und bewussterer Bezug zum gesamten emotionalen Bereich und führte in den parallelen Epochen der magischen und mythologischen Bewusstseinsentwicklung zu einer steten Ausdifferenzierung aller Funktionen des endothymen Grundes, was auf das gemeinsame soziale Leben der Menschen gravierende Auswirkungen hatte. Mit der bewussten Aktualisierung des „Mentalbereichs" endlich, vor ca. 3.000 Jahren (Beginn der mentalen Bewusstseinsphase), verwandelte die einströ-

---

[85] Gebser a.a.O.

mende Energie über den Ätherkörper die grob-physischen Entsprechungen dahingehend, dass sie für höhere Bewusstseinsaspekte und Sinnzusammenhänge der Menschheit verfügbar wurden. Heute steht die Menschheit genau wie vor ca. 12.000 Jahren wieder vor einem totalen Bewusstseinswandel. Die letzte Epoche des mentalen Bewusstseins befindet sich in ihrer defizitären Endphase, um sich im folgenden nächsten Äon erneut einer Transparenz für höhere Frequenzen eines integralen bzw. supramentalen Bewusstseins zu öffnen.

Die heutige Menschheit ist im Endstadium ihrer gesamten Bewusstseinsentwicklung angelangt, die in sich nicht mehr „wandlungsfähig" ist. Darum ist ein „Neubeginn" nach einem Abbruch der bisherigen kontinuierlichen Entwicklung angesagt. Denn das alte Bewusstsein schuf sich Strukturen und Lebensbedingungen, die sich in der Endphase der gesamten Entwicklung als selbstzerstörerisch auswirken. Das sich mit der neuen Population anbahnende „Neue Bewusstsein" beschleunigt den Auflösungsprozess des alten Bewusstseins, um sich in Zukunft eigene, neue Strukturen zu schaffen. Darum sollten die Menschen nicht gebannt auf die Zerstörung zurücksehen, sondern nur auf die Erneuerung. Letztendlich gibt es keine Vernichtung, sondern nur Übergänge von einer Daseinsform in eine andere. Denn in allem, was geschieht, ist die Liebe am Werk, was mit anderen Worten besagt: Das bisherige mentale Bewusstsein der Menschheit hat in seiner defizitären Endphase sein Etappenziel erreicht und wird jetzt durch das supramentale, bzw. integrale Bewusstsein abgelöst.

Nach dem Erscheinen des „Evangeliums der Liebe" vor 2.000 Jahren wurde im christlichen Abendland den Menschen allmählich auch die Bedeutung der Liebe bewusst. Die Menschen hatten von nun an die Möglichkeit, die „Liebe der Tat", Caritas, zu erbringen, deren höchste Erfüllung, Zielrichtung und Umsetzung im barmherzigen Tun gesehen werden muss. Mit dem neuen Bewusstsein sind ab jetzt die Menschen aufgefordert, die „Liebe im Geist" zu leben. Das ist der „Neue Bund", das Christentum im „Heiligen Geist".

Von nun an wird es den Menschen nicht mehr möglich sein, sich in ihren Handlungen hinter „Nichtwissen" zu verstecken. Sie werden genau wie im Jenseits schnell in ihren Motiven durchschaut werden und dadurch gezwungen sein, sofort ihr Fehlverhalten zu ändern, um nicht gesellschaftlich ausgeschlossen oder in „Acht und Bann" gelegt zu werden. Das aber isoliert nicht wie im Mittelalter rein äußerlich, sondern innerlich in einer schmerzlichen Vereinsamung. Solche Formen einer totalen Isolation gibt es auch heute schon auf Erden, diese werden jedoch in Zukunft die stärkste „Bestrafung" sein, nämlich von der Liebe abgetrennt zu sein und ständig zu fürchten, dabei zugrunde zu gehen. Es ist eine Art seelischer „Isolationshaft", die man schon in der Gegenwart beobachten kann. Ferner werden die Menschen auch geistig manipuliert werden, indem man ihren Seelen Gewalt antut, was zu psychischen Traumata führt. Diese Art gewaltsamer „Gehirnwäsche" gibt es bereits auch schon auf Erden und führt oft zur totalen Zerstörung eines Menschen. So wie man heute bereits „Viren" in den PC einschmuggelt, so wird man später über Telepathie „geistige Viren" infiltrieren können, wobei man nur an die verführerischen Praktiken von „Sekten" oder an die ideologischen Beeinflussungen von Parteien zu denken braucht. Auf jeden Fall werden die Menschen mit dem Aufbruch ins neue Bewusstsein für solche Einflüsse viel empfänglicher werden.

In der bisherigen „Liebe der Tat" stand der einzelne Mensch in seiner Hilflosigkeit, Armut und als ungerecht Behandelter primär im Blickpunkt aller Bemühungen. Im neuen Bewusstsein wird das zentrale Anliegen der „Liebe im Geist" mehr im „aufopferndem Sein" allen angehäuften geistigen Besitzes vergangener Traditionen bestehen. Das bedeutet in letzter Konsequenz eine Loslösung von allen tradierten Werten, was oft mit einer Zerstörung alles Bisherigen als Voraussetzung für eine Umwandlung und einen Neuanfang zusammenhängt. Davon hat das 20. Jahrhundert deutlich und erschreckend ein drastisches Zeugnis abgelegt. Spielten sich in vergangenen Zeiten alle Krisen in der Welt mehr in der brutalen Zerstörung in der Vernichtung der Menschen und allen materiellen Besitzes ab, so werden sich von nun an Störungen mehr und mehr auf die „psychologischen Bereiche" verlagern. Darum ist es in der Zukunft notwendig, in diesen Bereichen wieder zu einer Harmonisierung zu gelangen, was zwangsläufig in der Menschheit auch zu völlig neuen gesellschaftlichen Strukturen führen und vor allem die Beziehungen zwischen den Menschen untereinander total verändern wird.

Wenn auch Katastrophen, Krankheiten, jedwedes Unglück und Leid eines Menschen Voraussetzungen für eine Umwandlung oder zumindest Impulse für eine Umkehr sind, so sind Katastrophen nie als Bedingungen vorgesehen, sondern nur als Möglichkeiten. Wenn aber in einem Bewusstseinsstadium die Liebe gar nicht mehr erbracht wird, sind Katastrophen als eine letzte Möglichkeit, eine Art *ultima ratio*, für einen Neuanfang notwendig. Wenn sich jedoch die Menschen um eine bewusste liebevollere Umsetzung und Haltung im Leben bemüht hätten, fänden solche „Umbruchsszenarien" möglicherweise einen weniger katastrophalen Charakter. In der Bibel ist dafür Jonas Predigt in der Stadt Ninive ein gutes Beispiel: *„Es sind noch wenige Tage und Ninive wird untergehen. Da glaubten die Leute von Ninive und zogen den Sack zur Buße an. Als aber Gott ihr Tun sah, ließ er ab von dem angekündigten Übel und ließ es nicht geschehen."* Mit anderen Worten: Wenn Menschen liebevollere Bilder erbringen, erzeugen Katastrophen weniger schreckliche Bilder der Zerstörung.[86] Solche Einschnitte in der menschlichen Bewusstseinsentwicklung würden dann lediglich als Übergangszeiten erlebt und solche Phasen als eine Höherentwicklung zu Gott hin empfunden. Denn *„Vom Geistigen her gesehen gibt es keine Katastrophen, sondern nur Umwandlungen und Vergeistigungen. Vollziehen sich diese in der Endlichkeit der Zeit verdichtet und zusammengerafft, erscheinen sie im Bild als das, was die Menschen Katastrophe nennen. (Anonymos)*

Bei ihrer „Seelenwanderung" hat eine Seele vor ihrer Inkarnation auf Erden zuweilen auch mit dem zukünftigen Erscheinungsbild zu

---

[86] Koran: „Wir haben noch kein Volk bestraft, bevor wir ihm nicht einen Gesandten geschickt hatten – wollten wir eine Stadt zerstören, so befahlen wir zuvor den Bewohnern, unseren Gesandten zu folgen."

tun. Allerdings verzichten die meisten Seelen jedoch auf eine Einflussnahme auf ihr Erscheinungsbild oder bei der Wahl ihrer zukünftigen Eltern. Andere Seelen wiederum inkarnieren mit einer bestimmten Aufgabe, die sie lösen wollen, und wieder andere erklären sich bereit, Anteile von Seelenanteilen von Primaten mitzunehmen, um diese der weiteren Entwicklung zuführen zu können. Im „Abstieg" nimmt generell der Einfluss der Seelen bei der Bestimmung der „Verkörperungen" mehr und mehr zu, während im Wiederaufstieg jeglicher Einfluss auf eine Gestaltung entfällt, vor allem die im Abstieg erfolgte Trennung in männliche und weibliche Erscheinungen. Denn diese im Kosmos sichtbare und notwendige Polarität aller Kräfte verliert beim Wiederaufstieg ins geistige Zentrum völlig ihre Bedeutung und verschwimmt als nicht mehr notwendige in der Einheit der Allseele. Denn in der Schöpfung müssen sich alle Gegensätze wieder zur Vollkommenheit ergänzen, die im Menschen, dem „Ebenbild Gottes", in der sich ergänzenden Geschlechtlichkeit von Mann und Frau in Erscheinung traten. *„Da nahm Gott eine Rippe aus Adam und formte ihm Eva zur Ergänzung."*

Die Polarität der Kräfte ist es, welche die gesamte Schöpfung durch die immer während Sehnsucht, sich wieder in Liebe zu vereinen, am Leben erhält. Auf Erden finden die Menschen in der Zeugung im „Fleisch" wieder zu einer scheinbaren Vereinigung zusammen. Diese Form einer zeugenden Vereinigung gibt es in höheren Dimensionen nicht, weil weder körperliches Begehren, noch ein Impuls zur Zeugung über die Wollust vorhanden sind. Es findet vielmehr eine Verschmelzung der Seelen statt, was sich in einem „Energieschub der Liebe" für die ganze Dimension auswirkt und die Welt schöpferisch in Schönheit umgestaltet. Dabei führt die Liebe alles in gegenseitiger Hingabe zusammen – und nicht mehr ein von Schlüsselreizen gesteuertes Begehren bloßer Erscheinungsbilder. Auf Erden werden in ferner Zukunft weder Zeugung noch Geburt erfolgen, jedoch vorerst werden weiterhin im gesamten Universum nur auf Erden Kinder gezeugt, leiblich ausgetragen und geboren. Darum heißt es auch in der Genesis folgerichtig: „Von nun an sollen die Weiber unter Schmerzen gebären".

Im permanenten Umwandlungsprozess gibt es auch im äußerlichen Erscheinungsbild der Menschen eine Art „Höherentwicklung", weil sich auch das Genmaterial verändert und darüber die „Bilder" umgestaltet, sodass der körperliche Entwicklungsstand dem „Maß an innerem Licht" entspricht. Teilhard de Chardin spricht in diesem Zusammenhang vom „kosmischen Christus", der sich auch auf Erden in einer vollendeten Gestalt wiederfinden muss. Der „kosmische Christus" ist die sich vergöttlichende und erlösende Gegenwart Gottes in der Schöpfung, die wiederum der geheimnisvolle, in der Evolution befindliche Leib des „kosmischen Christus" ist. Die vollkommene Verkörperung des Christus-Prinzips sind alle „Gottessöhne" wie Buddha, Krischna, Jesus oder alle Heiligen." Das ist immer geschehen und geschieht auch in der Gegenwart noch immer, weil das neue Bewusstsein als Licht auch einen neuen Menschen hervorbringen wird. Dieser hat zwar in den „Heiligen" schon immer Gestalt angenommen, wird aber in ferner Zukunft die ganze Menschheit erfassen. Denn „Bilder" sind als äußere Träger immer auch die sichtbaren Voraussetzungen für die Seelen und verwandeln sich im Prozess der Zeit ständig, weil der Anteil an „Licht" in ihnen über das Bewusstsein stärker wird.[87]

Eine „Seelensubstanz" hat zwar bis zur Inkarnation im Menschen schon tausende von Involutionen (Gegensatz von Evolution) in anderen Formen erbracht, aber nur als menschlich inkarnierte Seele ist sie in der Lage, die Möglichkeit zum Rückweg zu erbringen. Eine Seelensubstanz als Lichtqualität verbindet sich über den Ätherkörper ständig mit völlig anderen Bildern, wobei das Bild von der jeweiligen Stufe der Lichtqualität in einer Dimension abhängig ist. Bei dieser „Seelenwanderung durch das Universum" handelt es sich zwar immer um ein bestimmtes „Seelenquantum", eine Lichtqualität als Voraussetzung für eine individuelle Gestaltausprägung, was aber niemals als eine individuelle oder persönliche Seele zu verstehen ist. Denn „Niemand hat eine Individualseele. Ihr seid alle an der kosmischen Seele beteiligt. Von dort aus müssen die Seelen die Materie ganz durchdringen und die Materie vergöttlichen. Dieser Prozess ist zeitlich, die Seele selbst ist ewig. Die

[87] Teilhard de Chardin, „Der Mensch im Kosmos"

Seele in dir ist der Gottesfunke, der das Leben selbst ist. Er ist von Anfang an da, als Leben in der gesamten Schöpfung. Es ist die „Fleischwerdung" des Geistes im unendlichen Prozess der Verwirklichung Gottes in der Schöpfung. (Anonymos)

In diesem Wandlungsprozess ständig wechselnder Bilder verschwinden mit dem Ableben zwar alle Gestalten, sie „existieren" aber in einer Art Chronik (Akasha-Chronik) weiter und sind wie „Erinnerungen" abrufbar.[88] Man kann sie sich wieder vergegenwärtigen, so als ob man sie selbst erlebt hätte (Science fiction), weil alles immer zugleich an der kosmischen Allseele mit beteiligt ist. Dabei sind allerdings die Bilder selbst nur von geringer Bedeutung, da sie „zeitlich" begrenzt sind und immer vergehen. Am Ende dieses Äons ist dessen Akashachronik „übervoll". Zum Vergleich würde man heute davon sprechen, dass die „Festplatte eines PC" voll sei, nichts mehr aufnehmen kann und gelöscht werden müsste, um Platz zu schaffen für den nächsten Schub von abgelebten Bildern. Das bedeutet, dass die „historischen Erinnerungssammlungen" so wie alle vergessenen Kulturen dem Bewusstsein der Menschheit zwar entschwunden sind, aber in einer Art „Wiederbelebung" nur ein Ballast für den Neuanfang sind. Die heutigen Rückgriffe der Archäologie erbringen zwar keineswegs ein besseres Verstehen der Welt, machen aber in diesen Rückführungen abgelebter und vergänglicher Bilder wie in einem Film die Herkunft der Menschheit im Universum wieder begreifbar.

Allein die Seele ist ewig, wenn sie auch den Bildern innewohnend vorübergehend diesen ausgeliefert ist, ganz gleich wie hässlich oder schön die Bilder gestaltet sind. Auch in ihrer Gestalthaftigkeit wird sich die Menschheit in Zukunft ändern, was jedoch nicht bedeutet, dass zugleich auch die Liebe stärker sichtbar wird. Es werden zwar die Bilder weniger hässlich sein, aber für die zukünftige Menschheit bestehen dafür andere Gefahren, z. B. in unberührbarer Schönheit, in der Kälte ihrer Herzen und ihres Intellekts zu erstarren. Der Drang

---

[88] Alle Geschöpfe sind genetische Erinnerungsträger, insofern auch die Wale als älteste Geschöpfe auf der Erde. Sie ermöglichen bis heute noch die „Aktualisierung von Bildern" aus zeitlich sehr weit entfernten Äonen.

nach einer äußeren Umgestaltung des Erscheinungsbildes ist bereits in der Gegenwart als ein auffälliges und groteskes Phänomen zu beobachten. Ein solcher übertriebener „Schönheitswahn" ist in der Geschichte der Menschheit bis heute noch nie festgestellt worden. Schon ganz junge Menschen haben ein krankhaftes und übersteigertes Bedürfnis nach einer Umgestaltung ihres Erscheinungsbildes, um durch ein eingebildetes, attraktiveres und schöneres Aussehen sich ein „Glück" im Leben zu erhoffen. Solche äußerlichen Korrekturen bleiben jedoch eine Täuschung und Verblendung und sind darum niemals das Abbild einer dahinter erscheinenden schönen Seele, die allein eine wahre Erfüllung im Leben bieten kann. Auch in der Akzeptanz des eigenen ungeliebten Erscheinungsbildes erbringt ein Mensch große Liebe. Noch haben die Menschen in der Gegenwart einen groben und dichten Körper, dessen Erscheinungsbild sich nur schwer verändern lässt und dessen einzig wirkliche Veränderung nur im Alterungsprozess besteht, so werden in ferner Zukunft die Menschen zwar wieder einen halbätherischen und feinstofflicheren Körper erlangen, der aber allein dem innewohnenden Geist entspricht und sich nicht mehr durch äußere Eingriffe übertünchen lassen wird.

Den physischen Körper, der altert und stirbt, umhüllt der „Ätherkörper", der aus Gedanken, Gefühlen und Träumen besteht. Dieser ätherische „Traumkörper" ist aus einer höheren Dimensionen und verhält sich dabei wie eine Gedankenform oder Phantasie, weil er auch durch Gedanken verändert werden kann. Allerdings wird sich eine dahin gehende Transformation über das gesamte nächste Äon erstrecken (ca. 10.000 Jahre). Umgekehrt erfolgte vor ca. 20.000 Jahren zu Beginn der adamitischen Population eine notwendige Reduzierung der Chakren auf dem Ätherkörper. Diese Veränderung war zwingend für die Inkarnation auf der Erde, dem materiellen Tiefstpunkt im Universum. Seit der Gegenwart mit dem Beginn der Rückführung der Seelen ins geistige Zentrum erfolgt erneut eine Transformation, um die ursprüngliche Zellstruktur der ätherischen Vorläuferpopulationen im menschlichen Körper wieder herzustellen.[89] Alle Zellen können dann

---

[89] siehe Anhang „Silizium" (Umwandlung von Kohlenstoff zu Silizium)

leichter mit dem interdimensionalen Geistkörper interagieren. Es handelt sich dabei nicht um eine substantielle Veränderung der DNS, sondern es werden lediglich in der DNS bereits angelegte und bisher latente Kodierungen über den Geist wieder aktiviert werden. Diese signalisierenden Impulse veranlassen dann im Körper eine Mutation der DNS, was eine grundlegende Umstellung der Energieverarbeitung in den Zellen verursacht. Bei jeder Mutation geht es immer um eine Verwandlung und Aktivierung latenter Energien. Es handelt sich dabei nicht um eine Erweiterung der DNS, sondern um das gesamte Potenzial des Bewusstseins, das den Menschen allmählich wieder zur Verfügung gestellt werden wird. Sinn und Ziel ist es, über diese Bewusstseinserweiterungen mit dem interdimensionalen Geistkörper wieder interagieren zu können, da dieser dafür notwendige halbätherische Körper bereits im Menschen angelegt ist. Allerdings müssen dabei zwei weitere Faktoren berücksichtigt werden: Zum einen die Stufe der Bewusstseinsentwicklung der gesamten Menschheit und zum anderen die individuelle Entwicklungsstufe jedes einzelnen Menschen. So lange ein Mensch noch primär von der alles integrierenden Entwicklungsstufe einer Gesellschaft allein bestimmt ist, findet eine individuelle Ausprägung nur sehr selten statt, lediglich bei einzelnen, höher entwickelten Menschen oder bei Inkarnationen aus hohen Bereichen, weil bei diesen Wesen alles genau vorher von der inkarnierenden Seele selbst festgelegt wurde. Ferner bestimmt und schränkt das Karmaspiel im individuellen menschlichen Leben die Strukturen der Chakren oft ein, was zuweilen bis zu einem Verschluss führen kann.

Über Meditationen hat der Mensch auch heute schon die Möglichkeit, die Chakren in einer Inkarnation zu aktivieren (zum „Drehen" zu bringen), um sie somit effektiver für eine Bewusstseinserweiterung einzusetzen. Vorerst sind allerdings die bisherigen Angebote und Methoden, um die Versiegelung der Chakren zu lösen, eher rein theoretisch. Darum lassen sich diese praktisch schwer lösen und dies gelingt einzig und allein nur über eine bedingungslose Bereitschaft im Loslassen aller Ich-Verhaftungen. Nur so kann man bereits heute eine gewisse Transparenz auch der physischen Basis erreichen, um über den „Geist" die in der DNS latenten Kodierungen wieder aktivieren zu können. *„Die wieder aktivierten DNS-Stränge werden dann in jeder Zelle eine multidimensionale skalare (unbekannte Größe) Wellenantenne besitzen, die jede wichtige Botschaft der Seele aufnehmen und sofort verarbeiten kann".*[90] Bei diesen bewusstseinssteigernden Aktivitäten handelt es sich um spirituelle Eingaben, die im Gehirn bisher latente Module aus der Latenz mobilisieren. So ist bisher immer jede menschliche Entwicklung erfolgt, wobei die latenten Möglichkeiten mit zunehmender Vergeistigung in ihren Öffnungsmöglichkeiten wachsen. Latenz bedeutet dabei: Sie haben bisher „geschlafen" und werden durch geistige Funktionen wieder „geweckt"; denn nur so sind alle bisherigen Bewusstseinsveränderungen erfolgt.

In der Gegenwart ist wieder ein solcher „Bewusstseinsschub" vorgesehen. Bei vielen Menschen, die man heute vielleicht vorschnell als „verrückt" bezeichnet, erfolgen solche „Öffnungen" im Bewusstsein zuweilen zu früh, ohne dass alle dafür notwendigen Bezugssysteme schon reif sind. Es geht dabei immer um die „Erregung" der Urenergie. Diese durchflutet zwar ständig das gesamte Universum, was jedoch nicht bedeutet, dass die alleinige Anwesenheit der Urenergie den „Raum" bereits dadurch schon erregt. Es bedeutet lediglich, dass das Leben permanent passiv durch ständiges Einfließen der Urenergie erhalten wird. Um aber nun an die Urenergie selbst heranzukommen, muss die Urenergie über die Erregung hinaus selbst zum aktiven Träger werden. Es geht also weniger um die Art der Auslösung, die ohnehin permanent als Lebensenergie erfolgt, sondern um den Empfang, die Speicherung und die Umsetzung der Urenergie nach aktiv erfolgter Abrufung. Natürlich müssen dafür die Voraussetzungen erst geschaffen werden. Bei einem Gewitter z. B. werden ungeheure Energien sichtbar freigesetzt, was auch für die freigesetzten Energien der Atombombe gilt. Damit ist es aber nicht getan, sondern entscheidend ist es, solche Energien zu empfangen und zu speichern, um sie dann sinnvoll umzusetzen. Um also die nächste Bewusstseinsdimension zu

---

[90] Eine skalare Welle ist keine Hertz-Frequenz, sondern die Basis der verschiedenen Schöpfungsenergien als zeitloser Lichtträger. (Nach Thomas Bearden)

erreichen, muss die Urenergie zum alleinigen „Träger aller Bewusstseinsvorgänge" werden und nicht wie bei der „Atomenergie" nur als „atomare Nutzkraft" angezapft werden.

Die Basis ist die DNS als Matrize für den Menschen. Dieser Kern darf nicht ohne „Erlaubnis des höheren Selbst" (Geist) verändert werden. Denn dieser Prozess der Aktivierung latenter Energien geht nur über eine freiwillige bewusste Entscheidung, an der ein Mensch aktiv beteiligt ist. Denn auch der Ätherkörper ist genau wie der physische Körper immer ein Ergebnis einer prägenden Entwicklung, an deren Ausgestaltung der Mensch mitwirkt. Es inkarniert lediglich ein Same für gewisse sich bedingende Strukturen. Dabei handelt es sich keinesfalls um eine totale Determination, weil die willensmäßige Entscheidungsfreiheit immer gewahrt bleiben muss. Impulse werden für den Ätherkörper zwar mitgegeben, aber niemals determiniert, sondern immer nur als Möglichkeit. Allerdings besteht darüber hinaus für jeden Menschen eine permanente Betreuung durch Geistwesen, die aber niemals in freie Willensentscheidungen eingreifen dürfen, welche für die Liebe eine Vorbedingung bleiben müssen. Denn jeder Mensch hat zwei Möglichkeiten: sich in sein Ich zu verlieben und damit in der Materie zu versinken oder Gott zu lieben und damit die eigenen Ich-Verhaftungen zu opfern. Die höchste Liebe gipfelt in der Erkenntnis Gottes, die höchste Erkenntnis gebiert die Liebe als Erlösung aus der Materie.

Transformierung aller Wahrnehmungen

Bewusstseinsveränderungen haben auch immer einen gravierenden Einfluss auf die menschlichen Sinneswahrnehmungen. Die Chakren sind als Energietransformatoren im Ätherkörper mit den fünf Sinnen verbunden, wodurch das Reagieren der Sinnesorgane auf die Erfordernisse im Leben angepasst und mit bestimmt wird. Das hat im Laufe der menschlichen Entwicklung nicht nur zu einem sich ständig wandelnden Bewusstsein geführt, sondern zeitigte auch ein sehr unterschiedliches Wahrnehmen. Als Beispiel dieser Wahrnehmungsveränderungen soll in diesem Zusammenhang auf die Veränderungen der visuellen Wahrnehmung hingewiesen werden. Wir unterscheiden:

1. *Physisches Sehen:* Es offenbart die natürliche Beschaffenheit der physischen Ebene durch das Medium der Augen und ist auf einen bestimmten Umkreis begrenzt.

2. *Ätherisches Sehen* ist eine Fähigkeit, die sich in der Menschheit immer mehr entwickelt und schließlich auch die Aura[91] aller Formen in den Naturreichen offenbaren wird. In Zukunft wird man die Ausstrahlungen aller lebendigen Zentren erkennen und feststellen können, in welchem Zustand sich ein Mensch befindet.

3. *Hellsehen:* Das ist die Fähigkeit des Sehens auf der Astralebene und wird ermöglicht durch ein an der Oberfläche liegendes Empfindungsvermögen des Astralkörpers. Es ist eine feinstofflich sinnliche Wahrnehmung sehr fortgeschrittenen Grades.

4. *Visionäres Sehen* ist eine Fähigkeit des Mentalkörpers und der Faktor, der vierdimensionales Sehen in Träumen hervorruft. Es ist das Ergebnis spiritueller Aktivität und daher nicht mehr räumlich begrenzt. Häufig haben diese Visionen den Charakter des Vorhersehens.

Leider sind diese vier „Arten des Sehens" oft die Ursache irriger Wahrnehmungen, weil sie in der Praxis häufig in einander übergehen und sich überschneiden. Sie erzeugen aber so lange nur Illusionen und Irrtum, bis endlich die höchste Form des Sehens, die „reine Schau", an ihre Stelle tritt und die Formen des niederen Sehens einschließt. Denn diese „reine Schau" ist eine Fähigkeit der Seele, die gleichsam „reine Erkenntnis" ist. Das offenbart sich, wenn die Seele das Denkvermögen als Instrument des Schauens benutzt und bedeutet ein offenbarendes sofortiges Verstehen und ein vollkommenes Begreifen des Erkannten. Das Denken wird quasi zu einem Fenster für

---

[91] Die Aura ist ein elektromagnetisches Feld des grobstofflichen Körpers, das über die Befindlichkeiten eines Menschen Auskunft geben kann. Die Fähigkeit, die Aura zu sehen, ist heute fast völlig verloren gegangen, wird sich aber in der Zukunft wieder einstellen.

die Seele, durch das der geistige Mensch mit einer höheren Bewusstseinsdimension in Berührung kommt und wird nun über seine physischen Wahrnehmungsmöglichkeiten durchlässig für alle Arten geistiger Durchsagen. Gleichzeitig mit der Entfaltung dieses Offenbarens wird die scheinbar grundsätzliche Dualität der sichtbaren Schöpfung aufgehoben und wieder zur Vereinigung von Geist und Materie gebracht. Solange sich ein Mensch allein mit den objektiv wahrnehmbaren Erscheinungen identifiziert, entsteht in seinem Dasein Leid. Erst wenn er sich vom Bereich der äußeren Sinneswahrnehmungen unabhängig gemacht hat, kann er auch sich selbst erkennen als *„den, der nicht das ist, was äußerlich gesehen, berührt und gehört wird"*. Er kann sich so von allen Begrenzungen der Formen befreien. Das wird in der Zukunft die Aufgabe der Menschheit sein und allein über die Telepathie eines höheren Bewusstseinslevels erfolgen. Diese Form der Telepathie[92] bestimmt die Kommunikation im „Jenseits" und wird sich als gängige Kommunikationsform auch im Diesseits durchsetzen.

In den letzten 10.000 Jahren erfuhr die Menschheit in sehr unterschiedlicher Weise Informationen. Wurden die halb ätherischen Menschen noch sehr stark über visionär empfangene „Gesamtbilder" (s. spätere ägyptische Bilderschrift) informiert, so wurden die Adamiten mehr durch sichtbare und hörbare Instruktionen beeinflusst, was sich im Lauf der weiteren Entwicklung über Intuitionen, telepathische Übertragungen bis hin zu den „Phantasie- und Vorstellungsbildern im mentalen Bewusstsein reduzierte. Dadurch wurden zwar in den letzten Jahrhunderten sehr große Entdeckungen gemacht, aber die sensitiven Eingaben blieben dabei mehr und mehr auf der Strecke und verloren ihren realen Einfluss. Die hoch zivilisierte Menschheit verstieg sich viel mehr in der defizitären mentalen Endphase in ungeahnte Dimensionen lebloser theoretischer Abstraktionen im Denken. Auf die ganze Menschheit gesehen klaffte dadurch eine riesige

---

[92] Erweiterung des Bewusstseins vollzieht sich auch im Jenseits stufenweise und unaufhaltsam, denn Leben ist unzerstörbar. Man lebt in der Welt der Gedanken, indem man an den Gedanken anderer Seelen teilhat, auch wenn diese weit entfernt weilen. Man bedient sich nicht der Sprache, sondern Gedanken und Gefühle werden augenblicklich vollkommen intuitiv erfasst, nicht mehr über schwerfällige Sinneswahrnehmungen, und zwar durch direkte unmittelbares spirituelles Erfassen der geistigen inneren Beschaffenheit. Dadurch werden die Zusammenhänge immer klarer erfasst und eine Selbsttäuschung wird unmöglich. (Aus T.E. Lawrence, „Tagebuch von drüben")

Spanne zwischen hoher Intellektualität einerseits und äußerst primitiven Denkvorgängen andererseits immer weiter auseinander. Alle Überlegungen beschränken sich dabei fast ausschließlich auf materielle Überlebensstrategien in einer „globalisierten Welt", ein Problem, das dadurch gegenwärtig höchst brisant und aktuell geworden ist. Es sind jene schier unmöglichen Bemühungen, alle diese unüberwindlichen sozialen Gegensätze in der Welt zu integrieren. Was auch immer der Begriff „Globalisierung" meint, es lassen sich dahinter die weltweiten Probleme nicht verstecken. Das neue Bewusstsein wird immer offensichtlicher, und durch die heutigen technischen Möglichkeiten entstehen weltweit völlig neue Vernetzungen der Kommunikation und Information. Alles ist allen in der Welt gegenwärtig und abrufbar, aber löst nicht z. B. das aktuelle Herausforderung „Islam", der gegenwärtig im Begriff ist, endlich in die „mentale Bewusstseinsphase" einzutreten und das zum offenkundigen Entsetzen aller bereits in der defizitären mentalen Endphase befindlichen höchsten Zivilisationen auf Erden. Das bedeutet ein ungeheures Spannungspotenzial im Bewusstseinsgefälle der Menschheit, mit dem man nicht umzugehen weiß.

Das werden die Probleme der nächsten Generationen sein, diese unterschiedlichen Bewusstseinsphasen in der Menschheit harmonisch zu koordinieren. Die Anlagen dafür waren immer schon in den Menschen vorhanden, doch wurden sie zeitlich unterschiedlich verschoben aktualisiert. Denn das erfolgt erst dann, wenn die Menschen eine Empfangsbereitschaft dafür durch Frequenzeinstrahlungen erhalten. Bis dahin bleiben diese Anlagen latent. So wie die Menschheit im Sonnensystem erst ganz allmählich alle Planeten entdeckt hat, so konnten sich auch die einzelnen Bewusstseinsbereiche immer erst dann voll entwickeln, wenn die dafür entsprechenden Planeten auch bewusst real entdeckt und wahrgenommen wurden. Vorhanden waren sie dagegen schon immer. In der Gegenwart beginnt sich jetzt das neue Bewusstsein zu aktualisieren: „New Age" oder „Wassermannzeitalter". Das ist die Phase, in der die Einflüsse von URANUS voll zur Entfaltung kommen, und jetzt werden dessen Wirkmöglichkeiten für alle Menschen bestimmend. Über sie werden bestimmte Empfangsbereitschaften für Frequenzen im Kopf aktualisiert. Schon seit über 200 Jahren hat diese Öffnung begonnen, die jedoch bisher nur einzelne betraf, vor allem die großen technischen Erfinder aber auch die Psychologen. Das waren die Vorläufer für das neue Bewusstsein, das erst jetzt auch Gestalt für die Allgemeinheit annimmt. „Uranus" gilt als Prinzip, das den geistigen Fortschritt im Kosmos bestimmt und beeinflusst.

Zusammenfassung:
„Aufbau der Person" nach Lersch, Gebser und Bailey

Grobstofflicher Körper	Bewusstsein	Ätherkörper
1. Physisch-biologischer, animalischer Vitalgrund als Träger (Triebe)	Unwissenheit, reales Wahrnehmen, Vordergründigkeit, Weltidentifikation, Glaubenslosigkeit	Feinstoffliche Entsprechung, Bewusstseinskörper als geistige Verbindung
2. Endothymer Grund (Gefühle, Emotionen, Wünsche)	Wertungen, Glaubensversuchungen, Zweifel, erste Formen, Hintergründigkeit	Astralkörper, Vorstellungen, Phantasie, Intuition, Inspiration
3. Kortex, Hirnrindengeschehen	Methoden Intelligenz, Denken, Eigenwille	Mentalkörper, Verstand, Vernunft, Spiritualität, Erkenntnis

Die Seele

„Nicht der Mensch hat eine Seele, sondern die Seele hat einen Menschen!" (altägyptisch)

Alice Bailey:

„Die beiden Energien, die sich im Menschen begegnen, sind die beiden Aspekte der Monade, des Einen, in Manifestation; die Monade manifestiert sich ihrem Wesen nach als Dualität. Sie offenbart sich als Wille und Liebe, und wenn diese beiden Energien mit dem Geist, dem dritten Aspekt der Gottnatur, in Verbindung gebracht worden sind, erschaffen sie die Seele und sodann die dinghafte manifestierte Welt. Wenn die Seele sich als Bewusstsein und Leben im Menschen verankert hat, ist damit die Grundlage für die evolutionäre Entwicklung geschaffen. Das Leben differenziert sich in Willen und Liebe, in große antreibende Energien, welche die Grundlage des gesamten Evolutionsprozesses bilden und dessen unabwendbare Vollendung voranbringen und herbeiführen."

Der physische und der ätherische Körper werden von der dritten Kraft, der „Seele"– dem eigentlichen Lebensträger, durchdrungen und integriert. Die Seele ist im Menschen als Abbild Gottes und Teil der Allseele eine eigenständige Einheit, welche sich in den vielen Stufen ihres Abstiegs immer neue „Hüllen" zulegt, die sich wieder aufsteigend in die Gestaltlosigkeit des geistigen Zentrums der Allseele auflösten.[93] Dabei ist das „Kleid" der Seele der Ätherkörper. Der kosmische Raum ist mit Äther angefüllt und hat eine innere Ähnlichkeit mit der Substanz der Seele, und zwar insofern, als dieser ein „räumliches Medium" ist, in dem sich unzählige Urkräfte begegnen. Der Äther ist jedoch noch lange nicht ein rein Geistiges. Erst hinter dieser Substanz des Äthers wirkt der reine Geist, eine ewige Kraft, die das gesamte Universum erfüllt, denn der reine Geist ist der ewige, göttliche „Grund-

---

[93] Teilhard de Chardin, Noosphäre a.a.O.

stoff" aller Urelemente. *„Dieses rein Geistige ist ein mit Liebe, Licht und Willen erfüllter Gedanke. Dieser ewige Lebensgeist ist in der Seele quasi ein kondensierter Brennpunkt in allen Gestalten im Universum, wobei Geist und Wille zugleich mit der vollbrachten Tat selbst das wahre Sein aller Gestalten und Wesen sind".* [94]

In jeder geschöpflichen Manifestation ist die Seele nur ein „Fünklein"[95] des Geistes Gottes, das immer im Verband mit dem Allgeist steht. Dieser lebendige Keim wirkt wie ein Samenkorn und muss in der Schöpfung quasi ständig zum „Leben erweckt" werden. Im Menschen ist es jenes „Seelenfünklein" von dem Meister Eckhard sagt, *„dass man dieses im Innern nur dann erwecken kann, wenn man alle äußeren materiellen Bestrebungen loslässt und freiwillig in sich gleichsam abtötet."* Nur wer das in sich bewirkt, hat den Zugang zum verborgenen Gott in sich gefunden. Dabei ist die Verbindung zwischen Seele und Geist eine totale, weil die Seele selbst ein ganz reines Urelement ist. Das Wesen der Seele und des Geistes ist der Wille Gottes, wobei der reine Geist ein Gedanke Gottes ist, hervorgehend aus seiner Liebe und Weisheit, die im Sein zum Willen Gottes werden. Wenn Seele und Geist zusammenfließen, ergeben beide den Willen Gottes, und der Geist ist der Seele innerste „Schau" (Bewusstsein und Kraft). Das Verhältnis zwischen Seele und Geist ist so zu verstehen: Die Seele verhält sich zum Geist, wie der irdische Leib zur Seele. Die Seele selbst ist von Natur aus ledig aller äußeren Dinge und befindet sich stets im Zustand losgelöster Allverbundenheit. In Verbindung mit einem Körper jedoch sind die Sinne des Leibes die Leitzügel in den Händen der Seele zur Beherrschung des physischen Körpers.

Die Seele kann beschrieben werden als der „Sohn des Vaters und der Mutter" (das Produkt aus Geist und Materie) und ist daher das verkörperte Leben Gottes. Sie kommt ins Dasein, um die Eigenschaft von Gottes Natur offenbar zu machen. Dieses formgewordene Gottesleben manifestiert die Liebe in allen Formbildungen und offenbart den

[94] Jakob Lorber, 7/160 4/ 93 ff.
[95] Meister Eckhard

Sinn der ganzen Schöpfung. Die Seele ist zwar im Menschen dessen zeitlichen Bedingungen unterworfen, der Geist Gottes wohnt aber in jedem Herzen. Erst wenn dieser Geist als das wahre Leben erkannt wird, werden wir wieder mit Gott vereint. *„ICH bin der Weg, die Wahrheit und das Leben".* Materie allein ist Potenz als reine Seinsmöglichkeit. Erst der Geist gibt der Materie ihr aktuelles Sein. Die Seele ist ein Lichtwesen, das durch eine bestimmte Energievibration in einer Gestalt seine „Tönung" erhält und im Innern einer Manifestation für die Dauer von deren Wirksamkeit seinen Wohnsitz hat. Die Seele ist gottbewusst und eigenbewusst. Dieses Eigenbewusstsein kommt während des körperlichen Daseins eines Menschen zum vollen Durchbruch. Diese Bewusstheit ist noch kein volles Gottesbewusstsein, sondern nur ein potenzielles, das die Seele nach oben und außen wachsen lässt.

Im Menschen transzendiert sich die Materie selbst und gelangt zum Bewusstsein in der immanenten Spannung zwischen Seele und Ich. Erst ein vollständiges Erkennen des inneren Wesens offenbart den tieferen Sinn des Seins, weil der Erkennende nur so im Einklang mit seiner eigenen Seele schwingt und es so zum Erkennen dessen, was eine Form ausdrücken will, kommt. Dieses Erkennen ist zugleich auch die Transparenz auf das dahinter liegende Wesen der Seele und führt zu einer schlagartigen offenbaren Unterscheidung von Geist und Materie, was im Mittelalter als „discretio" bezeichnet wurde. Diese „Unterscheidung" beinhaltet jedoch keine Trennung in Geist und Materie, sondern es handelt sich dabei um das Bewusstwerden zweier Seinsebenen im Leben, die aber eine unlösliche Einheit bilden. *„Denn die gottesfürchtige Seele soll durch geistliche Übungen das Licht der Beschauung zunächst in ihr Inneres leuchten lassen, damit sie sieht, wie sie von Natur aus gestaltet ist, durch die Schuld der Sünden jedoch entstellt wurde und erst wieder durch die Gnade der Erleuchtung erneuert werden kann. Denn dann wird Gott alles in allem sein, wenn aus dem Verstand alle Irrtümer, aus dem Wollen jedes Leid und aus dem Gedächtnis jegliche Furcht gewichen sein wird. Damit ihr hineinwachst in die ganze Fülle Gottes, wenn Gott dem Willen das Maß des Friedens, der Vernunft* *die Fülle des Lichtes und dem Gedächtnis die Dauer der Ewigkeit sein wird. Rufe dir darum, du leidbeladene Seele, ständig deine großen Vergehen ins Gedächtnis und bedenke, um welchen Preis du deinen Adel verkauft hast und wofür du dein Antlitz so hässlich entstellt hast."*[96]

Zusammenfassung:

1. Die Seele ist eine **Kraft**, die weder mit der Zeit, noch mit der Vergänglichkeit in Berührung kommt. Diese Kraft fließt aus dem Geist, und in dieser Kraft lebt Gott. Wäre der Geist immer mit Gott in dieser Kraft vereint, würde der Mensch nie altern, denn alles in ihm entspräche dem absoluten Sein. Allein über diese Kraft gedanklich gelenkter Energien erfolgt die Beeinflussung und Führung aller Menschen. Sender und Empfänger gelenkter Gedanken ist jeder Mensch, so dass Gedanken über seinen Energiekörper (Ätherkörper) gestaltend wirken können. Dabei liegt die Aufnahmebereitschaft dafür immer im freien Willen eines Menschen. Alle naturhaften Lebensformen dagegen werden automatisch allein durch diese göttlichen Energien gelenkt und beherrscht, und zwar mittels ihrer Energiekörper, die integrale Bestandteile des Ganzen sind. Sie reagieren unbewusst und ohne Einsicht instinktiv. Die Menschen dagegen nehmen immer das „Denken Gottes" bewusst wahr, was letztendlich im erleuchteten Denken der gesamten Hierarchie zum Ausdruck kommt.

2. Die zweite Kraft in der Seele ist der **Wille Gottes** im Gegensatz zum **Eigenwillen** des Menschen. Gäbe es einen Menschen, in dem diese Kraft vollkommene Wirklichkeit wäre, so wäre alles Leid ein Nichts, denn alles wäre in Gott und würde zur Freude. *„ Willst du nun genau wissen, ob deine Leiden dir oder Gott gehören, so prüfe dich daran: Leidest du um deiner selbst willen, so schmerzt es dich und ist schwer zu tragen. Leidest du aber um Gottes willen, so kann es dich nicht mehr schmerzen."* (Bernhard von Clairvaux)

---

[96] Bonaventura, „1 Soliloquium (Alleingespräch) Selbstgespräch der Seele mit dem ICH"

3. Die dritte Kraft ist der **Geist**, der alles frei macht. Diese Kraft ist von allen Namen frei und aller Formen ledig. Sie ist ganz „einförmig", wie Gott einförmig ist. *Es ist die gleiche Kraft, in der Gott mit seiner ganzen Gottheit und der Geist in Gott grünt, denn in dieser Kraft gebiert der Vater seinen eingeborenen Sohn so wahrhaft wie in sich selbst, denn Gott lebt wirklich in dieser Kraft. Und mit diesem „Teile" ist die Seele Gott gleich und sonst nichts.*[97] Der Geist hat einen Wahrheitswert an sich und ist die Wurzel aller Wirklichkeit. Denn Geist an sich ist weder gut noch schlecht. Im großen Lebensspiel von Erkenntnis und Liebe jedoch, um dessen willen alles wurde, entscheidet es sich, ob der Geist in seinen Manifestationen in Verwirrung gerät und sich in die geschaffene Wirklichkeit verliebt und sich in seinem Verlangen nach ihr verliert oder ob er widersteht und seinen Ursprung erkennt.

Unter der menschlichen „Seele" versteht man den all umfassenden Lebensträger der dreigeteilten Natur der menschlichen Konstitution: 1. den vitalen und ätherischen Körper, 2. den Astralbereich der Gefühle und 3. den mentalen Bereich des Denkens. Darüber hinaus versteht man die „Seele" als spirituelle Wesenheit in Zeit und Raum.

Drei Abarten der Seele sind zu unterscheiden:
1. Die Seele aller Atome, aus denen die materielle Erscheinungsform besteht.
2. Die persönliche Seele, jenes subtile Gesamtaggregat, das wir die Persönlichkeit nennen, die sich aus den relativ immateriellen Körpern – dem ätherischen oder vitalen, dem astralen oder emotionalen und dem niederen mentalen Apparat zusammensetzt. Diese drei Träger teilt die Menschheit mit dem Tierreich, soweit Vitalität, Empfindungsfähigkeit und mögliches Denkvermögen in Frage stehen; ferner mit dem Pflanzenreich, was Vitalität und Empfindungsfähigkeit anbelangt; und mit dem Mineralreich, was Vitalität und elektromagnetische Energien betrifft.
3. Die Seele ist endlich ein spirituelles Wesen, hervorgegangen aus der Vereinigung von Geist und Materie. Wenn alle diese drei sogenann-

---

[97] Teilhard de Chardin a.a.O.

ten „Seelen" vereint sind, haben wir einen Menschen, in dem Leben, Qualität und Erscheinung oder Geist, Seele und Körper durch das Medium der materiellen Form miteinander vereint und verbunden sind.

Der Prozess der Involution der Allseele im Universum ist ewig. Die „Teilseelen" beleben dagegen die zeitlich begrenzten Geschöpfe, um nach deren Verschwinden als Energie anderen Gestaltungen zur Verfügung zu stehen. Jede Seele ist ein Gottesfunke, der in den Gestalten das Leben selbst ist. Dieser Gottesfunke ist als Teil der Allseele von Anfang an als Leben in der gesamten Schöpfung da und nimmt an der „Fleischwerdung" des Geistes im unendlichen Prozess der Verwirklichung Gottes in der Schöpfung teil. Keine Seelensubstanz ist dabei individuell oder persönlich, sondern nur von einer bestimmten Gestalthaftigkeit umgeben, aber nicht mit dieser zu identifizieren. Seelen sind Lichtquantitäten, die als Teile immer und ewig inkarnieren. Eine eigene persönliche Seele gibt es dabei nicht. Wäre dem so, würde das bedeuten, dass man eine „eigene Seele" habe, die in einer vorherigen oder nächsten Gestaltung diesem oder jenem Geschöpfe angehöre. Jede Seelensubstanz als Lichtqualität gibt sich als Teil immer und ewig in völlig anderen Bildern hin und ist so immer mit Bildern verbunden.

Teilhard de Chardin: „ *Als Gott den Menschen machte, da wirkte er in der Seele sein gleichförmiges Werk, sein wirkendes und sein immer während- rendes Werk. Sein ganzes Werk war die Seele, und die Seele war Gott. Wenn also Gott in der Seele wirkt, dann liebt er sein Werk, und das Werk ist nichts anderes als die Liebe, denn die Liebe selbst ist Gott. In der Liebe, in der Gott sich liebt, darin liebt er alle seine Geschöpfe, nicht als Geschöp- fe, sondern die Geschöpfe als Gott. Gottes größtes Werk, das er für sich selbst macht, ist die Seele, und sie liebt er in sich selbst als sich selbst und schmeckt er in sich selbst als sich selbst.* " (Der Mensch im Kosmos / Teilhard de Chardin – Noosphäre)

IV. TEIL

DIESSEITS

Wo wir stehen

Bisher wurde eine Art „Bestandsaufnahme" aller Fakten und Voraussetzungen zum Thema „Inkarnation" dargestellt, was dem Menschen als einem Doppelwesen von Geist und Materie an Talenten, Gaben, Instrumenten und Mitteln im Leben mitgegeben wurde. Das erscheint notwendig, um das menschliche Dasein mit allen Konsequenzen zu begreifen und sich alle Bedingungen und Voraussetzungen im Leben der Menschen voll bewusst zu machen. Im Folgenden geht es um die Umsetzung aller „Mitgifte", von denen gesagt ist: *„Der Mensch solle mit seinem Pfündlein im Leben wuchern."* Goethe spricht davon: *„Talent allein ist Spielzeug für Kinder – aus Fähigkeiten müssen im Leben Fertigkeiten werden".* Bereits in der Genesis ist der Mensch aufgefordert, *„sich die Welt untertan zu machen".* Das allein ist jedoch nur die eine Seite des Lebens. Die andere ist es, über den Sinn eines bloßen Daseins im Leben hinaus sich auch als ein Geschöpf Gottes zu erkennen. Und das bedeutet, den Sinn des Lebens nicht allein in der Bewältigung aller Anforderungen zu sehen, sondern darüber hinaus im Überwinden und Transzendieren alles Geschaffenen auch Gott zu dienen und diesen als den Schöpfer dieser Welt zu erkennen. Es ist das Paradoxon des Lebens: *„Welt im Tun zu erschaffen und dieses zugleich wieder für Gott loszulassen".* Das jedoch ist der Mensch im Fadenkreuz von Leib und Seele. *„... zwei Seelen wohnen, ach! in meiner Brust ..."* (Goethe)

Im zeitlich begrenzten Bewusstsein des Menschen erahnt dieser sein Dasein als ein in das Geheimnis des Universums Hineingestelltes. Über sein Bewusstsein kann der Mensch sein Leben in zwei Richtungen erfassen: Zum einen als Welterfahren und zum anderen als Sinnerfassen oder den Welthorizont ergreifen und das Weltinnewerden als Sinn zu begreifen. Wir sprechen darum von horizontalen und vertikalen Bewusstseinsrichtungen. Dieses gesamte Bewusstseinsgeschehen spielt sich in einem Koordinatenkreuz ab, in dem die Horizontale die Welt der Vielheit repräsentiert und als gesamte Schöpfung erscheint.

Die Vertikale ist dagegen die Verbindung zur göttlichen Herkunft, die „Religion" oder Rückbesinnung auf den Ursprung, die erst wieder die Rückkehr zum Zentrum aus der Vielheit in die Einheit über die Liebe ermöglicht. Dabei ergibt sich auf der Horizontalen in der Vielheit der Bilder in der Welt eine scheinbare Trennung von „Himmel und Erde". Auf der Vertikalen gibt es dagegen eine solche Trennung nicht, denn die Liebe ist die alles verbindende Kraft, die durch alle Welten bis in die Ichbewusstseinssphäre reicht und den Menschen als Seele belebt.

So steht der Mensch immer im Schnittpunkt eines Koordinatenkreuzes, dem „Kreuz der Schöpfung", das in der Liebe und im Leiden das ergibt, was Leben ist. Der Sinn des menschlichen Seins ist es, dieses „Kreuz" wieder über die Liebe in die Ewigkeit aufzulösen, wofür Christus in die Welt kam. Denn im gesamten Universum haben allein die Menschen dafür die Voraussetzungen über ihr Bewusstsein und ihre Seele. Darum ist der Mensch auch ein „Ebenbild Gottes" in einer spiegelbildartigen Bedeutung, weil der Mensch im wahrsten Sinne des Wortes die Verantwortung für die Rückführung der Liebe in sich trägt. Die Impulse dafür erhalten die Menschen über die Seele; denn wenn keine vertikalen Einströmungen mehr durchdringen und empfangen würden, würde alles ersterben. Es wäre der Tod, das Nichts und die totale Zerstörung der Schöpfung; denn die Seele ist die Matrix, die Liebe das Inskript. Dabei symbolisiert die Matrix die „Finsternis" aller nicht schon belebten und herausgestellten Gedanken und Ideen: „Und der Geist schwebte über den Wassern". Die Liebe symbolisiert das Licht, es ist der Geist, der alle Ideen erst zum Leben erweckt. In der Liebe gebiert sich Gott selbst, und die Liebe ist es, die alles zusammenhält und verbindet. Sie allein ermöglicht über die Vertikale das Erkennen des unendlichen und ewigen Allzusammenhangs der Schöpfung, wo hingegen alle zeitbedingten endlichen Prozesse sich immer nur auf der Horizontalen abspielen und begrenzt sind.

Hinter allem stehen die Wirkkräfte als geistige Ideen und Infiltrationen in die Welt der Bilder. Es sind im Menschen Impulse, die hinter seinen Aktivitäten stehen. Über die Sichtbarmachung dieser Kräfte erfahren diese Impulse eine subjektive Einfärbung, die wiederum die wahren Motive eines Menschen erkennen lassen, die ihn veranlassten, seine Gedanken und Ideen in die Tat umzusetzen. Daran kann man erkennen, ob es sich um egobestimmte Aktivitäten auf der Horizontalen handelt, oder ob im Handeln eines Menschen bereits Projektionen auf die Vertikale (Liebe) vorhanden sind. Zwei Aspekte sind es also, die bedacht werden müssen: Einmal die horizontale Bezogenheit im Sinne der kommunikativen Verflochtenheit von Seele und Welt und zum anderen der vertikale Aspekt, im eigenen Handeln immer eine Verbindung der Seele zu Gott herzustellen.

Der Mensch hat dafür sein erkennendes Bewusstsein, sein Gewissen, und kann es als einziges Geschöpf in der Schöpfung in beiden Richtungen gebrauchen: Als Mental für die horizontale Bewältigung der Welt und vertikal für den inneren Weg der Seele hin zu Gott. Dabei hat der Mensch die Entscheidungsfreiheit, in welche Richtung er geht. Denn es ist der Wille, der beiden dient: Dem Geist und dem Fleisch. Beide Aspekte widersprechen einander, wollen aber den Willen für sich, weil beide den gleichen Anspruch darauf erheben. Dabei richtet sich der Eigenwille des Ich meist gegen die Sehnsucht der Seele nach Gottes Willen. So bestimmt der Wille einerseits die Richtung auf die Verhaftung an die Materie und ist andererseits das einzige Mittel zur Erlösung aus den Verhaftungen der Materie. Nur wenn man den Willen auf das Herz einstellt, wird auch das „Fleisch" es als Erlösung empfinden. Denn das Fleisch leidet nur, weil es seinen Eigenwillen auf die Welt der Bilder einstellt und sich dabei an den Versuchungen und Bindungen reibt. Die Seele gibt dagegen die Richtung auf die Erlösung an. Darum: „Dein Wille geschehe." Das scheinbar unlösbare Paradoxon im Leben ist: Die eigene Natur ausleben und sich dabei nicht an die Welt verlieren. Entscheidend sind dabei allein die Motive für das Verhalten, die im Leben Verhaftung an die Welt oder das Loslassen derselben bestimmen. Erkennt man dieselben und entlarvt sie, verschwinden auch die Bindungen an die Bilder, und das Dasein wird transparent auf die Seele hin. Das ermöglicht zugleich das Einreißen aller hindernden „Mauern", jener Autoprotektionen, die das Bewusstsein gefangen halten und blockieren.

Die Vertikaleinstrahlung stellt den durchgehenden Zusammenhang vom Menschen bis hin zum geistigen Zentrum her, so wie es im „Traum des Jakob" (Jakobsleiter)[98] so anschaulich dargestellt ist: Die herabsteigenden Engel sind die Lebensgrundenergie für das Ichbewusstsein. Aus dem geistigen Zentrum kommend steht jeder der ungezählten „Engel" symbolisch für eine Bewusstseinssphäre, an deren Abstiegsende („Halbzeit") das Ich steht und als Teilbewusstsein wieder von dort aufsteigen wird. Dabei stehen die aufsteigenden Engel symbolisch für Inspirationen, Eingebungen und Intuitionen.[99] Das sind die geistigen Impulse, welche die Einblicke in die Zukunft, Entrückungen, Ganzheitserlebnisse und was es noch für das Ich an überschreitenden Ereignissen und „Wundern" gibt, ermöglichen. Die „aufsteigenden Engel" symbolisieren die steigende Transparenz des Egobewusstseins, um es wieder durchlässig zu machen und die nächst höheren Bewusstseinsdimensionen zu erreichen. Eine Höherpotenzierung oder Umwandlung des Bewusstseins kommt immer nur dann zustande, wenn ein Mensch sich seiner Seele bewusst wird. Voraussetzung dafür ist eine bedingungslose Selbsterkenntnis. Nur darüber wird es möglich, dass sich die Seele selbst im eigenen Denken „widerspiegeln" kann. Die Seele ist von Natur aus ledig aller äußeren Dinge, während der Mensch in die Welt eingebunden ist. Er muss darum lernen, diese beiden Daseinszustände klar zu erkennen und sich von allen seinen Verhaftungen an die Welt der Bilder bewusst frei zu machen, um als geeintes Ganzes losgelöst und befreit von allen Hüllen und Formen zu sein. Wenn der Zustand bewussten Seins, wie ihn der spirituelle Mensch kennt, auch zum Bewusstseinszustand des Menschen in seiner physischen Verkörperung wird, dann ist das Ziel der „Vollkommenheit auf Erden" erreicht.

---

[98] Joh.1 /51:„Ihr werdet den Himmel geöffnet und die Engel Gottes auf und niedersteigen sehen."

[99] „Die Fähigkeit des Menschen, sich inspirieren zu lassen durch den Kontakt mit höher entwickelten Formen des Denkens, die seine Kleinheit überschreiten, bindet den Menschen ein in ein großes Ganzes auf der Ebene, die der Einbindung seiner Seele entspricht, obgleich Geist und Seele nicht gleichartig hierin nebeneinander stehen. Geist genau wie Seele sind unabhängig vom Körper, und so geht die Seele unveränderbar und unantastbar ihren Weg durch die Welt der Bilder, indem sie das Unveränderliche mit dem Sich-Entfalten vereint." (Anonymos)

Wege zur Vollkommenheit /
Westliche und östliche Systeme

Das Ziel der Bewusstseinsentwicklung der Menschheit im neuen Äon wird es sein, eine „Transparenz des Bewusstseins" anzustreben, die durch eine Höherpotenzierung der Frequenzen über den Ätherkörper erreicht werden wird. Die Angebote entsprechender Methoden für eine solche Höherpotenzierung sind reichhaltig. In ihren Zielsetzungen sind sie alle gleich, jedoch hinsichtlich östlicher und westlicher Vorstellungen über geeignete Methoden unterschiedlich. Im christlichen Abendland kennen wir viele solche zur „Transparenz" hinführende Schriften wie: Hildegard von Bingen „Scivias" (Wisse die Wege), Bonaventura „Soliloquium" (Selbstgespräche mit der Seele), Theresa von Avila „Wege zur Vollkommenheit" oder Bernhard von Clairvaux „12 Stufen der Demut und des Stolzes", um hier nur einige zu nennen. In jüngster Zeit wurde dieser Themenbereich durch das „Enneagramm"[100] ergänzt. Darin geht es um „9 Wurzelsünden", die es gilt, über eine konsequente Selbsterkenntnis zur Transparenz hin zu erlösen. Im Osten sind die Angebote des „Yoga" (Wege) zahllos; darum soll hier nur stellvertretend auf die Werke von Vivekananda, Yogananda, Aurobindo oder Patanjali hingewiesen werden. Allen diesen Werken gemeinsam ist das Ziel, den Menschen zur *Mystik* als integrierender Ebene des menschlichen Bewusstseins hinzuführen.

Im Gegensatz zu den östlichen Wegen, deren Ausgang mehr vom den körperlichen und gefühlsmäßigen Bedingungen geprägt ist, kann man in den Schriften des christlichen Abendlandes in den meisten Methoden beobachten, dass sie mehr vom Intellekt her bestimmt sind. Im Westen wurde immer die Denkfähigkeit überbetont und lei-

---

[100] Richard Rohr, Andreas Ebert, „Das Enneagramm"

der fast ausschließlich entweder für materielle Ziele und Erfolge eingesetzt oder in geistiger Verstiegenheit (Philosophie) vergötzt. Da aber
der Mensch auch über sein Denken den Einstieg in den „Inneren Weg
finden kann, ist die Erkenntnis für den Westen durchaus legitim und
eine geeignete Möglichkeit. Vorbedingung ist dabei, dass das Denken
nur als Instrument und als ein Mittel für die Seele eingesetzt wird, um
das Bewusstsein zu erleuchten und um Erkenntnisse zu erlangen, die
das Reich der Seele betreffen. Nur so ist im christlichen Abendland das
Denken eine Grundlage für den Weg und das Ziel der Mystik. Dabei ist
die Selbsterkenntnis die Voraussetzung für das Bewusstwerden der
eigenen Seele und für die folgende „Umwandlung".

Der innere Weg oder Yoga ist die Suche nach Vereinigung von Seele
und Bewusstsein.[101] Diese Vereinigung wird durch Unterjochung der
physischen Natur und durch Zügelung des Denkvermögens erreicht.
Das aber erfolgt niemals über Veränderungen im Außen, sondern nur
von Innen her über eine Veränderung des Bewusstseins im Loslassen
aller Verhaftungen an die Bilder der Welt. In der Zielsetzung stimmen
westliche wie östliche Systeme deckungsgleich überein: Es geht
immer um die Befreiung von der Verhaftung des Geistes an die Materie und um die Unterscheidung von Seele und Leiblichkeit. Die daraus
folgenden Bestrebungen, den „Leib" in allen seinen Wirkungen und
Verhaltenformen auf den geistigen Hintergrund hin transparent zu
machen, werden in allen dafür vorgesehenen Schriften beschrieben
und dargestellt. Es sind Wege der „Läuterung".

Läuterung bedeutet: wieder „lauter", rein, von allen seelischen
Unreinheiten zu werden. Es ist die Auflösung jener „Mauern", die wie
ein Bollwerk den Menschen in sich einschließen und eine Transpa-
rentwerdung erschweren und den Aufstieg verhindern. Denn die
Menschen errichten sich während ihres Lebens ständig solche „Mauern" als Autoprotektionen und Schutz vor der Wahrheit, wobei diese
Schutzmauern in Wirklichkeit zu Gefängnissen werden und sie unfrei
machen. Diese Mauern sind mehr oder weniger dicht, was wiederum

---

[101] Atman und Brahman müssen sich vereinen

den Grad einer individuellen Blockade oder Durchlässigkeit, bzw. die Transparenz auf eine höhere geistige Sphäre hin bestimmt. Es sind jene schwer zu überwindenden Autoprotektionen und Verblendungen, von denen die Menschen glauben, sich hinter diesen „Mauern" feige vor dem Leben zu verstecken und schützen zu können. Obwohl das nur ein scheinbarer Schutz ist, gehört dennoch großer Mut dazu, diese Schutzmauern abzubauen. Aber erst wenn der Mensch das erreicht hat, ist er in Wahrheit frei. *„Allein die Wahrheit ist nackt wie ihr selbst vor Mir. Darum bekleidet euer Herz mit freier Liebe zu Mir, damit ihr lebendig werdet! Denn alles kann Ich euch geben, nur allein die freie Liebe eures Herzens zu Mir, diese kann Ich niemandem geben. Denn wenn Ich solches täte, was wäre dann eure Liebe? Also zerstöret alles Weltliche, und dann macht die Liebe euch frei, was das wahre ewige Leben ist!"* [102]

Solange man an den Bildern hängt, wandelt eine Seele in Finsternis. Das Leben (in der Materie) selbst ist dieser Weg in der Finsternis, und die verlockenden Bilder sind nur gegeben, um im Loslassen derselben Gott zu erkennen und nicht um sich darin zu verlieren. Denn sie sind keine Wirklichkeit, sondern wie ein Film, wie eine Laterna magica, die nur Bilder an eine Wand wirft. Wichtig ist es einzig und allein, die Seele zu finden. Nur sie ist das Licht, das alles transparent auf Gott hin macht. Nur vor diesem kosmischen Hintergrund baut sich die sittliche Existenz des Menschen auf, der nirgendwo bloßer Zuschauer ist, sondern immer Betroffener. [103] Darum besitzt jeder Mensch in seinem Gewissen ein immanentes Wissen um Gut und Böse und damit zugleich aber auch: die Freiheit der Entscheidung. Das Universum beruht zwar in der „Gesetzlichkeit Gottes", aber allein der Mensch hat innerhalb derselben eine Entscheidungsfreiheit und muss darum sein Leben verantwortlich führen und vor Gott rechtfertigen. Meister Eckhart spricht in diesem Zusammenhang von *„zwei Naturen des Menschen: einer äußeren und einer inneren. Der äußere Mensch ist alles das, was dem Leib anhaftet: Wahrnehmungen, Empfindungen, Gefühle. Das Fleisch rät zur Untugend und Bosheit. Der innere Mensch ist der Neue Adam – es ist der gute Baum,*

---

[102] Lorber, „Haushaltung Gottes" / Von der Freiheit des Menschen
[103] Kant, „Zwei Dinge erfüllen das Gemüt mit immer neuer und immer zunehmender Bewunderung und Ehrfurcht, je öfter und anhaltender sich das Nachdenken damit beschäftigt: Der gestirnte Himmel über mir und das moralische Gesetz in mir."

der immerfort gute Frucht bringt. Es ist der Geist, der zur Liebe rät. Wer ihm folgt, erhält das ewige Leben. Der innere Mensch ist der, von dem der Herr sagt, dass „ein edler Mensch auszog in ein fernes Land, sich ein Reich zu gewinnen". Der äußere Mensch hält dagegen und versucht alles zu verderben."[104]

Östliche Wege zur Vereinigung von Seele und Bewusstsein

In den östlichen Yoga-Wegen gehen die meisten Methoden zur Vereinigung von Seele und Bewusstsein primär von der Beherrschung der Physis aus. Erst danach folgen die spirituellen Entwicklungsstufen der Hingabe an Gott und der geistigen Offenbarungen. Westliche und östliche Ziele sind dabei gleich und unterscheiden sich auf der Suche nach Gott eher in der Folge ihrer Methoden. Es erscheint daher sinnvoll, beide Systeme zu einer Konkordanz zu bringen, um die fundamentalen Übereinstimmungen nicht nur wieder zu entdecken, sondern vor allem die religiösen Angebote für diesen Weg auf eine breitere Basis zu stellen und über ein gleiches Verständnis zu intensivieren. In unserer heutigen Welt der „Globalisierung" sollten auch die religiösen Angebote nicht mehr als getrennte, sondern als vereinte gesehen werden.

Aus den östlicher Yoga-Praktiken werden vier Methoden als Auswahl angedeutet:
1. KARMA YOGA als der Weg des Handelns
2. BHAKTI YOGA als der Weg der Liebe zu Gott
3. JNANA YOGA als der Weg der Erkenntnis
4. RAJA YOGA als der Weg der Meditation

Karma Yoga ist der Weg des Handelns

„Gib die Welt nicht auf! Lebe in der Welt und widme der Arbeit ebensoviel Aufmerksamkeit wie ihrem Zweck. Tue alles zum Nutzen für andere,

---

[104] Parabel vom Verlorenen Sohn

---

wenn es jedoch zu deinem eigenen Vergnügen ist, dann tue nichts. Löse Dich von allen Verhaftungen und töte dein Ego. Betrachte dann die ganze Welt als dein Selbst. Wolle absichtslos!" (Vivekananda)

Karma Yoga hat eine spezifische Beziehung zur Tätigkeit auf der physischen Ebene und ist bestrebt, alle inneren Impulse in der äußeren Welt zu verwirklichen. Seine beiden bekanntesten Methoden sind Hatha Yoga und Laya Yoga. Hatha Yoga soll dem Menschen primär die Herrschaft über seine Organe und den ganzen mechanischen Apparat des physischen Körpers verleihen. Laya Yoga befasst sich mehr mit den Chakren des Ätherkörpers. Karma Yoga entspricht im christlichen Westen in etwa den Regeln des Benedikt von Nursia, der sein System in den beiden Worten „ora et labora" – bete und arbeite – zusammenfasste. Karma Yoga bewirkt vor allem das Erwachen der Zentren (Chakren) unterhalb des Zwerchfells.

Hatha Yoga und Laya Yoga sind uralt und wurden bereits in den Epochen der Vorläuferpopulationen (Lemurien und Atlantis) bevorzugt praktiziert, weil damals ein intellektuelles Denkvermögen noch nicht wirklich existierte. Man strebte vielmehr eine Höherentwicklung durch drastische „physische Selbstdisziplinierung" an, wovon man sich die nötige Reinheit erhoffte. Ziel der Bemühungen in jenen Epochen war es, den Menschen die Anwendungsmöglichkeiten und den Zweck des sich neu herausbildenden „physischen Körpers" sowie dessen Beherrschung zu lehren. Der Mensch, der seinen Körper bemeisterte und ihn so beherrschte, wie ein Maschinist eine Maschine kontrolliert, wurde darum als ein höheres Wesen angesehen.

Heute geht es mehr um die Beherrschung der gesamten „Persönlichkeit", die einen Menschen zum Vorbild macht. Zwar werden auch heute noch oft so drastische physische Maßnahmen zur körperlichen Selbstdisziplinierung erbracht. All zu oft unterziehen sich auch nach geistig Höherem strebende Menschen solchen Praktiken. Sie leben im Zölibat, ernähren sich streng vegetarisch, üben Askese und betreiben verschiedenartige Leibesübungen in der Hoffnung, den Körper zu beherrschen und unter Kontrolle zu bringen. Solche Bemühungen, den gesamten physischen Bereich zu disziplinieren, sind am Beginn des Inneren Weges für den bewusstseinsmäßig unentwickelten Menschentyp gut geeignet und nicht nur hilfreich, sondern auch notwendig. Denn der Anfänger erfährt darüber spürbare Veränderungen seiner ganzen physischen Verfassung, was sehr motivierend und stimulierend für weitere Anstrengungen auf dem Inneren Weg ist. Allerdings bergen diese Praktiken auch die Gefahr in sich, der Verblendung zu erliegen, alle diese Praktiken allein um ihrer selbst willen zu perfektionieren. Dadurch werden diese Übungen zum Selbstzweck und dienen der Profilierung des Ich, indem sie einen geradezu sportlichen Ehrgeiz[105] wecken, zu erfolgreichen Höchstleistungen verführen und den ursprünglichen Sinn ins Gegenteil verkehren.[106] Darum empfiehlt es sich den auf den inneren Weg Fortgeschrittenen, solche Praktiken zu vermeiden, weil eine alleinige Konzentration auf den Körper nur dazu dient, dessen Kräfte zu steigern, und alle Energien einer weiteren geistigen Entwicklung damit nur zu entziehen. Es werden vielmehr körperliche Begehrlichkeiten gesteigert, wobei alles das an die Oberfläche des Bewusstseins gelangt, was besser unterhalb der Bewusstseinsschwelle gesichert abgeschlossen sein sollte. Der wirklich nach Höherem Strebende sollte sich dagegen mehr mit der Beherrschung seiner Gefühlswelt und nicht ausschließlich mit der Steigerung seiner animalischen Natur befassen. Er sollte vielmehr danach streben, sich auf seine Mentalebene zu konzentrieren, und zwar als Vorbereitung auf einen engeren Kontakt mit der Seele. Das bedeutet nicht, den Körper zu verleugnen, sondern jene drängende Energie aus der rein körperlichen Ebene zu befreien, was nur über die Bereitschaft geht, alle emotionalen und mentalen Möglichkeiten dahingehend zu verändern, dass die drängende Energie in geistige Kanäle umgeleitet wird. Solche Kanäle tun sich nur auf, wenn die alleinige Fixierung auf die Körperebene überwunden ist. Die meisten Menschen beschränken und fixieren leider diese Energie durch Ausle-

---

[105] Shaolin-Mönche
[106] Theo Bernhard, „Hatha Yoga". Beispielhaft für Yoga-Praktiken, die der Autor selbst in absoluter Perfektion ausführte, aber darüber nie eine Erleuchtung gefunden hatte.

ben, Verzicht oder Verdrängung allein auf die Körperebene, ohne diesem Bereich jemals mit vollem Bewusstsein die Möglichkeit zu geben, sich auch auf einer anderen Ebene zu äußern und zu entfalten.

Bhakti Yoga ist der Weg des Herzens oder der Weg der Liebe zu Gott

Liebe ist das ursprünglichste Verlangen nach Verbindung, der stärkste Wunsch in der Welt der Dualität, wieder Eins zu werden. Das höchste Ziel des Bhakti Yoga ist das absolute Unterordnen aller Gefühle, Wünsche und Empfindungen unter die Sehnsucht nach dem „Einen Geliebten", der im Herzen lebt: GOTT. Es ist die Sublimierung aller anderen „Liebesgefühle" und das Abtun allen Sehnens und Begehrens bis auf das eine Verlangen, den Gott der Liebe und die Liebe Gottes kennen zu lernen. Bhakti Yoga lässt sich in der christlichen Tradition mit den Liebeswegen eines Augustinus, Franciscus oder der Therese von Lisieux vergleichen.

Bhakti Yoga bewirkt eine Aktivierung und Umwandlung der Chakren oberhalb des Zwerchfells (Herz- und Kehlzentrum). Bereits in den atlantischen Zeiten wurde allmählich damit begonnen, die Aufmerksamkeit vom „Ätherkörper" auf dessen emotionalen Bereich, den „Astralkörper", zu verschieben. Man belehrte die Menschen darüber, dass der physische Körper in Wirklichkeit nur ein Automat sei und dass man, um Reinheit zu erlangen, auf den „Begierdenkörper" sowie auf die Art und Qualität seiner Wünsche achten müsse. Das Ziel war die Beherrschung der Gefühle und die Reinigung der Begierdennatur. Auch in der heutigen Menschheit ist „Reinheit" nicht mehr allein auf den physischen Körper bezogen, sondern resultiert viel mehr aus der Kontrolle und Disziplinierung von Gefühlen und Gedanken. Erst wenn alle Kräfte des Körpers und die zielgerichtete Aufmerksamkeit in Herz und Kopf konzentriert sind, wenn der Astralkörper still ist und das Denkvermögen als Übermittler von Seelenenergie in den Kopfzentren wirkt, dann entsteht eine mächtige Kraft für eine Verwandlung.

Jnana Yoga ist der Weg der Erkenntnis

Dieser Weg beginnt mit der Suche nach Erkenntnis über das eigene Selbst, die SEELE. *„Das schnellste Pferd zur Erkenntnis ist das Leiden"* (Meister Eckhart). Erst wenn ein Mensch die Nichtigkeit der weltlichen Dinge und seine eigene Sterblichkeit bedenkt, kann ihm der Gedanke aufleuchten, dass es über allen Angeboten in der Welt noch eine höhere Instanz geben muss: GOTT! Zugleich damit erfährt der Mensch jene grundsätzliche Unterscheidung zwischen dem Wahren und dem Wirklichen, zwischen dem Ewigen und dem Vergänglichen. Alles muss sterben und unterliegt darum einem ewigen Wechsel. Das ganze Universum ist ständige Wandlung, nur Gott der Schöpfer selbst nicht. Wenn ein Mensch im Bewusstsein dort angelangt ist, hat der Wandel in der Welt keinen Einfluss mehr auf ihn und wird als Illusion entlarvt. Christliche Vertreter für diesen Weg der Erkenntnis sind Therese von Avila, Bernhard von Clairvaux oder Meister Eckhart. Jnana Yoga fasst alle Kräfte im Bewusstsein zusammen, von wo aus alle Energien verteilt und gelenkt werden. Rama Marhaschi: *„Sei was du bist! Erkenne, wer du bist! Wer bin ich?"*

Rajah Yoga ist der Weg der Meditation

Rajah Yoga integriert alle anderen Yoga-Systeme in sich. Es ist die Suche nach „Erleuchtung" und damit die Subsummierung aller anderen Systeme und das Streben nach Vollkommenheit. Rajah Yoga ist der Weg des zielbewussten Willens und bringt die mentalen Zentren des Menschen unter die Herrschaft der inneren Führung der Seele. Dieser Weg zwingt den Menschen in eine Position, in der er nichts ist, als ein Werkzeug für die Seele. Es ist der „königliche Weg", wird in Patanjalis Yoga-Sutras dargestellt und ist die wirkungsvollste Möglichkeit, die Einheit von Mensch und Seele herzustellen.[107] Der Körper muss einer strengen Selbstbeherrschung unterliegen, das Denken

---

[107] Laszlo, Ervin, „In der Kosmologie des Rajah gibt es zwei Grundelemente: Akasha und Prana. Akasha ist die Substanz und Prana die Urenergie. Oder Materie und Geist. Prana ist die unendliche und allgegenwärtige Kraft, die auf Akasha einwirkt. Sie ist auch in den Nervenströmen des Körpers und in allen Gedanken. Am Ende einer kosmischen Phase löst sich Akasha wieder in Prana auf."

muss geläutert sein und Konzentration ist das Wesen aller Erkenntnis. Wer das alles über Meditationen erreicht, ist in der ewigen Wahrheit und kann von der Welt nicht mehr berührt werden.

Zwar werden auch heute die Methoden der verschiedenen Yogas praktiziert, jedoch ist das ursprüngliche Ziel, eine Verbindung zur Seele zu schaffen, längst anderen Zwecken gewichen. Es dient heute vielmehr einer besseren Körperbewusstheit oder einem körperlichen Wohlbefinden im Sinne von Fitness und wird häufig zur Formung des körperlichen Erscheinungsbildes missbraucht, um sich in einem auf den Körper bezogenen Erfolgsstreben bei Schönheitswettbewerben zu profilieren, oder wird sogar zu überspannter Artistik wie bei den Shaolin-Mönchen degradiert. Bestenfalls ist es eine Art Unterstützung bei der Beseitigung von Stress und körperlichen Störungen. Solche Praktiken und Bestrebungen nach „Höchstleistungen" in bestimmten Yogas, die sich besonders mit der Entfaltung der unteren Chakren (Kundalini) befassen, führen in gewisser Hinsicht eher zu einem Rückschritt. Man wird die Erfahrung machen, dass durch Rajah Yoga und durch bewusste Kontrolle des Denkens das Bewusstsein in der Seele ruht und die anderen Yoga-Arten dadurch unnötig gemacht werden. Denn in den Ergebnissen des höheren Yoga sind automatisch alle Wirkungen der niederen Systeme inbegriffen, nicht aber in der Perfektionierung von deren Praktiken. Allein das Ziel, die Vereinigung von Bewusstsein und Seele gilt es zu erreichen, wobei der Weg dahin schon alles ist. Denn „der Weg ist das Ziel" oder „das Ziel ist der Weg des Lebens".

Die Bereitschaft, diesen Weg anzunehmen und zu gehen, führt in der Entscheidung mitten ins praktische Leben, weil es den Menschen vor die Grundfrage seines Lebens stellt: Für Gott oder für die Welt! Im Bemühen, diese Frage zu beantworten, verschafft sich ein Mensch zwangsläufig damit auch zugleich das Rüstzeug für den Pfad. Die Gewissensfragen lauten darum: Auf welcher Daseins- oder Erkenntnisebene wirkt man selbst und auf welches Ziel richtet sich alles Verlangen und Streben der Seele? Welchen Weg geht man, den Höhenweg der Seele oder den niederen Weg des Ich? Bringt man seine ganze niedere Natur unter die Herrschaft des Christusprinzips, des wahren geistigen Menschen, indem man sich mit der Seele identifiziert? Befindet man sich in einem Übergangsstadium, in dem das Erkennen vom niederen in das höhere Bewusstsein verlagert wird, und ist der Körper, obwohl man sich mit ihm identifiziert, doch nur ein Werkzeug? Ist man bereits erwacht auf einer anderen geistigen Ebene oder „schläft" man noch in der Welt?

Zusammenfassend kann man sagen, dass alle diese verschiedenen Yogas für die Entfaltung der Menschheit nicht nur immer Bedeutung gehabt haben, sondern alle Yoga-Systeme dienten auch einem bestimmten Sinn und Zweck, nämlich zu einer bewussteren Verbindung zwischen Körper und Seele zu führen.

„Denn alle jene Ströme gelenkter Energie, die auf die eingekerkerten physischen Kräfte aus dem Innern von einer feineren Ebene her ungestüm einwirken, stellen so einen Kontakt mit dieser eher schwerfälligeren Schwingungskraft des Körpers her. Dabei haben besonders die mentalen Energien große Macht, das Leben des Durchschnittsmenschen bestimmend zu beeinflussen. Zwar hat die Energie der Seele im Kreislauf der Bewusstseinsentwicklung sehr lange keinen Erfolg damit gehabt, aber sie ist letztlich doch unendlich viel stärker als alle Energien unterhalb des Solarplexus. Nur haben diesen Energien der Seele, des Herzzentrums, äonenlang empfängliche Träger als Ausdrucksmittel dafür gefehlt." (Alice Bailey)

Westliche Wege zur Vereinigung von Seele und Bewusstsein

Wege zur Vollkommenheit Im Christlichen Abendland

Bonaventura: *„Bei dir selbst nehme deine Besinnung ihren Anfang, denn nur durch die Erkenntnis deiner selbst schreitest du zur Kenntnis Gottes empor."*

Es ist gegenwärtig zu beobachten, dass für das Streben nach Selbsterkenntnis und Erleuchtung die neuen Generationen gute Voraussetzungen mitbringen, weil sie bereits mit einem veränderten Bewusstsein starten und für „Spiritualität" ein erstaunliches Interesse bekunden. Sie sind nicht mehr wie die bisherige Menschheit so stark an die „materiellen Basisverhaftungen" gebunden, identifizieren sich dafür stärker mit der emotionalen Ebene ihrer Gefühle und sind deswegen Verblendungen in einem hohen Maße ausgesetzt. Ihre Aufgabe wird es sein, diese Art der „Verhaftungen" zu erkennen und zu lösen, um sich danach der Überwindung auch ihrer mentalen Verhaftungen zuwenden zu können. Denn ihre bewusstseinsmäßigen Voraussetzungen sind wesentlich andere als bei den Adamiten vor 12.000 Jahren. Infolge dessen besitzt ein Teil der Menschheit heute eine weniger starke Verhaftung an ihre animalische Basis, um eine geistige Transparenz zu erreichen. Trotz ihrer scheinbar verbesserten „Startmöglichkeiten" durch eine weiter geöffnete spirituelle Empfangsbereitschaft im Bewusstsein müssen auch sie ihre „Chakren" aktivieren, was nie allein über bloße Gebete geht, die für sich allein überhaupt nichts bewirken.

Solche Bemühungen gab es seit jeher in allen Religionen, um auf diese Weise den „Himmel zu erbeten!" Gebete sind lediglich Vorbereitungen und insofern als „Einstimmungen" gewisse Voraussetzungen für den inneren Weg. Eine wirkliche Umwandlung erreicht man nur über einen freiwilligen Verzicht auf die Versuchungen der äußeren Bilderwelt. Denn ohne ein aus Liebe erbrachtes Opfer fängt kein „Chakra" an sich zu drehen. Und das bedeutet: Der Mensch muss über seine „unbeständige physische und emotionale Natur" die Herrschaft erlangen und das Denken und Wünschen davon abhalten, im gefühlsmäßigen Herumschweifen sich selbst zu verlieren.

Allein diese Bemühungen führen zur Beherrschung aller Emotionen und werden so unter Kontrolle eines erkennenden Denkens gebracht. Denn das Denken als Gesamtsumme aller mentalen Vorgänge, die Denksubstanz selbst, ist das von der Seele beherrschte

Material, aus dem Gedanken erst gebildet werden. Denn *„Viele wissen gar Vieles, aber sich selbst erkennen sie nicht, andere durchschauen sie zwar, aber sich selbst übersehen sie. Gott suchen sie in äußeren Dingen und vernachlässigen dabei ihr Inneres, wo doch Gott zuinnerst selbst wohnt. Nur durch die Erkenntnis meiner selbst gelange ich zur Kenntnis Gottes. Darum erkenne, was für ein Mensch du bist und gib acht, was über dein Denken in dich eintritt und was im Gespräch aus dir hervorgeht."* … *„Nicht das, was wir über den Mund zu uns nehmen ist schlecht, sondern das, was aus unserem Mund herauskommt. Rufe dir darum, du leidbeladene Seele, ständig deine großen Vergehen ins Gedächtnis und bedenke, um welchen Preis du deinen Adel verkauft hast und wofür du dein Antlitz so hässlich entstellt hast."*[108] (Jesus Christus)

Die abendländischen Wege zur „Vollkommenheit" als totale Umkehr im Leben eines Menschen setzen im Gegensatz zu den östlichen Praktiken fast ausschließlich bei der Erkenntnis an, was in etwa der östlichen Methode des Jnana Yoga am ehesten entsprechen würde.[109] Stellvertretend für die christlichen „Wege nach Vollkommenheit" sei für viele ganz ähnliche Wege auf das Werk „Wisse die Wege" von Hildegard von Bingen[110] verwiesen. Motto aller dieser Anleitungen ist immer eine totale „Umkehr" im Leben nach dem Erkennen der eignen Nichtigkeit.

Hildegard von Bingen

Diese Problematik stellt Hildegard von Bingen auch an den Anfang ihrer Schrift „Der Mensch in der Verantwortung" (Das Buch von den Lebensverdiensten). Darin gibt sie sehr detaillierte Hinweise auf die blockierenden Verhaftungen auf dem inneren Weg, die sie in der für ihre Zeit so typischen Dialogform zwischen „Gott und der Seele" anschaulich darstellt. Gemäß der Polarisierung in der gesamten Schöpfung steht dabei jeder menschlichen Tugend auch ein Laster gegenüber. „Sünden" (Laster) werden aber nicht schematisiert dargestellt, sondern sind für Hildegard von Bingen prinzipiell *„ungeordnetes*

[108] Bernhard von Clairvaux a.a.O.
[109] Ramana Marharshi a.a.O.
[110] Hildegard von Bingen, „Scivias" und „Der Mensch in der Verantwortung"

Wollen und damit immer zugleich der Entzug des Menschen aus seiner Verantwortlichkeit." Dieses sich aus der Verantwortung Herausmogeln ist für Hildegard das größte Hindernis für jegliches Erkennen des eignen Selbst. Hildegard sieht darin eine Art Ausweichen oder Verweigerung vor den Grundfragen im Leben. Ferner sind das alle jene Verblendungen, Halbwahrheiten, ein Sich-nicht-Einfügen in die harte Lebensordnung, sowie eine Flucht vor Entscheidungen. Es gehört Mut dazu, den Weg der Selbsterkenntnis zu gehen. Gemäß dem dialogischen Prinzip der ganzen Schrift verwendet Hildegard am Anfang ihrer Schrift auch den Begriff „Virtus" in seiner doppelsinnigen Bedeutung: *„Gottes Kraft und Gnade in der vertikalen Einströmung und als horizontal bewusste menschliche Tugendkraft im Mut zum sittlichen Handeln in der Welt: Innerhalb dieses Fadenkreuzes steht der Mensch."*

1. Der Mensch steht von Natur aus mitten in einer konkreten Welt und unterliegt damit ihren Gesetzen und natürlichen Einflüssen, ohne jedoch dadurch schicksalhaft determiniert zu sein.
2. Der Mensch nimmt die äußere Welt lebenslänglich in sich auf und filtert alle Angebote über seine leibhaftige, erkennende und erlebende Partnerschaft zur Welt.
3. Der Mensch wirkt aber auch von sich aus aktiv, vorsorgend, eingreifend, planend in die Welt hinein und gestaltet dadurch letztlich das „Universum" mit; denn er ist mitverantwortlich für die Entwicklung im Kosmos und wird darum von Hildegard geradezu das *Inbild* der Schöpfung genannt. Aus diesem Grundgedanken, der weit über ein bloßes naturalistisches Verständnis hinausgeht, erfährt das Sein des Menschen kosmische Bedeutung und Sinn.

Dabei versteht Hildegard von Bingen die Schöpfung selbst immer dynamisch und nicht als einen determinierten Zustand. Sie ist dem Menschen zugesprochen, ihm quasi auf den Leib geschrieben, und ihm dadurch zur Verantwortung übergeben. Gott als Schöpfer tritt aus sich heraus und rechtfertigt seine Schöpfung in seinem „Sohn", um den Menschen zu einer höheren Herrlichkeit heimzuführen, zum „Kosmischen Christus" (Teilhard de Chardin). Darum besitzt jeder Mensch auch ein immanentes Wissen um die Eingebundenheit in das göttliche Geschehen. Aus seiner Gottesfurcht muss Gottesliebe werden, was dem Menschen die Freiheit der Entscheidung ermöglicht, wobei der *„innere Richter" sein Gewissen und seine Seele der „führende Anwalt"* ist.

In einer visionären Schau listet Hildegard 35 emotional bedingte Verhaltensweisen der Menschen auf, wobei sie allen Lastern (Untugenden) als Gegensatz und Ziel der Erlösung die jeweils entsprechenden Tugenden gegenüberstellt. Überblickt man die aufgelisteten gegensätzlichen Gefühlsreaktionen und Verhaltensweisen, so kann man unschwer auch die „9 Wurzelsünden des „Enneagramms"[111] oder die 12 Untugenden im „Weg der Liebe" des Bernhard von Clairvaux in dieser Aufstellung wiederfinden. Um hier nur einige der emotional bedingten gegensätzlichen Verhaltensweisen zu nennen, seien folgende herausgegriffen:

Zorn	–	Geduld
Wollust	–	Keuschheit
Neid	–	Bewunderung
Maßlosigkeit	–	Beherrschung, Disziplin
Geiz	–	Großzügigkeit,
Lüge	–	Ehrlichkeit
Eitelkeit	–	Bescheidenheit
Macht	–	Barmherzigkeit
Faulheit	–	Fleiß
Furcht	–	Mut

Hildegard von Bingen bezeichnet Untugenden als „ungeordnetes Wollen", das seinen stärksten Ausdruck im „Begehren als Anhangen an Objekten, die Wohlgefühle schaffen" findet. Begehren gründet in den Trieben des Vitalgrundes, welche insgesamt Strebungen der Antriebserlebnisse im Astralbereich sind. Als erstes Gegensatzpaar nennt Hildegard darum die „Liebe zur Welt", der die „himmlische Liebe" die Antwort gibt. Hier beispielhaft ein Auszug als Zitat in Dialogform:

---

[111] Richard Rohr, Andreas Ebert, „Das Enneagramm"

Die Liebe zur Welt spricht:

„Alle Reiche dieser Welt halte ich fest mit ihrer ganzen Blütenpracht. Wieso sollte ich hinwelken, da ich doch in der Jugendfrische blühe und die Schönheit genießen kann!"

Die himmlische Liebe antwortet:

„Du bist wohl ganz verrückt, wenn du glaubst, in einem Funken Asche schon das volle Leben besitzen zu können. Von Augenblick zu Augenblick lebst du dahin, um dann wie Heu zu verdorren. Du rennst dahin auf Pfaden der Nacht, und deine Hände bewirken nur Ohnmacht. Der alte Verführer flößt nämlich zuerst den Menschen die Liebe zum Weltlichen ein, um sie alsdann zu weiteren Lastern zu verführen, die alle von unbeschreiblicher Eitelkeit sind, die den irdischen Dingen so eingewurzelt sind, dass die Menschen an Himmlisches überhaupt nicht mehr denken können, weil sie nur ihren irdischen Leidenschaften leben. Darum liebt auch die „Weltliebe" überhaupt nicht! Denn sie reißt alles, was ihr selber gefällt, an sich und setzt ihren eignen Willen an die Stelle Gottes."

Auch Therese von Avila[112] sagt dazu:

„... es gibt zwei Arten von Liebe: Die eine ist geistig und rein von jeglicher Sinnlichkeit. Die andere ist von Sinnlichkeit vermischt und darum in ihrer Ordnung gestört. Bezüglich der rein geistigen Liebe, glaube ich zu wissen, dass sie nur sehr wenige Menschen besitzen. Solche Seelen müssen bereits eine sehr hohe Stufe der Vollkommenheit erlangt haben. Nur ist von dieser rein geistigen Liebe anderen sehr schwer zu berichten, weil sie ihr Verständnis übersteigt. Wird jedoch jemand von Gott zur klaren Erkenntnis dessen geführt, was die Welt und ihre Werte sind, dass es noch eine andere Welt gibt und diese von jener verschieden ist, und dass die eine ewig dauert, die andere jedoch nur eine Traumwelt ist, so wird ein solcher Mensch in ganz anderer Weise lieben als diejenigen, die noch nicht so weit gelangt sind. Auch gestaltet sich die Liebe eines solchen Menschen anders, der erkennt, was es heißt, den Schöpfer zu lieben, und was es für ein Unterschied ist, die Geschöpfe zu lieben ... denn jene Seelen, die Gott auf diese Stufe der Liebe geführt hat, ihn zu lieben, können sich nicht mehr damit begnügen, etwas so Elendes wie den menschlichen Kör-

---

[112] Therese von Avila, „Weg zur Vollkommenheit"

per zu lieben, so schön dieser auch sein mag ... so wird jede Liebe zu den Geschöpfen ihnen widerwärtig, weil solche Seelen einsehen, dass eine solche Liebe ihnen nur schaden kann ... auch geht es nicht an, dass man Demut ohne Liebe oder Liebe ohne Demut haben kann. Vor allem aber ist es unmöglich, dass diese beiden Tugenden ohne absolutes Loslassen von allem Geschaffenen bestehen können."

Hildegard von Bingen beschreibt nun die Strafen für die Begehrenden der Welt in den für das Mittelalter so charakteristischen drastischen „Höllenvisionen": *„Alle diese Strafen des Fegefeuers bewirken Reinigung in jenen Seelen. Als sie noch in der vergänglichen Welt lebten, hätten sie sich durch Buße die Reinigung von ihren Sünden für die unvergängliche Welt verdienen können. Doch da sie der Tod ereilte, vermochten sie sich nicht mehr gänzlich im Fleische zu reinigen und durch die Züchtigungen des göttlichen Erbarmens in dieser Welt geläutert werden. Wer daher gerechte Buße tun will im Leben, muss sich seinem inneren Richter in Demut und Selbsterkenntnis stellen, auf dass ihm nach dem Maß seiner Schuld eine Buße auferlegt werde. Denn nur über eine schonungslose Selbsterkenntnis kann der Mensch sich von seinen Sünden über eine Umkehr auf seinem Weg befreien, und nur diejenigen, die sich in Reue umwenden, verlieren in der Läuterung den Makel ihrer Sünden und gelangen an den Ort der Erquickung."* Hinsichtlich des Gedankens einer „Läuterung" im Diesseits decken sich die Vorstellungen Hildegards mit denen von Alice Bailey, wenn diese von der „Reinhaltung und Beherrschung der Lebensströme" und als körperliche Voraussetzung dafür von Enthaltsamkeit und Disziplin spricht. Denn „Liebe zur Welt" bedeutet nicht nur *„Begehren als Anhangen an Objekten, die Wohlgefühle schaffen",* sondern ist auch eine lasterhafte Verhaftung und ein intensives Verlangen nach Lust und Genuss.

Auch Therese von Avila bietet für die Überwindung dieser Verhaftungen im 10. Hauptstück *„Von der Losschälung"* Hilfe an: *„Allein die Losschälung von den Dingen und von den Menschen reicht nicht aus, wenn man sich nicht auch von sich selbst losschält. Denn „kein Dieb ist gefährlicher, als jener, der sich selbst im Haus aufhält. Denn wir haben* *immer uns selbst bei uns; sind wir nicht recht achtsam und wachsam bemüht, den eignen Willen zu verleugnen, dann können uns noch viele Dinge jener heiligen Freiheit berauben, die allein es dem Geist gestattet, sich endlich zu seinem Schöpfer aufzuschwingen. Um also die Neigung von den wertlosen Dingen dieser Erde abzulenken und sich so zum Unvergänglichen hinzuwenden, dient als vorzügliches Mittel die beständige Erinnerung, wie eitel alles ist und wie bald es vergeht. Allerdings ist die Losschälung von uns selbst, nämlich sich selbst zu vergessen und gegen uns selbst zu sein, sehr schwer, weil wir mit uns so ganz verbunden sind und uns zu sehr selbst lieb haben. Das erste, um was wir uns also bemühen müssen, besteht in der Verleugnung der Liebe zum eignen Leib. Entschließt euch, davon euch loszumachen, da wir ja gekommen sind, um für Christus zu sterben, nicht aber, um uns für Christus gut zu pflegen. Leider hat unser Leib nun einmal den Fehler, dass er umso mehr Bedürfnisse weckt und entdeckt, je mehr er gepflegt wird. Der Weg nach Innen ist darum mit viel Leiden verbunden, darum ist es also sehr lobenswert, wenn ein jeder mit dem anderen Mitleid habe. Lernt aber dabei zu unterscheiden, in welchen Dingen ihr Bedauern und Mitleid mit dem anderen haben sollt. Verlegt euch niemals auf süßliche Tröstungen dabei, denn das ist etwas sehr weibisches; ich aber wünschte, dass ihr in keinem Stücke weibisch sein noch euch so zeigen möchtet, sondern in allem wie starke Männer."*

Furcht

Als ein weiteres Beispiel für die Gefühlsregungen der Selbsterhaltung soll hier die Furcht genannt werden. Gegenspieler wäre der Mut, zu dem Jesus auffordert, indem er sagt: „Fürchtet euch nicht!" Bereits in der Genesis wird die „Furcht" erwähnt, die mit Gott in Verbindung gebracht wurde. Henoch war es, der den Menschen Vorstellungen und Begriffe wie „Furcht Gottes" oder „Gerechtigkeit Gottes" verkündete. Noch lange nicht geht es dabei um die LIEBE, die erst von Jesus der Menschheit bewusst gemacht wurde und jetzt mit der Öffnung zur nächst höheren Dimension umgesetzt werden muss. Denn seit Jesus Christus sind die Menschen an die Liebe voll bewusst angebunden, um darüber die Welt auf Gott hin transparent zu machen. Jesus schuf damit einen neuen Bund, das „Neue Testament".

Die Furcht sieht als Selbsterhaltungtrieb die Sicherheit des Selbstseins bedroht und ist von doppelter Bedeutung: als Sich-fürchten und als Befürchtung. Sich fürchten bedeutet dabei ein permanentes Streben nach Sicherheit. Dieses Streben nach Sicherheit gilt einerseits den Gefahren vom Außen, andererseits aber auch den Bedrohungen, die aus dem Inneren selbst kommen können. Das wird den Menschen vor allem bei Krankheiten oder Depressionen so erschreckend deutlich. Ähnlich wie bei vielen Geisteserkrankungen sind oft die Folgen ein beängstigendes Zumutesein oder das Gefühl eines Schutzlos-Ausgeliefert-Seins. Denn alle mühsam im Leben errichteten Autoprotektionen (Schutzmauern), scheinen zusammenzufallen und nicht mehr als Sicherungen zu greifen. Auch mit der Selbsterkenntnis auf dem Weg nach Innen sind oft große Ängste verbunden, die nur im Vertrauen auf Gott überwunden werden können. Diese sollte man aber als den Beginn einer Selbstheilung und Hilfe für eine *„Wiederganzwerdung"* sehen. Denn das Beängstigende auf dem inneren Weg ist ein verwirrendes Unwissen über die Ursachen der Furcht.

Hildegard von Bingen bezeichnet die menschliche Furcht als Feigheit und lässt sie im Dialog mit der Liebe Folgendes sprechen:
„Ich will nur ja keinem ein Leid zufügen, damit auch ich selber nicht ohne Trost und Hilfe bleibe. Jedem zum Gefallen will ich leben, damit ich nicht zu kurz komme; und für mich kommt mehr dabei heraus, auch mal zu lügen oder zu täuschen, als immer die Wahrheit zu sagen."
Die Antwort der Liebe:
„Ich mag kein Leben, das in der Asche liegt. Deine nichtigen Eitelkeiten der Welt begehre ich nicht. Nimm dagegen den Kampf gegen die alte Schlange auf, indem du stetig in Gottes Wahrheit verbleibst und dich mutig stellst."

Darum bezeichnet Hildegard von Bingen auch die Feigheit als Folge einer Verkümmerung des Herzens aus mangelndem Urvertrauen.„*Wenn nämlich solch ein verdorrter Mensch einmal vom Streben nach höheren Werten abgelassen hat, verfällt er in Feigheit. Töricht und aller Trefflichkeit leer lebt ein solcher Mensch dahin und hält sich in seiner Torheit noch für rechtschaffen und gut. Dabei sind die trägen und feigen Menschen ohne Vertrauen, weil die Geister der Feigheit die Menschen verleiten, weder Furcht vor Gott noch eine Sorge für die Mitmenschen für nötig zu halten. Denn die Feigheit strahlt nicht auf in der Furcht Gottes. Finster ist sie, weil durch dieses Laster das lebendige Gewissen und die Gnade verdunkelt wird.*"

Und Salomon spricht in diesem Zusammenhang:
„Der Anfang der Weisheit ist die Furcht des Herren".
Das ist so zu verstehen: Sobald nämlich der Mensch begreifen lernt, dass er von Gott erschaffen ist, beginnt er Gott zu fürchten. Was aber gefürchtet wird, das wird auch in Ehren gehalten. So entsteht die Ehrfurcht vor Gott. Durch die Furcht Gottes gehalten, fängt der Mensch an, gegen die Rechte des Fleisches einzuschreiten, so dass er die Sünde, die er tun könnte, unterlässt." (Anonymos)

Die Furcht wurde oft mit der „Tugend" des Gehorsams bemäntelt, aber Gehorsam aus Furcht ist nur die faule Frucht der Furcht, nämlich „Kadavergehorsam", während im Gegensatz dazu die Ehrfurcht vor Gott einer erkennenden reinen Demut entstammt. Wenn sich bei einem Menschen allmählich auch der Mentalkörper weiter entwickelt und die Selbsterkenntnis anfängt zu greifen, handelt es sich weniger um Furcht, sondern um mentale Befürchtungen, die ihre Ursachen im Gedächtnis, in Einbildungen, im Vorausschauen und in der Fähigkeit haben, sich in Gedanken etwas vorzustellen. Diese Befürchtungen sind schwer zu überwinden und können nur durch eine konsequente Selbsterkenntnis gemeistert werden. Auch hierbei führt nur *„eine schmerzliche Selbsterkenntnis zur Wiedergeburt des Geistes, und der Weg zur Vollkommenheit ist allein der Weg der Selbsterkenntnis, dass du blind, taub, arm und nackt bist. Nur solche Gefühle des Schmerzes über die eigne Unzulänglichkeit sind sichere Vermittler einer innerer Wandlung".*[113]

---

[113] Isaak der Syrier

Darum gehört Mut dazu, zu erkennen, wer man wirklich ist. Das ist auch der Grund, warum so viele Menschen den Weg der Selbsterkenntnis fürchten, weil sie davor zurückschrecken, ihre eignen Abgründe könnten sie verschlingen, was z.B. schizophren erkrankte Menschen in Phasen solcher Heimsuchungen immer wieder berichten. *„Denn jede Anfechtung naht in Form unwillkürlicher Phantasien oder Vorstellungen, die oft als „Hirngespinste" in unser Bewusstsein eindringen."* Theophanos beschreibt die Abwehr von Hirngespinsten wie folgt: *„Die beste und sicherste Fehde beruht darin, Hirngespinste bei ihrem ersten Auftreten sofort – wie mit einem Schwerthieb – abzuschlagen. Hast Du versäumt, den ersten Anschlag abzuweisen, hast du ihn zugelassen, und erregt der Feind bereits leidenschaftliche Regungen in dir, so mühe dich, solchen Regungen gute Gedanken entgegenzustellen. Bist du dagegen dabei, die eingedrungenen Vorstellungen zu genießen, so besteht ernsthaft die Gefahr, darin verloren zu gehen."*[114] – eine Beobachtung, die viele Drogenabhängige immer wieder durch ihr Suchtverhalten bestätigen. Hildegard von Bingen bietet als Maßnahmen gegen solche destruktiven Gefühlsregungen die Methode der „entgegenwirkenden mentalen Einstellung" an und bezieht sich dabei ganz klar auf alle latenten Neigungen, die im Mental- und Emotionalkörper bestehen.

Faulheit (Mentale Trägheit, Schlaffheit)

Gedankliche Trägheit beruht auf dem lethargischen Zustand des Mentalkörpers, sehr oft aber auch auf einem schwerfälligen Denkrhythmus bei sehr gefühlsbetonten Enthusiasten. Bei den meisten Menschen muss allerdings ohnehin der Mentalkörper überhaupt erst geweckt, intellektuelles Interesse entwickelt und die Macht der Gefühle durch die Herrschaft des Denkens ersetzt werden, bevor eine Verbindung zur Seele klar erkannt werden kann: Der Denkapparat muss benutzt werden, bevor man das Wesen der Seele über das Bewusstsein richtig versteht. Das Problem von Phlegmatikern, die den Mentalkörper noch nicht entwickelt haben, ist, dass sie meist neben dieser mentalen Trägheit noch besonders bei geistig unentwickelten

---

[114] Theophanos der Eremit

Menschen auch eine körperliche Schlaffheit haben. Diese betrifft mehr die Trägheit des gesamten niederen Menschen, die ihn daran hindert, in seinem Erkennen und inneren Streben überhaupt Fortschritte zu machen. Zwar weiß ein solcher Mensch theoretisch sehr wohl, welche Schritte er tun müsste, aber es besteht keine Übereinstimmung zwischen seinem Handeln und seinem Wissen, denn sein Wille ist noch nicht stark genug, um ihn vorwärts zu treiben. Das ist die eigentliche Faulheit, die im Christlichen Abendland als Sünde galt, weil mit der Faulheit jene innere Trägheit verbunden ist, die nicht gewillt ist, die Dinge zu Ende zu denken und nie ein Ziel wirklich anzustreben. Die Faulheit ist oft auch mit einer großen Mutlosigkeit verbunden. Aus dieser Selbstgefühlsschwäche heraus wird dann oft alles vermieden, was zu schwierig erscheint, zuviel Energie kostet und eventuell ein Fiasko zeitigt. Typische Folgen sind dafür die aus Bequemlichkeit und Antriebsschwäche entstehenden Unterlassungssünden, die Mitmenschen zur Weißglut bringen können und für den Faulen selbst Resignation zur Folge haben.

Gedankliche Trägheit kann nur durch ein ernsthaftes Bestreben nach Selbsterkenntnis überwunden werden, aber die Menschheit beginnt allerdings erst jetzt damit, den Mentalkörper überhaupt wahrzunehmen und richtig kennen zu lernen. Erst wenn das „vom inneren Menschen" begriffen worden ist, bedeutet es, das Wesen aller Hindernisse zu erkennen und dann mit der Beseitigung beginnen zu können. Von Loyola beschreibt den Weg wie folgt: „Zuerst müsse man die verschiedenen Regungen verspüren, die in der Seele verursacht werden. Dann sie erkennen, um ihre Herkunft und Zielrichtung zu verstehen und ein entscheidendes Urteil zu fällen, ob diese Gefühlsregungen konstruktiv oder destruktiv im eignen Leben wirken, um sie danach anzunehmen oder abzuweisen." [115]

In ganz ähnlicher Weise formuliert Bailey: „Zuerst muss man die Kontrolle über den Denkapparat erlangen. Wenn das erreicht ist, muss man damit beginnen, die Hindernisse durch Gegenströmungen unwirksam zu

[115] Ignatius von Loyola

machen; denn die Hindernisse sind die Folgen falscher Denkgewohnheiten und der missbräuchlichen Anwendung des Denkprinzips. Wenn man einmal diese falschen Denkgewohnheiten als die Ursachen erkannt hat, welche die Hindernis schaffenden Formen hervorbringen, dann können sie durch richtige Denkgewohnheiten ausgerottet werden." [116)]

Vor allem aber muss man die Bedeutung des Gesetzes von **Ursache und Wirkung** erkennen, es in voller Klarheit verstehen und aufhören, sich nur mit den Wirkungen zu befassen, die doch nur die Folgen von Ursachen sind. Denn allein die Ursache verfolgt unablässig ihr Ziel und bringt so in allen Manifestationen objektiver Formen eine Wirkung hervor, und das wird nur je nachdem erkannt, nämlich welche Qualitäten im wahrnehmenden Bewusstsein dafür vorhanden sind.

Der Mensch sieht zwar oft nicht, was er selbst ist, kann aber letztlich nur das am anderen Menschen wahrnehmen, was auch in ihm selbst entwickelt ist. „Splitter im Auge des anderen ist der Balken vor den eignen Augen". Wir können manche Lebensaspekte deshalb nicht erkennen, weil diese Aspekte in uns noch nicht zur Entfaltung gekommen sind. Zum Beispiel erkennen wir das Göttliche in unserem Mitmenschen deshalb nicht, weil wir mit dem Göttlichen in uns selbst noch nicht in Verbindung getreten sind und es uns darum unbekannt ist. Die meisten Menschen erfassen auch nur den äußeren objektiv wahrnehmbaren Form-Aspekt und dessen Begrenzungen und die Seele selbst bleibt ihnen darum verborgen. Erst in dem Augenblick, da wir mit unserer Seele verbunden sind, können wir auch die Seele der anderen sehen. Hierin finden wir die Erklärung für unsere Begrenzungen, aber auch die Verheißung auf das Ziel. Denn wenn eine latente Fähigkeit entfaltet wird, erschließt sie uns immer eine neue Welt und offenbart uns einen Gesamtplan des Lebens, einen Seins-Bereich, den wir bisher nicht beachtet haben, weil wir ihn nicht sehen konnten. Darum ist es notwendig, diesen Prozess der Seelenentfaltung ständig weiterzuführen, um latente Fähigkeiten zu entwickeln und die Wahrheit in ihrem ganzen Umfang zu erkennen. Denn die „Täu-

---

[116)] Alice Bailey a.a.O.

schung" oder das „Böse" bezieht sich immer nur auf die Form, auf das Gehäuse, auf die Materie, niemals auf die Seele selbst.

Wenn darum der Mensch von seiner Form eingeengt, eingekerkert und der klaren Sicht beraubt ist, hat allein nur die Illusion oder das Böse Macht über ihn. Wenn er sich dagegen seiner Seele bewusst ist, unbehindert durch Formen und frei von der Knechtschaft der Materie, dann ist das die Kraft guter Energien, die ihn bestimmen. Nur darüber und durch konsequente Selbsterkenntnis gelingt es, den niederen Menschen in sich zu beherrschen und kraft eines wachsenden Gewissens sich zu wandeln, dessen Ergebnis die Entfaltung einer inneren Wirklichkeit ist. Denn das Gewissen als urteilende Instanz im Menschen wächst nur durch eine genaue Erforschung der Ursachen, die allen Motiven, Wünschen, Bestrebungen und Gefühlen der emotionalen Astralebene zugrunde liegen. Erst danach entsteht durch das Erkennen, Deuten und Erklären über die sich daraus ergebenden Verhaltensformen eine Beziehung zum Geist. Da im Leben sich aber die beiden Koordinaten (horizontal / vertikal) ständig überschneiden und dadurch oft die fatalen Verwechslungen von Ursache und Wirkung zur Folge haben, entstehen so viele Missverständnisse und Täuschungen.

Täuschungen oder Lügen

Täuschungen – sich selbst und anderen gegenüber – bezeichnet Hildegard von Bingen kurz als Lügen. Sie sind ein weiteres Hindernis auf dem inneren Weg und entstehen in erster Hinsicht durch falsches Frage-Stellen. Es handelt sich dabei um Fragen, auf die man sich selbst die Antworten bereits gibt oder eigentlich gar keine wirklichen Antworten haben will. Dieses falsche Fragen kommt aus der Verwechselung von horizontaler Realität mit vertikaler Irrealität. Ursache dafür ist ein verdeckter Zweifel, der den Menschen verführt, die ewigen Wahrheiten in Frage zu stellen, die Existenz der fundamentalen Wirklichkeiten zu bezweifeln und die Lösung seiner Probleme im Flüchtigen und Vergänglichen, also allein im sinnlich Wahrnehmbaren zu suchen. Man könnte einen Zweifler vielleicht folgendermaßen beschreiben: Er ist ein Mensch, der nicht wahrhaben will, dass er selbst verantwortlicher Gestalter seines Schicksals ist. Er meint vielmehr, die Verantwortung für alle Probleme nicht in den Ursachen, sondern außerhalb seiner selbst suchen zu können. Zweifel an sich und an den Ursachen ist aber zugleich auch Zweifel an Gott als erster Ursache. Das beweisen die unseligen religiösen Streitfragen, die sich zwar nie um den gemeinsamen Kern aller Religionen drehen, sondern allein durch deren Manifestationen als konfessionelle Institutionen entstanden sind. Dieser täuschende Selbstzweifel führte auch in der Philosophie letztendlich so weit, selbst das Denken zu bezweifeln. Doch wenn man anfängt, selbst die Fähigkeit des Denkens in Frage zu stellen, sind damit praktisch alle Hilfsquellen für eine Erkenntnis der Wahrheit erschöpft. Von Loyola schreibt, dass *„die Verblendung eine Schädigung des Menschen durch die Lüge sei, denn alle Arten von Verblendung entspringen einem verkehrten Anwenden des Verstandes. Verblendung nährt allein Selbstgefälligkeit und geistigen Hochmut."*[117]

Hildegard von Bingen schreibt dazu:*„Es gibt ein Fragen, das richtig und gut ist. Es ist das Stellen von Fragen, von dem Christus sprach: „Bittet, so wird euch gegeben". Es sind Fragen nach den inneren Wirklichkeiten, um dann selbst die Antwort darauf über die Erkenntnis zu finden. Um vernünftig zu fragen und die Antwort zu finden, muss man sich zuerst von jeder von außen auferlegten Autorität freimachen, von allen Überlieferungen und von jedem Dogma, sei es religiöser oder wissenschaftlicher Art. Nur so kann die Wirklichkeit gefunden und die Wahrheit erkannt werden. Wenn du durch das Gestrüpp der Täuschungen hindurchgegangen bist, wirst du dich nicht mehr kümmern um das, was gelehrt wird oder gelehrt worden ist. Denn solange man sich mit der äußeren Form identifiziert, solange einem das niedere Bewusstsein in Knechtschaft hält, und solange man es ablehnt, sich vom materiellen Aspekt loszulösen, so lange werden alle Wahrnehmungen irrig bleiben. Die natürliche Folge davon ist die Unfähigkeit, richtig zu erkennen und die Dinge so zu sehen, wie sie in Wirklichkeit sind."*

[117] Ignatius von Loyola „Von der Verblendung des Verstandes"

Hildegard lässt die Täuschung gleichsam als Lüge sprechen:

„Wer wäre der, der immer nur Wahres sagen könnte! Wünschte ich allen Menschen Glück, würde ich mir selber ja nur schaden. Wer weiß schon wirklich, was Wahrheit ist, darum lieber ständig das sagen, was anderes behaupten; denn würden meine Reden immer das Gleiche sein, so fände man mich langweilig. So aber bringe ich immer neue Sprüche und verwirre damit alle, und keiner kann mir etwas anhaben." (Politiker: *„Was kümmert mich mein Geschwätz von Gestern!"*)

Die Wahrheit antwortet:

„Du höllisches Wesen ohne Gnade Gottes, da du immer neu die Flammen der Täuschung anfachst. Geschwätz und Betrug ist deine Lust, du nichtswürdiges Stück. Die Lüge ist die Dunkelheit des Todes, da sie der Schönheit des Wahren gänzlich entbehrt. Wer lügt, betreibt nicht nur dieses eine Laster, sondern verfällt auch allen anderen. Die Ursünde „Lüge" entstammte jener Speise, welche die an sich heile Natur des Menschen zur Sterblichkeit verwandelte. Mit dieser Speise schlief das gute Gewissen ein und das böse erhob sich zur Macht. Und wie schon bei der Unschuld der ersten Menschen die Verführung der Schlange stand, so reden nun auch alle Nachfahren lauter Lügen. Zwar bezichtigen sie das Leben selbst als Ursache für die Lügen und geben vor, sich mit Worten den Himmel verschaffen zu können, in Wirklichkeit setzen sie nur den Himmel mit solchen Täuschungen herab, indem sie den Menschen vorgaukeln, Gott zu preisen. Wer aber so handelt, der ist in Wirklichkeit tot, so tot, wie seine falschen Götzenbilder es sind."

Im *Enneagramm* wird die Untugend der Täuschung erfolgreichen Selbstdarstellern zugeschrieben, die ständig eine Rolle spielen und eine Maske über dem wahren Selbst tragen, die sie selbst nicht kennen, mit der sie sich aber selbst identifizieren. Als Beispiele werden amerikanische Fernsehprediger genannt, die sich mit der Vielzahl ihrer Rollen identifizieren. Bernhard von Clairvaux ergänzt die Sünde der Lüge noch mit dem Verhalten der Heuchelei und beschreibt diese als eine Art doppelter Täuschung: *„Solche Leute behaupten immer etwas, von dem sie wollen, dass man es nicht glaubt. Durch dieses falsche*

Bekenntnis wehren sie einerseits jede Zuweisung der Schuld ab und kor-
rumpieren zugleich ihre Mitmenschen, die Täuschung zu akzeptieren." [118]

Zerstreutheit

Sie ist ein weiteres Hindernis, das es auf dem Weg der Meditation zu überwinden gilt. Das damit gemeinte Verhalten des Denkens wird oft auch mit „Flatterhaftigkeit" bezeichnet. Es ist jener unbeständige mentale Zustand, der es so schwer macht, Konzentration und Aufmerksamkeit zu erlangen. Hildegard von Bingen spricht in diesem Zusammenhang von Unbeständigkeit und einem gedanklichen Umherschweifen: *„Satan hält die Menschen in ständiger Unruhe und überredet sie, ihre Gedanken und Lebensgewohnheiten ins Unstete zu wechseln. In dieser gedanklichen Unrast findet man weder einen rechten Anfang, noch bringt man etwas recht zu Ende. Solche Menschen werden vielmehr in ihrem Wankelmut wie ein unruhiges Gewölk durcheinander gewirbelt. Es handelt sich dabei um ein rastloses Suchen, was in die Irre führt. Überall sind solche Menschen auf der Jagd nach dem großen Unbekannten, um sich in ihrem Eigensinn und Hirngespinsten zu verfangen, da sie niemandem klarmachen können, was sie im Grunde eigentlich wollen; und in ihr Laster verbohrt erschaffen sie nur, was keine heilsame Ruhe einträgt.* Bernhard von Clairvaux spricht in diesem Zusammenhang von leichtfertiger Neugier: *„Solche Menschen lassen sich gern ablenken, weil ihre Gedanken und Blicke ständig umherschweifen und dadurch eine oberflächliche Leichtfertigkeit erzeugen, was zu albernem Geplapper und zu unvernünftigem Dahergerede führt und jede gedankliche Vertiefung unterbindet."*

Gedankliche Unaufmerksamkeit erzeugt Unfähigkeit zur Konzentration und das Unvermögen, die erreichte meditative Haltung beizubehalten. Von Clairvaux: *„So kommt es, dass der Geist durch das Herumschweifen der Gedanken leichtfertig wird, und das ist der Anfang jeder Sünde".* Hier hilft nur konsequente Beherrschung des Denkens, Selbstdisziplin in der Meditation und ständiges Nachdenken über das, was die Seele bereits erspürt und erkannt hat. Denn erst eine Läuterung

---

[118] Beispiel: „Das steht dir aber wirklich gut, du siehst um Jahre jünger aus!"

im Mentalkörper bewirkt die Fähigkeit, beständige Konzentration zu entwickeln und auszuüben. Die Gedanken flitzen dann nicht mehr umher, das Denkvermögen wird beherrscht und ist dadurch empfänglich für höhere Eindrücke. Man verspürt plötzlich das Wesen der Seele, und in geistiger Schau erblickt man die wahre Wirklichkeit, die man selbst ist, und man versteht die Wahrheit der Worte Christi, dass *„diejenigen, die reinen Herzens sind, Gott schauen werden".*

Neid

Wurzel allen Übels ist bekanntlich der Neid, aus dem sich alle Untugenden heraus entwickeln. Der Neid gehört in die Gefühlsregungen des Egoismus, des Machtstrebens und des Geltungsdranges und ist in seiner Antriebsgestalt verbunden mit der virtuellen Gebärde des Wegnehmen-Wollens. Im Neid schwingt immer auch eine Form der Eifersucht mit, ein anderer Mensch könnte erfolgreicher, besser und attraktiver sein, und diese Vorstellung verletzt zutiefst das Geltungsbedürfnis eines Neiders. Es ist das nagende Gefühl beim Anblick dessen, was ein anderer Mensch an Werten in Händen hat und was als Versagung des eigenen Haben-Wollens registriert wird. Darum erstreben neidische Menschen ständig, etwas Besonderes zu sein, um dadurch die Aufmerksamkeit von ihrer eignen Nichtigkeit abzulenken, was bekanntlich zum ersten Mord in der Menschheitsgeschichte zwischen Kain und Abel führte. *„Der Neidische bemüht sich nicht darum, besser zu sein, sondern besser zu scheinen, um sagen zu können: Ich bin nicht wie die übrigen Menschen"* (B. von Clairvaux). Der radikalste Neid ist darum auch der Existenzneid, der nicht auf ein Gut des anderen Menschen, sondern auf sein lebendiges Wesen selbst gerichtet ist. Er verhindert völlig den Zugang zur Seele, weil das eifersüchtige Schielen auf die Fortschritte bei anderen eine dauernde Unzufriedenheit erzeugt, die eine Überwindung der Hindernisse im Gefühlsbereich und im Denken völlig blockiert. Gegenpol des Neides ist die Bewunderung. Nur über staunende Bewunderung und demütige Verehrung kann man das, was man beneidet, in ein Geschenk ummünzen, indem man in demütiger Betrachtung dankbar ist, am Bewunderten teilhaben zu dürfen.

Goethe verkürzt diesen Gedanken, indem er sagt: *„Um den Umgang mit einem Genie zu ertragen, hilft allein nur, es zu lieben."*

Befreiung und Überwindung der Hindernisse und Verhaftungen in den Bereichen Physis, Gefühls- und Mentalbereich

Um einen bewussten Kontakt mit der Seele herzustellen, und so alle spirituellen Fähigkeiten sichtbar zu bekunden und über die Seele Botschaften[119] zu empfangen, muss die niedere psychische Natur überwunden werden. Dadurch wird nicht nur der Weg nach Innen gefunden, sondern der Mensch wird selbst zum Weg werden. Indem der Mensch sein Verlangen und begriffliches Denken unter Kontrolle bringt und sich durch Leidenschaftslosigkeit von allen seinen Stimmungen, Gefühlen, Sehnsüchten und Gelüsten befreit, mit denen er sich ständig identifiziert, kann der Zustand inneren Friedens und einer wahren „Gelassenheit" erreicht werden. Er ist dann nicht mehr nur das, wozu ihn sein physischer Körper macht, wenn er sich mit diesem allein identifiziert. Seine Wünsche veranlassen nicht mehr sein „Fleisch" zur Tätigkeit, wobei seine Seele keine „Macht" mehr über ihn hat, weil der Mensch ein so buntes „Gewand aus Bildern" trägt. Es sind die Wünsche seines Lebens, die er hinter sich wie eine Schleppe aus Flitter herzieht und die von Tag zu Tag immer schwerer wird und ihn hindert, auf dem inneren Weg voranzuschreiten und sein Ziel, die Seele, zu erreichen.

Dieses Ziel einer spirituellen Transparenz kann nur durch eine absolut konsequente Selbsterkenntnis erreicht werden, und das heißt: Ein Mensch muss sich so erkennen, wie er wirklich ist. Der Grund, warum so viele Menschen auf Erden mit Blindheit geschlagen

---

[119] Dr. Vladimir Delavre: „Transkommunikationen sind objektiv nachweisbare Paraphänomene, deren Grundlage eine bisher ungeklärte Anomalie in den Funktionen elektronischer Kommunikationssysteme ist. Der Kontakt kommt durch kreative tiefere Schichten früherer Existenzen zustande."

sind, liegt daran, dass sich die Menschen nur den vergänglichen Dingen zuwenden und darin stecken bleiben. *„Viele hat auch die verfluchte „Wissenschaft der Welt" entwurzelt, den inneren göttlichen Geist erstickt und das wahre Leben erwürgt. Wer ohne Erkenntnis das Heil sucht, der ist krank und töricht und er müht sich im Leben vergebens ab."*[120] Denn nur ein Mensch, der sich wahrhaft erkannt hat, begreift auch das wahre Wesen der Seele und identifiziert sich mit der inneren Wirklichkeit und nicht mehr mit den äußeren Formen. Er erlangt geistiges Bewusstsein und erwacht zum Erkennen des innewohnenden Gottes. Wenn dann sein Denken in zunehmendem Maße die meditative Haltung der Seele annimmt, unterwirft sich auch das Bewusstsein immer mehr dem Denken, so wie sich das Denken dem Geheiß der Seele unterwirft. Auf diese Weise identifiziert sich der niedere Mensch allmählich mit dem höheren geistigen Menschen in sich selbst. Lorber schreibt dazu in „Enthüllung des Schöpfungsplanes": *„Nur die Seele ist in ihrem freien Zustand allein imstande, alle ihre Vorstufen in den Inkarnationen* (Involutionen) *zu durchschauen, so dass der Mensch erkennen kann, was Gottes Kräfte vermögen; denn das ist der in sich schaffende Weltgeist, der erkennen lässt; denn Erkenntnis ist die Bedingung – Liebe die Lösung."* Ziel der Bewusstseinsentwicklung der Menschheit im neuen Äon wird es darum sein, eine „Transparenz des Bewusstseins" anzustreben, die nur durch eine Höherpotenzierung der Frequenzen über den Ätherkörper erreicht werden kann.

Das Ziel solcher Bestrebungen ist es, mit der Seele wieder in Verbindung zu kommen, die Seele zu erreichen und dafür die Hindernisse auf dem Weg zu ihr zu beseitigen. Die Vision der Seele selbst gibt den notwendigen Antrieb für Entschlossenheit und Ausdauer, der für die Beseitigung aller Hemmnisse erforderlich ist. Das ist auf dem Inneren Weg immer mit Leiden verbunden, weil es sich bei der Überwindung um das Loslassen, den „Verlust" aller Gefühlsreaktionen im Leben handelt. Zuerst muss man dabei die Verhaftungen an die „Niederungen der eignen Gefühle" erkennen, dann sich zu ihnen bekennen, um sie endlich zu überwinden. Sie alle sind dem Hochmut des Ich und dem Eigenwillen zuzuordnen und sind jene Verhaltenswei-

---

[120] Jakob Lorber a.a.O.

sen, die den Menschen an der wahren Erkenntnis hindern, weil sie ihn dazu verführen, sich mit dem „Niederungen" seiner Wünsche und Gefühle zu identifizieren und die göttliche Wirklichkeit darüber zu vergessen. *„Ach wie erbärmlich ist doch jener, dessen Geist nur die zeitlichen Dinge mit seiner Eigenliebe umfängt. Nichts ist sicherer in der Welt als der Tod, was ungewisser als seine Stunde! Weshalb begehren wir dann die zeitlichen Dinge, die wir für eine so ungewisse Zeit besitzen? Warum sind wir so verblendet und gestatten dem Geist, sich in nichtigen und nutzlosen Dingen zu ergehe, anstatt Gott in der Seele zu lieben? Wir sind so leicht zu verführen, schwach im Widerstehen und furchtsam im Handeln. Darum lasst uns in steter Beschauung unser Herz erproben und unser Elend tapfer ertragen."*[121]

Eines der größten Hindernisse auf dem Inneren Weg ist die Unwissenheit. Sie ist der Zustand, in dem das Ewige nicht erkannt und immer verwechselt wird mit dem Vergänglichen und Leidvollen. Unwissenheit ist das Gegenteil von Erkenntnis, und zwar Unkenntnis im Sinne von ungläubigem Wissen oder Nichterkennen. Unwissenheit über das wahre Wesen der Seele ist die Ursache dafür, dass sich der Mensch allein mit den äußeren Wahrnehmung identifiziert, mit allem, was nur die Sinne wahrnehmend registrieren und was im Bewusstsein als einzige Realität erlebt wird. Dieser Zustand der Unwissenheit ist kennzeichnend für alle jene Menschen, die noch nicht unterscheiden können zwischen dem Wirklichen und dem Unwirklichen, zwischen Tod und Unsterblichkeit, zwischen Licht und Finsternis und zwischen Materie und Geist. Das ist die Begrenzung des Geistes selbst: „Gegen Dummheit kämpfen Götter selbst vergebens!" Zwar wird jede Seele im Menschen als *Tabula rasa* blind und empfindungslos in einen Zustand völliger Unbewusstheit hineingeboren, muss sich aber im Laufe des Lebens alles dessen bewusst werden, was sich auf der horizontalen und vertikalen Bewusstseinsebene anbietet.

Bewusstwerdung bedeutet dabei, dass die Erkenntnis von der Liebe durchdrungen wird, weil allein die Liebe erst eine wahre

---

[121] Bonaventura von Bagnoregio a.a.O.

Erkenntnis ermöglicht. Niemals aber wird eine Erkenntnis die Liebe durchdringen, weil Erkenntnis immer an ein *Ich* gebunden bleibt, die Liebe dagegen sich auf kein Ich beruft. Die Erkenntnis ist immer nur eine Voraussetzung für eine bewusste Umsetzung des Erkannten in Liebe, wobei die Erkenntnis zwar das schönste vorstellbare Bild der Liebe entwirft, ohne es aber jemals ohne diese die Liebe selbst sein zu können. Wie die Liebe der Menschen bedarf, um auf Erden zum Ausdruck kommen zu können, so bedarf die Erkenntnis der Liebe, um ihre eigene Erfüllung zu finden. Denn Erkenntnis macht zwar die Bilder transparent, aber erst die Liebe kann sie aus ihrer Gebundenheit erlösen. Der Sieg der Liebe ist dabei ihre ständige Verwundbarkeit, vor der sich die Erkenntnis am meisten fürchtet. Denn wahre Liebe ist immer Ausgeliefertsein und niemals Sicherheit, so wie sie die Erkenntnis scheinbar bietet und doch vergebens erhofft.

Zu Beginn jeder menschlichen Bewusstseinsentwicklung erfolgt immer eine ausschließliche Identifizierung mit der Welt der Erscheinungen. Diese alleinige Benutzung der nach Außen gerichteten Wahrnehmungsorgane erstreckt sich bei manchen Menschen bevorzugt über das ganze Leben. Sie verbringen ihr von keinerlei „Gedanken getrübtes Dasein" in einer Art „Vorhalle des Nicht-Wissens". Im Gegensatz zu diesen Menschen erfolgen im Leben anderer zuweilen längere Perioden von Überdruss, Zweifel, Ruhelosigkeit oder Krankheit. Im Suchen nach den Ursachen ihrer Leiden entdecken diese Menschen dabei die Selbsterkenntnis als mögliche Hilfe. Diese Menschen verbringen ihr Leben in einer Art „Halle der Belehrung". Wahre Erkenntnis, Bewusstseinserweiterung und Identifizierung mit dem geistigen Menschen kennzeichnet hingegen jene wenigen Menschen, die es in ihrem Leben bis in die „Halle der Weisheit"[122] gebracht haben, dessen Tor für die Befreiung aus allen Fesseln der Verhaftungen allein die Selbsterkenntnis ist. Denn nur sie kann die Unwissenheit beenden, weil über sie alle Verhaftungen entlarvt werden und eine totale Bindung an alles bloß Wahrgenommene nicht mehr weiter bestehen kann.

---

[122] Alice Bailey a.a.O.

Erst dann beginnt die große Befreiung. Denn um sich zu befreien, muss ein Mensch zuerst seine „Fesseln" kennen lernen. Es sind die bereits beschriebenen Verhaftungen an den physischen Körper mit seinen fünf Sinnen, den „endothymen Grund" oder Astralbereich mit seinen Gefühlen und Leidenschaften und nicht zuletzt an den „Kortikalen Oberbau" oder Mentalbereich mit allen verstiegenen Denkmöglichkeiten. Es sind alle Verhaftungen, über die sich ein Mensch in der Welt identifiziert. Diese entstehen über die Berührungen mit der Welt, die das individuelle Leben eines Menschen bestimmen und prägen. Durch die Gabe der Unterscheidung, der *discretio*, kann jedoch das Selbst, die Seele, zum bestimmenden Faktor im Leben eines Menschen werden. Erst wenn der Prozess einer Loslösung im Gange ist, kann der Mensch überhaupt den wahren Weg nach Innen beginnen, an dessen Ende eine Verbindung mit der Seele gespürt und das Ich an den ihm zukommenden Platz verwiesen wird.

„Wenn eine Seele, von tiefstem Verlangen nach Gott bedrängt, sich selbst übersteigt und sich angewöhnt hat, in der Zelle der Selbsterkenntnis zu verweilen, um das Erkannte in Liebe umzusetzen, erlangt sie auf diese Art und Weise die Wahrheit, die nur in der Selbst- und Gotteserkenntnis gründet. Wobei die Unterscheidungsgabe (discretio) die notwendige Voraussetzung für Selbsterkenntnis ist, aus der die wahre Demut hervorgeht, welche die „Nährmutter der Liebe ist". [123]

Das Ich besitzt in seiner Denkfähigkeit nicht nur ein Mittel, um Kenntnisse und Wissen anzuhäufen, sondern auch Erkenntnisse zu erlangen. In den westlichen Kulturen besteht dabei überwiegend die Auffassung, dass das Denkvermögen primär dazu diene, sich Kenntnisse zunutze zu machen. Es ist jener *Vorgang, bei dem man sich die Dinge durch den Kopf gehen lässt*, um Probleme allein durch Gedankenarbeit zu lösen. Im Gegensatz dazu ist es der verborgene tiefere Sinn aller spirituellen Schriften des Ostens, eine höhere Bedeutung als die rein *buchstäbliche* zu vermitteln und hinter den „Buchstaben stehende Wahrheiten" zu suchen und zu erkennen; denn das normale

[123] Caterina von Siena, „Gespräch von Gottes Vorsehung"

Auffassungsvermögen der meisten Menschen bedingt noch lange nicht auch schon eine tiefere Erkenntnis. Nach den „Häusern" der Therese von Avila[124] befinden sich solche Menschen im ersten Haus der „Inneren Burg" und sind noch völlig den „Angeboten der Welt" ausgeliefert. Diese Menschen begnügen sich mit einem „wörtlichen Verstehen oder reinem Buchstabenwissen" (z. B. Zeugen Jehovas), was etwas ganz anderes ist, als eine innere Einstellung und ein erfassendes Verstehen einer tieferen Bedeutung. Genau das ist in den östlichen Kulturen der Fall, wo man im Denkvermögen mehr ein „Organ der inneren Wahrnehmung" sieht, um darüber zum richtigen Verstehen der Welt zu gelangen. Das bedeutet, dass jeder Mensch über Logik und Vernunft noch andere Anwendungsarten im Denkvermögen besitzt, nämlich auch Eingebungen und Willensimpulse der Seele zu erfahren und zu empfangen. Liebe ist allerdings dabei die einzige Antwort darauf, weil nur darüber das wahre Erkennen einer anderen „Wirklichkeit" möglich ist. Mit ihrer Hilfe kann man sich *entschieden gegen alle Identifikationsversuchungen im Leben stellen*.[125] Die Liebe bietet die einzige Möglichkeit an, den verhängnisvollen einseitigen Identifikationen mit einer „objektiven realen Welt" im Äußeren zu entgehen. Darüber hinaus besitzt das Denkvermögen noch die weitere Möglichkeit, von der Seele als ein Organ des „Schauens" benutzt zu werden und über Intuitionen, Phantasien, Kontemplation und Meditation mit dem Reich der Seele in eine immer engere Verbindung zu kommen.

Denn alles Leid und alle Sorgen werden im Leben nur dadurch verursacht, dass sich der Mensch allein mit der für ihn „objektiv" wahrnehmbaren Realität identifiziert, anstatt sich vom Reich der äußeren Sinne loszulösen und sich als den zu erkennen, der nicht das ist, was gesehen, berührt und gehört wird. Erst dann kann ein Mensch sich frei machen von allen Begrenzungen der Form und auch im Leben ein Wahrnehmender der „anderen Wirklichkeit" werden. Nur darüber kann auch das innewohnende Leben, das Wesen der Dinge, mit erfasst werden. Denn allein das „Sein" ist die essentielle Wirklichkeit,

---

[124] Siehe Anhang: Therese von Avila, „Die innere Burg"
[125] Liebe ist die einzige *conditio sine qua non*. Denn nur mit Liebe ist keine Identifikation mehr möglich (Anonymos).

nicht das „Dasein". Die Seele erkennt das und besitzt die Fähigkeit, mit diesem „Christus-Prinzip" in Berührung zu kommen. Gedankenimpulse sind mentale Wellen oder Gedankenschwingungen, die zwischen einem Sinn und der reinen Wahrnehmung eine bewusste Verbindung herstellen können. Allerdings auch unabhängig von solch bewusst empfundenen Vergegenwärtigungen kann der Mensch „Wahrnehmungen" erfahren; so handelt es sich z. B. im Schlaf nicht um das Einschläfern von Gedankenimpulsen, sondern lediglich um ein Abschalten der äußeren Sinneskontakte zur wachen Realität, denn im Schlafzustand ist der Mensch durchaus für Träume, Halluzinationen oder Eingebungen aufnahmefähig.

Um nun zur Überwindung aller Hindernisse zu gelangen, erfolgt zuerst eine Koordinierung des physischen und ätherischen Körpers, um eine Gleichschaltung mit der Seele zu erreichen, denn „Reinhaltung" oder Läuterung betrifft alle vier Körper, die wir unterscheiden:

a. Äußere Reinheit – physischer Träger – dichter und grobstofflicher Körper
b. Innere Reinheit – Ätherkörper
c. Psychische Reinheit – Astralkörper – emotionelle Reinheit
d. Mentale Reinheit – Mentalkörper – Reinheit des Denkens

Dabei betrifft die „Reinheit" jeweils die Substanz, aus der ein jede dieser Hüllen besteht. Die äußere Reinigung erfolgt durch Aussonderung der unreinen Substanz in der Physis und Schutz vor weiteren Verunreinigungen. Die innere Reinigung beginnt mit der Beherrschung aller triebhaften Begehrungen, der Läuterung emotionaler Wünsche und der Kontrolle gedanklicher Verhaftungen, die den freien Ausdruck des Geistes beeinträchtigen und ihn an die Form binden. Im Abendland sind die Grundsätze der äußeren Reinheit und der Hygiene hinreichend bekannt und werden weitgehend befolgt, die inneren Anforderungen dagegen fast gar nicht. Im Orient hingegen sind die Richtlinien für die innere Reinheit viel bedeutungsvoller und veranlassen die östlichen Kulturen zur berechtigten Kritik westlicher

„amoralischer" Verhaltensweisen. Würden beide Systeme zusammen-
gefasst werden, bedeutete das eine beträchtliche Intensivierung auf
dem Pfad der Läuterung.

Physis – Überwindung der Körperhindernisse

Basis aller Wahrnehmungen sind bekanntlich die fünf Sinne, die
Wahrgenommenes über das Nervensystem an die „Empfangsstation
Gehirn" weiterleiten. Wertende Instanz ist dabei der Gefühlsbereich
und über den Mentalbereich erfolgt dann die Einordnung alles Wahrgenommenen und Gewerteten in die Strukturen der Gesellschafts-
systeme. Das Denkvermögen wird dabei von den meisten Menschen
fast ausschließlich dazu genutzt, alles Wahrgenommene lediglich als
Informationen an das Ego weiterzuleiten, um diese intelligent zu
begreifen und nutzbringend einzuordnen. Gerade diese einseitige
Anwendung des Denkvermögens bestärkt das Ich in seinen diesseitigen Bestrebungen, den Sinn des Lebens nur darin zu sehen, sich „die
Welt untertan zu machen".

Bei der Überwindung der Hindernisse, die von Körper ausgehen,
handelt es sich um alle „Antriebserlebnisse des lebendigen Daseins".[126]
Diese umfassen sämtliche Gelüste, die ein Mensch im Verlauf seines
Lebens entwickelt hat. Das gilt bereits vom Zustand der Menschen in
der frühesten Epoche bis hin zur heutigen Menschheit. Es sind alle
Strebungen auf der triebhaften Ebene des Vitalgrundes. Diese Art des
Verhaftenseins ist die Basis allen menschlichen Seins und wurzelt in
der naturgegebenen Verkettung zwischen den beiden Gegensätzen
von Geist und Materie. Es ist eine automatisch sich ständig selbst
erneuernde und selbst-erhaltende Kraft und darum auch eines der
stärksten Hindernisse, das es zu überwinden gilt. Dieses entsteht durch
eine falsche Identifizierung der Seele mit dem Körper, so dass der
Mensch diese „Durchdringung" als sein eigentliches Dasein begreift.
Diese alleinige Identifizierung mit dem Körper ist auch die Grundursa-
che für Schmerz und Leiden und führt zu Trübsal, Bitterkeit und Trau-

---

[126] Phillip Lersch a.a.O. siehe Anhang S.117

rigkeit. Eine bewusste und erkennende Verbindung mit der Seele führt dagegen über ein verständnisvolles Begreifen zur Überwindung von Leidenssituationen. Denn für die Seele selbst gibt es keinen Schmerz oder wirkliches Leiden. Häufig hat sie gar keine Kenntnis von den weltlichen Ereignissen und Problemen, deren Schwingungen ohnehin nicht hoch genug sind, um in jene Ebene einzudringen, auf der die Seele weilt. Falls jedoch eine solche Kenntnis vorhanden ist, widerfährt der Seele eher das Gefühl einer „verlorenen Gelegenheit" und eher ein Gefühl der Vereitelung einer möglichen Chance. Dabei darf niemals das normale Gefühlsleiden der Menschen mit dem „Leiden Christi" verwechselt werden. Denn dieses hat nichts mit persönlichen Gefühlsreaktionen zu tun. Wir gebrauchen zwar die gleichen Worte, in Wirklichkeit bedeuten die Leiden Christi *losgelöste und isolierte Identifizierung*.

Der befreiende Fortschritt für die Seele besteht darin, dass sich der Mensch von den Sinnesobjekten allmählich bewusst distanziert und loslöst, bis endlich die Zeit kommt, da er alle Dinge, an denen er verhaftet war, ausgeschöpft hat, nämlich wenn das gesamte Leben für einen Menschen „gleich-gültig" wird, weil sich sein Verlangen nach Innen und nicht mehr allein auf die Erfüllung äußerer Dinge richtet. Beim Ausschöpfen aller weltlichen Dinge sind wir leichtfertig geneigt, ein solches Leben als ein „erfülltes" zu bezeichnen. Es ist aber eher das Gegenteil. Um dieses Anhangen an seiner animalischen Natur zu überwinden und das Verlangen abzutöten, kann der Mensch nichts anderes tun, als die Kraft zu entfalten, um ständig gegenzusteuern und das Gleichgewicht wieder herzustellen, so dass er nicht mehr allein von den Bedingungen des Vitalgrundes gefesselt wird. Das Ziel ist erreicht, wenn alle Begierden kontrolliert und beherrscht sind. Denn dann bestimmt nur noch das höhere Selbst aus seiner eigenen Ebene heraus das Leben. Es fließt dann keine Energie mehr in die Welt und ein Verlangen danach stellt sich nicht mehr ein. Die durch die Physis bedingten Hindernisse sind verschiedener Art und müssen zuerst erkannt werden, um sie dann überwinden zu können.

1. Körperliches Unvermögen ist oft dabei ein ernst zu nehmendes Hindernis, das sich allein auf den physischen Körper bezieht. Darum muss zuerst überprüft werden, ob der physische Träger den Anforderungen gewachsen ist, die an ihn auf dem inneren Weg gestellt werden. Es müssen Maßnahmen getroffen werden, um dafür optimale Bedingungen zu schaffen.

Der Körper sollte dafür durch gründliche Beseitigung vorhandener Krankheiten, Schwächen und Unpässlichkeiten immun gemacht werden. Das betrifft die äußere und innere „Reinhaltung" der Bahnen für alle Energien. Das bedeutet, neben einer natürlichen Hygiene auch eine gewisse Askese in der Ernährung, vor allem aber eine absolute Abstinenz von Alkohol, Tabak oder Drogen, die eine totale Verunreinigung nicht nur des physischen Körpers zur Folge haben, sondern auch zu einer totalen „Verschmutzung" und Lähmung des Ätherkörpers führen. Denn jede „Hülle" hat Konsistenz, und auch diese muss rein gehalten werden. Genauso wie der physische Körper sind auch der Astral- und der Mentalbereich von Eintrübungen und Unsauberkeiten betroffen, wobei die feinere Materie dieser Körper vor allem von negativen gedanklichen und gefühlsmäßigen Einstrahlungen erreicht wird. Bis jetzt weiß man nur wenig über diese Kräfte, die vom Menschen ausstrahlen oder auf seinen Körper einwirken, weil das, was man bewusste Läuterung nennen könnte, heute noch in den Kinderschuhen steckt. Ziel muss darum eine Stärkung, Erweckung und Entfaltung der Zentren (Chakren) im Ätherkörper sein.

Im Westen erscheint es besonders notwendig, das „Augenmerk" hauptsächlich auf Fragen der „inneren Reinheit" zu richten. Das hat weder etwas mit Moral noch mit Psychologie im üblichen Sinn zu tun. Es handelt sich dabei vielmehr um das Erkennen der Gesetze des geistigen Lebens. Der westliche Mensch muss lernen, dass es um die Beherrschung der niederen psychischen Natur geht, was letztendlich erst einen echten religiösen Zugang ermöglicht. Denn je feiner und reiner die ätherischen Lebensträger sind, desto stärker reagiert auch sein Nervensystem auf alle spirituellen Eingaben und Intuitionen.

Dadurch wird der Sinn für innere Werte geschärft und auch der physische Körper wird feinfühliger und empfänglicher für feinstoffliche Energien. Diese Sensibilisierung kann auch durch jede Form von Enthaltsamkeit unterstützt werden. Denn Enthaltsamkeit ist das Gegenteil von Ausschweifung oder zügelloser Sinnenlust, die reine Vergeudung von Lebensenergien ist und zu einer totalen Schwächung des physischen Körpers führen kann. Ein zügelloser Mensch verkennt meist die Bedeutung der schöpferischen Vitalität, kann darum den niederen Begierden und Lüsten nicht widerstehen und verliert so Kontrolle und Selbstbeherrschung. Eine solche Nichtbeachtung der Erhaltung der Energie hat immer den Verlust der nötigen Kräfte für den inneren Weg zur Folge.

Der Satz von der „Erhaltung der Energie" gilt bekanntlich im gesamten Universum als Prinzip aller Umwandlungsprozesse. Auf den Menschen angewandt, ist es die Umwandlung des Vitalprinzips seiner dynamischen Manifestation in spirituelles Bewusstsein: Eine enthaltsame Lebensweise erhält und konzentriert dabei die Energie durch eine bewusste Umwandlung auf der Mentalebene. So kann z. B. die Energie, die in den niederen Lebensbereichen nur vergeudet wird, in ein schöpferisches Werk umgewandelt werden. Erst wenn auch die Sinneswahrnehmungen verfeinert und die Schwingungen des Ätherkörpers richtig eingestellt sind, können auch die anderen Körperfunktionen völlig kontrolliert werden. Die Beherrschung der Organe ist dabei ein unerlässliches Erfordernis, was zu einer beständigen Disziplinierung des physischen Körpers führt.

Zur Erweckung und Entfaltung dieser Lebensströme bietet sich in einer ersten Entwicklungsphase der Hatha Yoga an, um gewisse Voraussetzungen für ein späteres Stadium der Meditationen zu schaffen. Die Energieströme werden dadurch im Körper in Ruhe und Harmonie gebracht, und das ist für die weiteren Entwicklungen notwendig. Es handelt sich dabei um die Beherrschung der Lebensströme des physischen und ätherischen Körpers. Die Beherrschung der Energieströme bringt also den ganzen niederen Menschen zuerst in einen

Zustand, in welchem er auf den inneren antreibenden Faktor empfangend reagiert, um dann in einen Zustand völliger Ruhe zu kommen. Letzterer ist ein Zustand empfänglichen Wartens und buchstäblich die Öffnung einer neuen Schwingungsfrequenz, über die höhere Energien einströmen, die vom geistigen Menschen empfangen werden und ganz bestimmte Bewusstseinsveränderungen hervorrufen.

2. Ein weiteres, vom Körper ausgehendes Hindernis, das es zu vermeiden gilt, sind falsch angebrachte körperliche Aktivitäten. Jeder innere Unruhezustand wirkt sich auf der physischen Ebene oft als sinnloser Aktionismus und verkrampftes Suchen nach Lösungen aus. Das kann man auf allen Gebieten des Lebens beobachten, wofür gegenwärtig jene aggressiven und verspannten Bemühungen in der Welt so charakteristisch sind. Diese innere oft chaotische Unruhe ruft im Ätherkörper eine falsche Lenkung der Energieströme hervor und ist die Ursache für die meisten physischen und psychischen Erkrankungen.[127] Durch Stress kommt die Lebenskraft in Turbulenzen und kann nicht richtig durch die Chakren fließen und im Körper zirkulieren. Eine Lösung dieses Problems läge darin, sich innerlich intensiver auf eine rhythmische Lebensweise zu konzentrieren, um sich auf eine harmonische Angleichung der feinstofflichen Energien mit dem physischen Körper einzustellen.

Im gesamten Entwicklungsprozess auf dem inneren Weg kommt es zuweilen auch im Körper zu heftig verspürten Umwandlungsphasen. Eines der häufigsten Transmutationssymptome ist Erschöpfung. Es ist wie ein Ausbrennen (burnout-Syndrom), und ein davon Betroffener empfindet oft eine solche physische Aktivierung, als würde im Nervensystem eine „Sicherung" durchbrennen oder als würde man eine handfeste „Grippe" durchmachen (Kundalini Yoga). Dabei handelt es sich um einen ganzen Komplex von Beschwerden, auf die der Emotionalkörper reagiert, so als würde er quasi „entkleidet", ausgeräuchert und umgeformt. Man will im wahrsten Sinne des Wortes „aus seiner Haut fahren". Diese Phänomene sind aber ganz normal und

---

[127] Rüdiger Dahlke / Thorwald Dethlefsen, „Krankheit als Weg"

natürlich, weil der physische Körper seine zellulare Struktur neu ord-net.[128] Die subatomaren Teilchen haben begonnen, sich wieder auf die Kräfte des Lichtes auszurichten und streben dabei die Reduzie-rung der bisherigen Frequenzdichte zu Gunsten einer Höherpoten-zierung aller Frequenzen an, um auch die physikalische Realität neu zu ordnen – das führt zu Irritationen. Aber jeder Transmutationspro-zess ist ein Heilungsprozess, über den allein der Mensch ein höheres Schwingungsfeld erreicht. Wichtig und hilfreich ist bei diesem Prozess eine freiwillige Zustimmung des „Patienten".

Hinter einem solchen physischen „Zusammenbruch" verbirgt sich häufig auch eine existentielle oder spirituelle Krise, denn es handelt sich immer zugleich um eine Ich-Entgrenzung, bei der es in einer trans-zendenten Erfahrung der Einheit immer zu einer Begegnung mit dem Numinosen kommt, die das Ich-Bewusstsein transformiert. Die „Verkör-perung des Geistes"[129] ist das einzige Tun, mit dem man beitragen kann, dass dieser Prozess effizient und glatt abläuft. Eine Gefahr besteht allein darin, dass man sich von der neuen „spirituellen Bedeut-samkeit" ablenken lässt und sich in der „Großartigkeit" des neuen Seinszustandes selbst übersteigt und dadurch das eigentliche Ziel aus den Augen verliert. Denn der Mensch ist auf Erden der lebendige Aus-druck des Geistes; nicht was er tut, zählt, allein nur, was er ist. Auch hier-bei hilft nur das Unterscheidungsvermögen, sich selbst zu hinterfra-gen, und dazu gehört viel Mut. Hauptaufgabe des Ätherkörpers ist es dabei, als Anreger und Energiespender für den dichten physischen Kör-per zu wirken, der selbst kein unabhängiges Dasein hat, sondern nur in dem Maß tätig ist, wie er vom Ätherkörper beeinflusst und angetrieben wird, weil der physische Körper kein autonomes System, sondern in genauer Übereinstimmung mit dem Ätherkörper aufgebaut ist.

---

[128] „E.T.101": In dieser etwas salopp beschrieben „Kosmischen Bedienungsanweisung" wird in diesem Zusammenhang nur lakonisch vermerkt: „... Schenken Sie diesen Syndromen wenig Beachtung, weil der Emotionalkörper genau auch wie der Mentalkörper ständig herumnörgeln, denn wenn er mitbekommt, wie der Geist das Kommando übernimmt, bekommt er Angst, dass er nun gefeuert wird, und teilt Ihnen mit, er leide an lebensbedrohlicher Verwirrung. Schließlich werden zwei-fellos das Ego und die Persönlichkeit mit einer wahren Litanei von Klagen auf den Plan treten – hören Sie gar nicht hin – Ihr altes Leben stirbt ab, Ihr neues Leben tritt nach und nach in Erscheinung. Dieser Prozess geht immer mit körperlichen Störungen einher."
[129] Der körperliche Mutationsprozess

Der Ätherkörper ist der Kraft- oder Bewusstseinskörper, der jeden Teil des physischen Körpers durchdringt und somit dessen wahre Substanz ist. Die Energien, die über den Ätherkörper gehen, bestimmen die entsprechende Tätigkeit der Organe im physischen Körper, genauso wie der Atem dem Blut Sauerstoff zuführt, um ihm Energie zuzuführen und den Gesundheitszustand sowie das Befinden eines Menschen zu bestimmen. Der Schlüssel zum koordinierten Reagieren liegt in der Fähigkeit des physischen Körpers, diesen in rhythmische Übereinstimmung mit dem Ätherkörper zu bringen, was z. B. durch ruhiges, gleichmäßiges „Ein- und Ausatmen" von *Prana* sehr erleichtert wird. Es geht also immer um die Beherrschung der Lebensenergien, wobei sich die äußere Beherrschung der Lebensströme auf Atem- und Rhythmusübungen bezieht, um die mit den Chakren verbundenen physischen Organe in die richtige Verfassung zu bringen. Die innere Beherrschung der Lebensströme geht mehr über ein Erfassen der unterschiedlichen Energiearten und ein verstandesmäßiges Begreifen der Konstitution des Ätherkörpers und der Gesetze, die das Leben bestimmen.[130]

Prana ist nicht Atem, wenn es auch meistens so übersetzt wird. Es ist die Gesamtheit kosmischer Energie. *Prana* ist die Energie, die in einem jeden Körper vorhanden ist. Der physisch sichtbare Ausdruck dafür ist die Tätigkeit der Lunge. Es betrifft das Einströmen von Energie über den Ätherkörper und das Ausströmen über den physischen Körper. Im physischen Körper ist das symbolisiert durch das notwendige Ein- und Ausatmen. Dadurch kann der physische Körper in eine Schwingung versetzt werden, die mit der des Ätherkörpers übereinstimmt, woraus sich eine völlige Unterwerfung des physischen Körpers und dessen Koordinierung mit dem Ätherkörper als Einheit ergibt. Somit ist *Prana* zwar eine mittelbare Voraussetzung, führt selbst aber nicht automatisch zu einer Umwandlung; selbst Meditationen bringen nichts, wenn nicht der „Heilige Geist" im Bewusstsein

---

[130] Über eine reine Atemtechnik ist natürlich das höhere Bewusstsein nicht zu erreichen. Alles läuft zwar über das Energiefeld der Chakren, aber die Energieankurbelung erfolgt nicht durch die Chakren, sondern umgekehrt: nur über die Liebe werden die Chakren mobilisiert. Das allein ermöglicht den Einstieg in die nächste Dimension. (Anonymus)

eine Umwandlung hervorbringt.[131] Nur durch eine Höherpotenzierung der Schwingungen kann die nächst höhere Dimensionsebene
erreicht werden. Es ist die Traumebene, in der sich alle Menschen, auch
ohne Meditation, im Schlaf befinden. Während der Inkarnation bildet
das ätherische Gewebe (Ätherkörper) im Frühstadium noch eine Art
Scheidewand zwischen sich und dem physischen Körper aus. Diese
Schranke kann nur dann überwunden werden, wenn ein Mensch durch
Meditation und Konzentration sein Bewusstsein bis zu einem gewissen
Grad daraufhin transparent gemacht hat. Die Energie fließt dann aus
verschiedenen Quellen über die Chakren des Ätherkörpers.[132]

Überwindung der Hindernisse im Gefühlsbereich, die zur Reinigung und Transparenz des Astralkörpers führt

Die Läuterung, die mit der Beherrschung und Reinigung des physischen Körpers beginnt, setzt sich in den anderen Hüllen fort. Das führt
direkt in die nächste Stufe der Überwindung von Hindernissen, die
aus dem Gefühlsbereich herrühren. Handelte es sich bisher eher um
eine Vorbereitung oder Einstimmung des physischen Trägers auf weitere Stationen des inneren Weges, so ist es jetzt erforderlich, sich mit
den Hindernissen im Gefühlsbereich auseinander zu setzen.

Astrale Verblendung ist immer das Resultat menschlicher Wunsch-
betätigung und ein Teil der natürlichen Vitalenergie eines jeden Menschen und wirkt immer in Richtung des geringsten Widerstandes. Als
mitbestimmender Aspekt der realen Wirklichkeit erschwert das die
Erkenntnis, zwischen horizontalem Geschehen und vertikalem Verstehen klar zu unterscheiden. Das gilt auch heute noch für fast alle Menschen, weil die Energie der Astralebene, die sich im Gefühlsleben der
Menschen ausdrückt, die hauptsächlichen Verblendungen der
Menschheit hervorruft. Diese können nur dadurch zerstreut und ver-
trieben werden, indem ein Mensch höhere Energien eines seelisch

---

[131] Jasmuheen, „Lichtnahrung" / Umprogrammierung der Zellen.
[132] Dabei fließen die kosmischen Energien hauptsächlich über das Chakra der Milz und betreffen mehr den allgemeinen Gesundheitszustand des physischen Körpers. Von dort werden die Energien über das ätherische Netzwerk auf den ganzen Körper verteilt. Das Organ der Milz entspricht in interessanter Weise der Nabelschnur, die ein Kind zur Mutter hat. (Anonymos)

beeinflussten Denkens gegen sie einsetzt. Man muss sich darüber klar werden, dass zur richtigen Beherrschung der Lebensströme vor allem die Erkenntnis gehört. Bei den Hindernissen des Astralbereichs handelt es sich um die „Antriebserlebnisse aller Gefühlsregungen".

Lust und Freude erlebt man nur über den Ätherkörper, die aber über den leiblichen Körper initiiert und empfunden werden. Im Alter erfährt bekanntlich der Mensch häufig ein auffallendes Abnehmen aller Gefühle und Empfindungen, weil der Astralbereich bei den meisten Menschen schon wie „abgestorben" ist und darum nur der körperliche Träger allein alle Gefühle als schmerzende Quelle und Ursache erlebt. Dieses Abnehmen der Gefühle kann auf zweierlei Weise erfolgen: Einmal in einem immer dunkler werdenden Absterben, was zur Verbitterung, Traurigkeit, Resignation und endlich Krankheit führen kann – und zum anderen können Gefühle als Energieträger auch zur Transparenz beitragen, um eine höhere Bewusstseinsebene zu erreichen. Nur so erlebt man Gefühle nicht mehr als „gestorbene Erinnerungen" und herben Verlust, sondern als Einstieg in eine höhere Dimension, die dann sehr wohl als eine Art Befreiung von den Gefühlsverhaftungen empfunden wird. Denn dann ist man nicht mehr Sklave, sondern Herr seiner Gefühle, die auf diese Weise „Tore zum Himmel" öffnen, wenn dabei auch die Erinnerungen an gehabte Gefühle zuweilen noch schmerzen können. Ziel dieser Läuterung ist eine abgeklärte Ruhe durch Befreiung von allen Bindungen auf der Emotionalebene. Denn bevor sich das Verlangen eines Menschen auf geistige Dinge richten kann, muss das Verlangen nach weltlichen und fleischlichen Dingen erloschen sein. Nach den Häusern von Therese von Avila wäre hierin der Übergang vom 2. zum 3. Haus zu verstehen.[133)]

Statt der Worte „Verlangen nach Leben", könnte man auch sagen „Begehren nach Erleben". Der Mensch hat den angeborenen natürlichen Wunsch und das Verlangen, mit Neuem, Unbekanntem und Fernem in Berührung zu kommen. Es ist jene unstillbare Sehnsucht, deren

[133)] Therese von Avila a.a.O. siehe Anhang S. 115

Ursprung und Drang nicht zu begreifen ist, weil für den Menschen die auslösenden Gedankenbilder des Wünschens und Denkens keinen erkennbaren Anfang haben. Sie umgeben ihn von allen Seiten, und der Strom ihrer Intentionen wirkt unaufhörlich auf den Menschen ein und ruft in ihm jene Resonanz hervor, die beweist, dass in ihm selbst das Verlangen immanent lebendig sei. Aber der Mensch kann sich über sein erkennendes Ich auch ein Instrument schaffen, das ihm ein Begreifen möglich macht und ihm das Streben nach weltlichen Genüssen überwinden hilft. Das bringt zeitweilig große Schwierigkeiten im Leben mit sich, weil dieser Prozess in dem Wort „Bekehrung" symbolisiert wird und ein „Umkehren" bedeutet. Diese innere Umkehr verursacht fast immer einen zeitlich begrenzten inneren Aufruhr, auf dem aber mit Sicherheit schließlich Ruhe folgt. Beruhigung der Gefühle und Beherrschung der Wunschnatur gehen immer der Neuordnung für die weiteren Läuterungen der niederen Natur voraus.

Überwindung der Hindernisse aus dem Mentalbereich

Im Mentalbereich wirkt sich die Läuterung in der Weise aus, dass die Fähigkeit zu beständiger Konzentration entwickelt und das Denkvermögen selbst beherrscht wird, um ruhig und empfänglich für höhere Eindrücke zu sein. Auf diese Weise nähert sich der Mensch einem höheren Bewusstsein an und kann allmählich das Wesen der Seele verspüren. In einer Art geistigen Schau erblickt er die wahre Wirklichkeit und sein Verlangen richtet sich von da an nicht mehr auf die Welt der Illusion, sondern nur noch auf die innere, erscheinende Wahrheit. Das bewirkt eine Gemütsverfassung, in der alle Zustände als richtig, gerecht und als diejenigen Bedingungen erkannt werden, unter denen man mit seinem Problem am besten fertig werden und sein Ziel für ein spirituelles Leben erreichen kann. Langsam kommt es dann zu einer steten Ausrichtung der Emotionalnatur und endlich zur mentalen Einstellung, die den Menschen fähig macht, *alles im Außen für Nichts zu erachten*, wenn man nur die Verbindung mit der Seele erreichen kann.

Natürlich ergeben sich auch im Mentalbereich spezielle Hindernisse, die es zu überwinden gilt. Es ist dabei wichtig, sich immer dessen bewusst zu bleiben, dass dem Denkvermögen bei allen Bemühungen immer nur die Aufgabe eines Instruments oder Mittlers zuerkannt werden darf. Es registriert entweder das, was von oben einströmt, oder das, was von unten her prägt und einwirkt. Es ist also niemals selbst gedanklich eigenständig und besitzt kein eigenes schöpferisches Leben. Denn das Gehirn als Träger ist nicht die Quelle der Erleuchtung, sondern empfängt lediglich das Licht der Seele, nimmt es wahr und ermöglicht das, was dieses Licht im Bereich der Seele offenkundig macht, zu erkennen. Das Denkvermögen muss daher in zweifacher Hinsicht verstanden werden: als Instrument für die Seele auf ihrer eigenen Ebene und zweitens als ein Werkzeug des Menschen auf der physischen Ebene.

Entscheidend für das Denkvermögen ist darum immer, womit sich ein Mensch identifiziert: *„Du bist, was Du denkst!"* (Buddha) Diese Unterscheidung zu erkennen ist die Vorbedingung für die Überwindung aller mentalen Hindernisse. Unfähigkeit zu unterscheiden ist das primäre mentale Hindernis, weil es dabei um die fatale Verwechslung der beiden Bewusstseinsebenen (Vertikale und Horizontale) im Leben des Menschen geht. Das führt zur Unfähigkeit, Probleme klar zu erkennen und zu durchdenken. Wenn klares Denken dem Handeln nicht vorausgeht, ist jeglicher Antrieb für eine Überwindung lahmgelegt. Ursache für dieses Problem ist immer eine falsche Einschätzung des eignen Ich, weil man in seiner vermeintlichen Selbsterkenntnis einer Selbsttäuschung erliegt und sich so um die Wahrheit herumdrückt. Denn „Wahrheitserkenntnis", sich selbst als klein zu erkennen, ist immer bitter. *„Wem daran liegt, die Wahrheit über sich selbst ganz zu erkennen, der muss den Balken des Hochmutes, der sein Auge verdunkelt, entfernen. Ich habe mich nicht geschämt, die Wahrheit zu bekennen, und so bin ich zur vollkommenen Demut gelangt"* (Augustinus). Nur der, der seine eigne Erbärmlichkeit annimmt, wird tolerant und barmherzig auch anderen gegenüber sein können. Das aber kann nur durch eiserne bewusste Disziplin und Überwindung jener

Antriebsschlaffheit, die eine so leicht ermüdende mentale Trägheit zur Folge hat, erreicht werden.

Läuterung und Überwindung der drei Bereiche
(Körper, Gefühle und Verstand)

Energie ist die Gesamtsumme des Daseins, und die drei Hüllen sind Energiekörper, von denen jeder ein Träger und selbst ein Übermittler einer Energieart ist. Erst wenn die Synchronisierung dieser Lebensströme erfolgt und zu einer Konkordanz gebracht wird, kann man jene Eingaben empfangen, die eine neue geistige Einstellung ermöglicht. Nach der Beseitigung aller Hindernisse durch die „Läuterung" der entsprechenden Körperhüllen stehen dem Menschen alle Erkenntnisse offen. Denn die Hindernisse, die das Ergebnis von Unwissenheit, astraler Prägung und aller physischen Aktivitäten waren, sind hinweggeräumt. Dem Menschen wird dadurch alles Wissen zugänglich, wodurch ihm bewusst wird, dass seine Seele *Eins* ist mit allen Seelen als ein Teil der essentiellen Einheit in der Allseele, die alles im Leben durchdringt und zugleich die Ursache aller Manifestation ist.

„Die Beengtheit" des kosmischen Raums[134] disponiert das Denken des Menschen dazu, ständig lineare Kausalzusammenhänge zu treffen. Das verführt dazu, diese gedanklichen Energieströme allein als Ursachen und Wirkungen wahrnehmen zu können, was nur überwunden werden kann, wenn eine bewusste Empfangsbereitschaft einer höheren Dimension ins Spiel gebracht wird. Im höheren Bewusstsein erkennen wir dann, dass den scheinbar so kontinuierlichen Gedankenströmen selbst nicht die dynamischen Zusammenhänge zu eigen sind, weil dieses höhere Bewusstsein „überhaupt keine Objekte mehr auffasst", sondern den Fluss aller Ich-sagenden Gedanken unterbricht. Dadurch eröffnen sich auch die Möglichkeiten, alle „Trennwände" transparent zu machen. Dieses „Übersteigen" der realen Wirklichkeit bedeutet jedoch nicht, von endlichen Dingen völlig getrennt zu sein,

---

[134] Tulku Tarthang, „Raum, Zeit und Erkenntnis"

sondern lediglich alle Gedanken auf einer höheren Frequenz zu integrieren. Wenn ein Mensch erkannt hat, wo sein Bewusstsein bereits tätig ist, weiß er, welchen Träger er im jeweiligen Bereich benutzen muss. Dann gewinnt er nicht nur Klarheit über die bestimmte Qualität der Bereiche, sondern wird sich auch seiner immer noch bestehenden Unzulänglichkeiten, Hindernisse und Schwierigkeiten im Leben bewusster, um diese noch zu überwinden. Daraufhin erfolgt der bewusste Einsatz seines Willens und dessen Konzentration auf das jeweilige Prinzip, das nach Ausdruck verlangt, um die niedere Manifestation in Übereinstimmung mit der höheren zu bringen. Der Mensch erkennt dann die Wahrheit und zugleich die Fehlhaltungen, die noch abgetragen werden müssen und lernt so, neue Verhaftungen an die Bilder zu vermeiden.

„Die Wahrheit ist ihrem Wesen nach Licht. Die Menschen müssen nur für diese Tatsache erwachen, dass sie selbst die Wahrheit sind. Die Wirklichkeit, in der sie leben, ist lediglich eine audiovisuelle Demonstration dessen, worauf ihre Aufmerksamkeit gerichtet ist. Solange sie ihre Aufmerksamkeit und ihre Identität nur auf die dreidimensionale Welt richten, kommen sie nie zur Wahrheit. Nur der Geist ist die Kraft, die allen Formen der Schöpfung Leben einhaucht, Darum ist allein der Geist die wahre Identität des Lebens. Der Geist ist Ursprung und Liebe. Wir wollen helfen bei der gemeinschaftlichen Erschaffung einer lichterfüllten Welt."[135]

Indem ein Mensch sein bewusstes Denken von einem niederen auf ein höheres Ziel richtet, entsteht ein Energiestrom, dessen Schwingungsgrad dem des höheren Ziels entspricht. Dieser Energiestrom bewirkt in den Körperhüllen des denkenden Menschen eine Transmutation, was immer mit einer Umwandlung von Frequenzen verbunden ist. Jede Transmutation ist auch eine genetische Veränderung auf der Zellebene, die mit einer Bewusstseinserweiterung verbunden ist und zu einer „Dimensionsverschiebung" führt, was zur Folge hat, dass „Zeit und Raum zusammenbrechen" und eine neu dimensionierte Zeit/Raum Beziehung festgelegt werden muss. Die genetische Verschiebung

---

[135] „E.T.101" a.a.O.

bedeutet ferner die Erweckung von latenten DNS-Codes, was zur Bewusstseinserweiterung führt, wobei allerdings das Ego oft noch lange dazu neigt, sich an den überkommenen dreidimensionalen Bewusstseinsmöglichkeiten festzuhalten und sich zu orientieren; denn das mentale Bewusstsein entwickelt sich nur sehr langsam zum Supramentalen.

Niedrige Frequenzen werden in höhere potenziert, die alle als Derivate der unterschiedlichen Zeitdimensionen zu Raumgestalten werden. Gemäß der „String-Theorie"[136] gibt es im Universum ein Vibrationsspektrum unendlich vieler Frequenzen, welche aber zu hohe Frequenzen *(Energien, die ein Vielfaches von Giga-Elektronenvolt betragen)* besitzen, um sich in der kosmischen Dimension zu manifestieren. Denn bislang hat man keine Eigenschaften jenes masselosen Sektors finden können, welche spezifisch für die String-Theorie und in naher Zukunft experimentell überprüfbar wären, und doch stellt dieses masselose Vibrationsspektrum im Universum eine umfassendere „Wirklichkeit" dar, als alle kosmischen Manifestationen. Mittler in diesem Prozess zwischen Geist und Materie sind die Photonen. Denn der Geist als Schöpfer äußert sich in Energien, die aus ihm fließen (was im Kosmos immer nur in der Zeitlichkeit möglich ist) und da in Gestalten auf der Zeitkathete zum Raum gerinnen. (In diesem Zusammenhang muss auch auf Burkhard Heims 6-dimensionales Weltmodell hingewiesen werden: Es handelt sich dabei um einen virtuellen „Raum", in dem jene fundamentalen geistigen Prozesse stattfinden, die erst in der kosmischen Dimension zu Manifestationen führen und eine umfassendere „Wirklichkeit" darstellen als alle Manifestationen der kosmischen Welt.)[137]

Diese Energien sind jene höheren Bewusstseinsdimensionen, die man über Transmutationen erreichen kann. Dabei handelt es sich um

---

[136] Dies stößt aber auf die Schwierigkeit, dass gerade der zugängliche masselose Sektor in nur geringem Maß von den zugrundeliegenden „String-Theorie" bestimmt wird (zumindest nach heutigen Erkenntnissen). Das liegt daran, dass Superstring-Theorien in höchsten Dimensionen formuliert werden. Um auf unsere 4. Dimension [[Raum-Zeit]] zu kommen, muss man eine sog. 6. bzw. 7. „überschüssige" Dimension postulieren, die beide der direkten Beobachtung nicht zugänglich sind.

[137] Burkhard Heim, „Sechsdimensionales Weltsystem": „Daher wird man auf einen direkten Nachweis dieser Vibrationsmodi verzichten müssen und stattdessen versuchen, im Sektor der (nahezu) masselosen Teilchenanregungen Eigenschaften zu finden, die spezifisch für die Stringtheorie und gleichzeitig experimentell beobachtbar sind. Es müsste also ein indirekter Nachweis der Richtigkeit der Stringtheorie geschehen."

„Skalarfelder", die sowohl Bewusstsein und Psyche steuern und durch Koppelung in elektromagnetische Wellen in der Materie umgewandelt werden können.

Alle Ideen müssen zu Gestalten werden und eröffnen damit zugleich den Raum, in dem sie von denen wahrgenommen werden können, die dafür eine entsprechende Brennweiteneinstellung besitzen. Das bedeutet für die Sinneswahrnehmungen eine „Begrenzung" aller Phänomenalität. Darüber hinaus besitzt der Mensch aber noch andere Möglichkeiten der Wahrnehmung, die weit über diese Begrenzung hinausgehen. Solange aber das Bewusstsein alle seine Intentionen nur nach außen richtet, so lange werden in diesen Aktivitäten auch nur „Bilder" geschaffen, wodurch Wünsche oft befriedigt, die Freuden physischen Daseins genossen und Objekte nutzbar gemacht werden können. Das ist jene große Illusion, durch die das Bewusstsein verblendet wird. Solange diese Verblendung Macht ausübt, so lange wird das sich nach außen richtende Bewusstsein die Menschen dazu bringen, nur auf der Ebene des physisch Wahrnehmbaren zu leben. Bloßes Wahrnehmen der Welt ist immer nur das Ergebnis von Verlangen und Vorstellungen. Meditation ist dagegen immer ein rein geistiger Vorgang, bei dem sich kein Verlangen einstellt. Gestaltungen sind immer das Resultat einer nach außen drängenden Tendenz, Meditation ist dagegen das Resultat einer nach innen gerichteten Intention; einer Fähigkeit, das Bewusstsein von Form und Substanz loszulösen und alles in sich selbst zu zentrieren. Verlangen ruft Wirkungen hervor, die durch die Wunschnatur des Bewussten hervorgebracht wird. Meditation erzeugt Wirkungen und hat mit dem Willens- oder Lebensaspekt des geistigen Menschen zu tun. Eine richtig durchgeführte Meditation erfordert darum, dass sich das Bewusstsein des geistigen Menschen von allen Formen der Welt zurückzieht und sich von allen Sinneswahrnehmungen loslöst. Daher ist man auch im Augenblick der reinen Meditation von allen Formen so losgelöst, dass das vollkommen konzentrierte Denken keine nach außen gehende Schwingung mehr erzeugt.

Da unser Denkvermögen[138] immer „wachsam" ist, nimmt es alle Anregungen der „Denksubstanz" wahr, um auf Kraftströme zu reagieren, die durch Gedanken oder Wünsche erzeugt werden. Darum muss diese gedankliche Einstellung zur aktiven mentalen Meditation werden, wenn auch die Strebungen des physischen Körpers einer gleichen Beherrschung unterworfen werden sollen. Die ständig aktive Denksubstanz kann sowohl auf die vom niederen Menschen ausgehenden niedrigeren Schwingungen, als auch auf die von der Seele (dem Mittler zwischen Geist und Materie) ausgehenden Schwingungen reagieren. Die Seele ist sich dieses Zustands stets bewusst; der Mensch auf der physischen Ebene ist meist dafür blind oder wird sich eben erst dieser Möglichkeiten bewusst. Darum sollten alle Bemühungen nur darin bestehen, die Denksubstanz allmählich immer mehr unter den Einfluss der höheren Impulse zu bringen, um sie den niederen Schwingungen zu entziehen. Dabei wird immer auch zugleich das Denkvermögen selbst erkannt und wahrgenommen, wodurch offensichtlich ist, dass es selbst nicht die Quelle der Erleuchtung sein kann.

Vieles von dem, was wir tun, geschieht automatisch und ist die Folge von lange beibehaltenen Gewohnheiten des Fühlens und Denkens. Infolge solch lebenslanger Gewohnheiten werden die meisten unserer Handlungen im Leben bestimmt. Nur eine beständige Gegenwirkung und Kontrolle aller mentalen Einstellung sowie eine intensive Meditation können eine positiv fortschreitende Veränderung bewirken. Solange diese subtilen „Wurzelsünden"[139] bestehen, bewirken sie ein Dasein mit Lust- oder Leiderfahrung, denn die Begierde des Menschen kennt keine Grenzen; *„...denn alle Lust will Ewigkeit!"* (Nietzsche). Die Menschen stoßen im Leben bei allen ihren Auseinandersetzungen ständig nur auf sich selbst, anstatt zu Gott durchzustoßen. Erst die Fähigkeit, das Selbst zu schauen, ist das synthetische Ergebnis der Transparenz oder Läuterung aller Bewusstseinsbereiche. Erst wenn ein Mensch so völlige Gewalt über sein Denken erreicht hat, dann ist er frei von der Herrschaft der Bilderwelt. Er

---

[138] Tulku Tarthang, „Raum, Zeit und Erkenntnis": „Der Geist ist die zeugende Quelle aller Gedanken, kann sich aber als Quelle selbst nicht entdecken. Diese Quelle existiert wirklich, ist nur nicht unmittelbar erfahrbar."
[139] Richard Rohr, Andreas Ebert, „Das Enneagramm"

steht dann abseits von der großen Illusion und wird empfänglich für spirituelle Gedankenströmungen, wobei ihm gleichsam der große Plan des Universums offenbart wird. Die Gesetze der Welt, in der man sich zwar noch immer auf ein dreidimensionales Leben beschränken muss, sind durch spirituelle Einwirkungen zwar nicht aufgehoben, aber werden in eine höhere Ebene des Bewusstseins mit einbezogen. Ein solches Erkennen der Wesensgleichheit ist der verborgene Sinn der Worte im Johannesevangelium:„Wir werden sein wie ER, denn wir werden IHN erkennen wie ER ist." Und das ist die Liebe.

Zusammenfassend kann man zu den Möglichkeiten und Voraussetzungen für eine Überwindung von Verhaftungen feststellen:

1. Richtige verstandesmäßige Wahrnehmung auf der Mentalebene.
2. Freisein von den Bindungen an eine Form, auf der Emotional- oder Astralebene.
3. Richtiger Gebrauch und richtige Entfaltung der Chakren des Ätherkörpers. Das zusammen führt gleichsam auch zur Transformierung aller Wahrnehmungen. Der Weg dahin führt über das Erkennen dieser Prinzipien.

Diese Prinzipien sind nach Philipp Lersch, Alice Bailey und Yoga:

Lebensenergie	Physische Ebene	Ätherkörper	Prana
Wünschen, Fühlen	Endothymer Grund	Astralkörper	Bakhti (Karma)
konkretes Denken	Kortikaler Oberbau	Mentalkörper	Ijana
abstraktes Denken	Spiritualität	Seele / Intuition	Rajah

4. Beherrschung der Organe: Es handelt sich um die Vorbereitung des physischen Körpers für die Meditationen auf dem inneren Weg.

5. Ein friedvolles Gemüt ist das Ziel für den emotionalen Träger. Energien aus dem Astralbereich fließen über den Astralkörper und betreffen ausschließlich Gefühlsenergien und Wunschkräfte, die hauptsächlich auf die Zentren unterhalb des Zwerchfells einwirken.
6. Konzentration ist das Ziel für das niedere Denkvermögen, und die Voraussetzung für die Belebung des Mentalkörpers. Die Energien des universalen Denkprinzips sind mentale Kräfte, die zum Kehlzentrum strömen.
7. Die Fähigkeit, das Selbst zu schauen, ist das synthetische Ergebnis der dreifachen Verfassung der genannten Hüllen. Es handelt sich um Energien, die von der Seele selbst stimuliert werden. Diese strömen hauptsächlich ins Kopf- und Herzzentrum. Die meisten Menschen empfangen jedoch nur die Kräfte der physischen und astralen Ebene, einige nehmen auch Kräfte von der Mentalebene auf und ganz wenige empfangen Kräfte aus dem seelischen Bereich.

Endziel des „Weges nach Vollkommenheit"

Ziel ist die Wiedervereinigung der Seelen mit der Allseele. Denn „Gott ist alles und alles ist in Gott, der sich in seine Schöpfung selbst aus Liebe gegeben hat. Als Gott den Menschen schuf, da wirkte er in der Seele sein gleichförmiges Werk, sein wirkendes und sein immer währendes Werk. Sein ganzes Werk war die Seele, und die Seele war Gott. Wenn also Gott in der Seele wirkt, dann liebt er sein Werk, und das Werk ist nichts anderes als die Liebe, denn die Liebe selbst ist Gott. In der Liebe, in der Gott sich liebt, darin liebt er alle sein Geschöpfe, nicht als Geschöpfe, sondern die Geschöpfe als Gott."[140]

In jeder Bewusstseinsdimension im Universum wird sich Gott seiner selbst als Liebe bewusst, weil die Vereinigung der Liebe mit sich selbst das einzige Ziel in der Schöpfung ist. In der Dimension des Kosmos muss die Liebe um sich selbst zu begegnen in einen Prozess der Raum – Zeitlichkeit eintauchen. Dort erwacht sie, ihrer Einsicht noch nicht bewusst, als Sexualität (Natur) und Selbsterkenntnis (Geist). Ver-

---

[140] Meister Eckhart a.a.O.

schließt sich dabei die Sexualität der Selbsterkenntnis, erzeugt sie zwar Leben, zehrt sich aber, ihre eigentliche Bestimmung verfehlend, an ihrer eigenen Lust auf und stirbt ab. Verschließt sich die Selbsterkenntnis der Sexualität, beraubt sie sich selbst der sie vorantreibenden Kraft, erschöpft und verschleißt sich nur in schwächenden moralischen Verdrängungsmaßnahmen. Aber Sexualität und Selbsterkenntnis stehen jenseits der Moral. Sie durchdringen sich zutiefst und bedingen sich, weil erst ihr Einswerden den Menschen ausmacht, der als Ebenbild Gottes auf Erden die Liebe verkörpern kann. Sexualität als unbändige Kraft erfährt von der Selbsterkenntnis ihr Ziel, die Selbsterkenntnis von der Sexualität ihre Dynamik. Niemandem ist es je gelungen, der Sexualität allein auf der naturhaften Ebene Herr zu werden, denn auf Erden ist sie auch das Abbild göttlicher Schöpferkraft. Auch sie kommt aus dem Geist und drängt dahin zurück. Es geht also nicht darum, die Sexualität auf der naturhaften Ebene zu verleugnen, sondern sie als Kraft auf eine geistige Ebene zu heben, wo sie ihrem ursprünglichen Ziel, der Liebestätigkeit, gemäß werden kann. Dazu ist erst der Mensch als Doppelwesen von Natur und Geist in der Lage.

Nur der Mensch kann diese drängende Energie auf der naturhaften und geistigen Ebene erleben und ausleben. Zuerst wird sie ihm aber auf der Naturebene bewusst, auf der auch seine Identifikationsmöglichkeit am größten ist: in seiner Körperlichkeit. Über die Lust wird sie dort konzentriert und fixiert. So kommt es beim Menschen durch die Gleichsetzung dieser drängenden Kraft mit der Sexualität und ihrem Erleben ausschließlich zur Identifizierung mit dem eigenen Körper. Die dabei entstehenden Spannungsursachen erzeugen nun entweder eine unstillbare Sehnsucht nach Erlösung oder ein resigniertes Versinken in Hoffnungslosigkeit. Wir sind aber nur in der Welt, um daran zu arbeiten, einen höheren Bewusstseinsgrad wiederzuerlangen. Wenn wir dieser Verpflichtung nicht nachkommen, hat unser physisches Leben keine Bedeutung und alles Erfolgsstreben im Leben ist sinnlos. Darum ist es das Ziel jeder Religion, den Menschen aus seinem natürlichen Bewusstseinszustand zu befreien und in einen höheren zu führen. Dieser höhere Zustand wird in der Welt meist als unnatürlich bezeichnet, und es ist darum unmöglich, unwillige und unempfängliche Menschen von der Existenz dieser höheren Zustände zu überzeugen. Einem Skeptiker zu „beweisen", dass es noch andere „Wirklichkeiten" gibt, über die man einen Sinn im Leben erfahren kann, der sich nicht nur in der bloßen Bewältigung erschöpft, ist oft wie die „Quadratur des Kreises".

Trotz aller Widerstände ermöglicht es die begrenzte Erkenntnis des Menschen jedoch eine Lösung über den Glauben, nämlich sich dem vertikalen Einströmungen zu öffnen. Denn der Mensch kann Gott als seinen Schöpfer erkennen und sich selbst als sein Geschöpf. Damit hat der Mensch zugleich auch jene Entscheidungsfreiheit, sich einem seiner beiden Wesensaspekte zuzuwenden:"… *denn niemand kann Diener zweier Herren sein"*. Die Versuchung, sich den Bildern zuzuwenden und sich darin zu verlieren, erscheint im Leben meist sehr viel verlockender als die Hinwendung zu den Glaubensanforderungen, weil von diesen sehr wenig reizvolle Impulse kommen. Der Mensch wird im Leben am stärksten von seinem Körper bestimmt, aber der Körper ist auch das, wodurch der Mensch die größte „karmische Beschränkung erfährt", die wiederum nur durch eine spirituelle Höherentwicklung aufgelöst werden kann. Wenn der Mensch keinen Körper hätte, müsste er zwar diese heilsamen Beschränkungen nicht erleiden, aber hätte auch nicht die einzige Möglichkeit, zur Erkenntnis zu gelangen. Bekanntlich ist *„das Leiden das schnellste Pferd, das zur Erkenntnis führt"*.[141] Doch dagegen sträuben sich die meisten Menschen und akzeptieren nicht, dass es Sinn und Ziel des Körpers sei, allein nur dem Geist zu dienen. In diesem „ewigen Kampf" zwischen Leib und Seele siegt zwar meist die Kraft der Natur, aber es entsteht zuweilen auch eine Art „Hassliebe" zum Körper, die der Seele bei ihrer Rückführung wieder ins spirituelle Zentrum weiterhilft, so unendlich schwer es auch fällt. Aber nur die Seele ist in der Lage, die Möglichkeit zum Rückweg zu erbringen, was auf Erden nur wenigen Vollendeten gelingt. Die meisten Seelensubstanzen versinken darum im Zwischenbereich des Jenseits. Dort erfolgen dann die meisten Seelenläu-

[141] Meister Eckhart a.a.0.

terungen, um die noch bestehenden Verdichtungen einer Seelensubstanz wieder aufzulösen und den Rückweg doch noch zu ermöglichen. Solche Verdichtungen kann man als Fehlentwicklungen bezeichnen, weil die Seele selbst immer Geistsubstanz bleiben muss. Leider erfolgt bei den meisten Menschen oft eine zu tiefe Einsenkung in die Materie, die nicht sein darf, weil die Seelensubstanz in der Materie nicht selbst zur Materie werden darf.

Erkenntnis darf nicht mit Wissen verwechselt werden. Wissen bringt zwar dem Menschen auch „Licht" in seine Finsternis, aber spaltet zugleich als Wissenschaft immer auch den „Geist" von der Materie ab, weil die Wissenschaft immer die Endlichkeit der Bilder für das Ganze nimmt. Darum bleibt Wissenschaft immer ein unvollständiges Erkennen von Erscheinungen. Um die wahre Erkenntnis zu erreichen, muss man sich zuerst selbst erkennen. Nur so kann Erkenntnis Wissen überschreiten und dann zur Weisheit und echter Wahrheitsfindung werden. Es sollte dabei niemals um eine reine Wissensanhäufung gehen, sondern vor allem um das Erfahren der göttlichen Liebe. Denn die Liebe belebt über die Seele das Bewusstsein, um es wirksam werden zu lassen. Sieht sich jedoch der Mensch nur als ein Wissender, bleibt er in seinem Wissen ein isoliertes Wesen, das von Gott abgesondert ist, verfällt vielmehr der Illusion alles Endlichen und bleibt in den Bildern der Welt stecken. Die Seele ist zwar im Mensch dessen zeitlichen Bedingungen unterworfen, der Geist Gottes wohnt aber in jedem Herzen. Erst wenn dieser Geist als das wahre Leben erkannt wird, werden wir wieder mit Gott vereint. *„ICH bin der Weg, die Wahrheit und das Leben".* Materie allein ist Potenz als reine Seinsmöglichkeit. Erst der Geist gibt der Materie ihr aktuelles Sein. Im Menschen transzendiert sich die Materie selbst über sein Bewusstsein. [142]

Der innere Weg zur Vollkommenheit wird von den „obersten Kräften" – der Seele, des Geistes (Vernunft) und des Willen Gottes – vorbereitet und geleitet. Nur so kann das „Christus-Prinzip" empfangen und im Menschen wiedergeboren werden. Das ist der Seelenurgrund, die

---

[142] Therese von Lisieux: „Wie kann man das Leben nennen, was doch enden muss!"

wahre Burg, die „Stelle", an der die Seele „einförmig" ist mit dem Menschen an sich, „ohne Eigenschaften" und daher gleichförmig mit Gott an sich. Denn in der Seele ist eine Kraft, die weder mit der Zeit, noch mit der Vergänglichkeit selbst in Berührung kommt. Diese Kraft fließt aus dem Geist und in dieser Kraft lebt Gott, der gleichsam der mystische Urgrund und das Ziel ist. In diesem Zusammenhang spricht Meister Eckhart „vom letzen „Durchbruch" als endgültiges Zurückfluten der mit Gott wieder vereinten Schöpfung: *„In Einem findet man Gott und Eins muss werden, wer Gott finden soll. Seid darum Eins, auf dass ihr Gott finden könntet. Allein die Demut und die Erkenntnis führen zur Einheit, über die man Gott unverhüllt erkennen kann; denn die Erkenntnis ist ein Licht der Seele und diese schaut Gott unverhüllt; denn der Mensch schöpft sein ganzes Sein nur von Gott, bei Gott und in Gott, nicht vom Gott-Erkennen, dass man Gott erkenne. Und das bedeutet: Der Mensch muss erst in sich Eins sein, und zwar Eines mit Einem, Eines von Einem, Eines in Einem und in Einem Eines. Amen."*

Dieses Ziel benennt Teilhard de Chardin den „kosmischen Christus": *„Im Augenblick, wenn Christus alle geschaffenen Kräfte ihrer selbst entleert haben wird, wird die universelle Einswerdung vollendet, indem sie sich in der Umarmung der Gottheit hingibt. Wie eine gewaltige Flut wird das Sein das Brausen der Seienden übertönen in einem zur Ruhe kommenden Ozean."*

Einswerdung bedeutet also die Verbindung der Seele mit dem Bewusstsein und folglich mit dem, was das Denken wahrnimmt. Gedanken sind eine Substanz nicht von dieser Welt, denn der Geist ist die Substanz des Denkens. Diese gilt es zu beherrschen, doch den meisten Menschen fehlt die innere Widerstandskraft, diese Kontrolle ständig aufrecht zu erhalten und sie sind so ihrem gedanklichen Druck ausgeliefert. Es fehlt am Ausgerichtetsein des Geistes, um in einer dualen Welt ständig verantwortliche Entscheidung zu treffen. Die Freiheit der Willensentscheidung ist aber für die Liebe die Grundbedingung. Nur wer seine Gedankenimpulse völlig beherrscht, erlangt einen Zustand der Wesenseinheit mit dem, was erkannt wird. Der Erkennende, das Erkannte und der Erkenntnisbereich werden eins, so wie ein Kristall die Farben dessen annimmt, die sich in ihm widerspiegeln. Für den Menschen, der dieses Ziel der Vereinigung erreicht hat, besteht die äußere Welt nicht mehr getrennt. Das ist die Grundlage des Denkens schlechthin, die sich auf die Erkenntnis gründet, dass alles nur Modifikationen der im Geist integrierten Denksubstanz sind. So erfasst der Mystiker im Bewusstsein zugleich neben dem gesamten objektiven Wissensbereich auch den der inneren Wesensgleichheit. Der Mensch ist über den Geist imstande, die Einheit von Mikrokosmos und Makrokosmos als wesensgleich zu erkennen und zu entscheiden, ob es um das bloße Spiel gedanklicher Selbstherrlichkeit, also einem trennenden Machtspiel geht, oder um das Spiel der Liebe, in dem das Geschaffene nicht mehr ohne seinen geistigen Ursprung, sondern nur in der Einheit gesehen werden kann.

Durch beharrliche und ununterbrochene Selbsterkenntnis gewöhnt sich der Mensch daran, zwischen dem Selbst und dem Ich zu unterscheiden und sich mit geistigen Dingen zu befassen und nicht mehr nur mit der Welt der objektiven Formen. Dieses Feststellen der Unterschiede ist anfänglich rein theoretisch, dann verstandesmäßig begriffen und wird später zu wirkender gedanklicher Realität, indem sie auch das Geschehen der emotionalen und physischen Bereiche bestimmt. ein. Erst mit dem supramentalen Bewusstsein der Zukunft findet dieses „Einswerden" statt und führt dazu, dass der Mensch in eine völlig neue Dimension vordringt und sich endlich mit seinem „eigentlichen Sein" identifizieren kann, was weit über seinem bisherigen diesseitigen Verstehen liegt. Zwar mag ein Mensch durchaus fähig sein, zwischen dem Realen und dem Wahren, zwischen den materiellen Bildern und dem sie beseelenden Wesen zu unterscheiden, und dennoch nach der Bilderwelt verlangen. Auch das muss überwunden werden, ehe ein vollkommenes Freisein von der Erscheinungswelt erlangt werden kann und die Seele dabei die Freude genießt, das Bewusstseins in die unmittelbaren Nähe ursprünglich ewiger Einheit zu rücken und doch im Selbst zu behalten. *„Mögen alle Antriebe, die mir Herz und Geist anrühren DEINE (Gottes) Form annehmen – oder Herr, dein Wille geschehe!"*[143]

---

[143] Bhave, „Der innere Frieden"

TEIL V

JENSEITS
Wohin wir gehen

Das „Gesetz der Wiedergeburt"

Geburt und Sterben

„Was wir Geburt nennen, ist die andere Seite des Todes, ein anderer Name für den gleichen Vorgang, nur vom entgegengesetzten Standpunkt, so wie wir dieselbe Tür als Eingang und Ausgang bezeichnen." (Tibetanisches Totenbuch)

„Alles Erschaffene besteht nur um der Seele willen, und alle Gestalten dienen allein dem Zweck, darüber die göttliche Wahrheit und Liebe zum Ausdruck zu bringen. Denn dadurch, dass der göttliche Wille unaufhörlich in allem wirksam ist, offenbart sich die Wahrheit in allen Manifestationen der gesamten Schöpfung. Denn Alle Materie ist Seelensubstanz, aber in einem gerichteten und gefestigten Zustand, deren Bestimmung es ist, wieder ins ungebundene, rein geistige Sein zurückzukehren"[144]. Um das zu erlangen, muss sich die Seele in unendlich vielen Involutionsstufen immer wieder aus ihren Manifestationen freimachen, um in der letzten – der Inkarnation im Menschen – zum vollen Selbstbewusstsein, zur Erkenntnis Gottes und zur vollen Vereinigung mit ihrem jenseitigen Geiste zu gelangen, was man „Wiedergeburt im Geiste" nennen könnte. Das ist der Sinn der „Reise der Seele" durch das Universum, um endlich wieder zum Ursprung zurückzukehren. Wenn also der Tod nicht länger als die endgültige Auflösung verstanden wird, sondern vielmehr als ein Übergangsstadium von höchster Bedeutung, dann ist der Tod in Wirklichkeit eine Beschäftigung mit dem Leben in seinem tiefstmöglichen Sinn.

Materie und Geist sind nicht zwei Dinge, sondern lediglich zwei Zustände desselben universalen Stoffes. Materie ist die Erscheinungs-

---

[144] Jakokb Lorber, „Haushaltung Gottes" a.a.0.

form des Geistes, die im göttlichen Kreislauf ihre stärkste Verdichtung im Kosmos erfährt, um im Rücklauf der Bewegung zum Zentrum wieder vergeistigt zu werden. Die Vielheit alles Geschaffenen löst sich in der Einheit der Vergeistigung aller Geschöpfe wieder auf. Erst mit diesem Zustand losgelösten Eins-Seins ist das Ziel erreicht, und die Unterscheidung zwischen Bewusstsein und Welt hebt sich auf. Es gibt keine Trennung mehr zwischen Geist und Materie, weil beide Aspekte von der gleichen göttlichen Kraft vereint durchströmt werden. Die Schöpfung ist eine Einheit, und die im Schöpfungsprozess scheinbare Getrenntheit ist nur bedingt durch den jeweiligen Bewusstseinslevel in einer Dimension. Es handelt sich dabei lediglich um unterschiedlich wahrgenommene Wirklichkeiten, so wie „Jenseits und Diesseits". „Jenseits" ist bekanntlich das, was jenseits der Wahrnehmung unserer äußeren Sinne liegt. Darum sollte man sich abgewöhnen, die äußeren Wahrnehmungen zu verabsolutieren und alles nicht sinnenhaft Wahrnehmbare als unnatürlich anzusehen. Denn durch unsere Geistseele haben wir Anteil auch an der anderen Wirklichkeit. „Während man auf der Erde lebt und nicht hinter die Dinge blicken kann, hat der Tod den Anschein eines Verhängnisses, jetzt aber erkennt man, dass er nichts anderes ist als ein einfacher Wechsel der Lebensbedingungen".[145]

Der hl. Paulus sagt über die „beiden Wirklichkeiten": „Jetzt schauen wir in einen Spiegel und sehen nur rätselhafte Umrisse, dann aber schauen wir von Angesicht zu Angesicht. Jetzt erkenne ich unvollkommen, dann aber werde ich durch und durch erkennen, so wie ich auch selbst durch und durch erkannt worden bin." (1.Kor 13,12)

Die Vorstellung von „Sterben und Wiedergeburt", jenen permanenten Involutionen von seelischer Substanz in den unterschiedlichen Bewusstseinsdimensionen des Universums, findet allmählich auch im westlichen Gedankengut Eingang. An dieser Stelle erscheint es angebracht, zum Thema „Wiedergeburt" einige klärende Hinweise zu geben, weil unter diesem Begriff sehr viel Unterschiedliches verstanden wird. Dieses Gesetz der Wiedergeburt ergibt sich als natürliche Folge aus dem Evolutions-Gesetz. Es ist im Westen niemals ganz

---

[145] Lawrence a.a.O.

begriffen oder richtig verstanden worden. Im Osten, wo es als ein geradezu bestimmendes Lebensprinzip anerkannt ist, hat es sich insofern nicht als zweckmäßig erwiesen, weil es in seinen gedanklichen Konsequenzen und Auswirkungen eher „einschläfernd" wirkt und sich hinsichtlich eines geistigen Fortschritts als nachteilig erwiesen hat. Denn nach östlicher Auffassung vieler sich angeblich wiederholender *Inkarnationen* auf Erden hat der Mensch unendlich viel Zeit für seine spirituelle Entwicklung und seinen geistigen Aufstieg. Diese Einstellung macht jeden drängenden inneren Impuls der Seele, das spirituelle Ziel zu erreichen, unwirksam. Andererseits verwechselt man im westlichen Verständnis ständig das Gesetz der „Wiedergeburt" mit der Vorstellung einer „individuellen Seelenwanderung" im Sinne eines „Verpflanztwerdens" einer seelischen Substanz in eine andere körperliche Gestalt.

Es herrscht leider immer noch die Vorstellung, dass eine Seele mehrere „Reinkarnationen" auf Erden durchlebe, und das, was sie an notwendiger spiritueller Entfaltung in einer Inkarnation nicht erreicht habe, in einer folgenden erbringen könne. Das ist aber nie der Fall. Es wäre auch ganz unsinnig, eine bereits erfolgte Inkarnation zu wiederholen, weil es nur eine konsequente Weiterentwicklung gibt. Genauso unsinnig ist es, durch Hypnose sich in eine scheinbar vergangene Inkarnation zurückversetzen zu lassen, um auf diese Weise vergangene Verfehlungen lösen zu können. Vergangene Inkarnationen sind nicht mehr relevant für die jeweils gegenwärtigen Aufgaben, denn alle inkarnierten Seelen stehen unter dem absoluten Gesetz der Gegenwart. Die Seele hat beim Abstieg in eine menschliche Inkarnation bereits den größt möglichen Grad einer Trennung von Gott, dem Zentrum, erreicht. Im Menschen kann darum eine weitere Trennung nicht mehr erfolgen, was darum eine Reinkarnation als unsinnig erscheinen lässt. Denn Menschsein bedeutet freie Willensentscheidung, welche die absolute Voraussetzung für die Liebe ist, um den Wiederaufstieg der Seele zurück ins göttliche Zentrum zu ermöglichen.

Die Lehre oder Theorie von der „Wiederverkörperung" erfüllt oft den orthodoxen Christen mit einem gewissen Schauder. Wie brisant dieses Thema jedoch immer war, wird im Evangelium in der Frage der Jünger an Jesus nach dem Schicksal des Blinden deutlich:„*Meister, wer hat gesündigt, dieser Mann oder seine Eltern, dass er blind geboren ist?*" (Joh. 9, 2). Jesus lehnt es ab, daraus Folgerungen zu ziehen und sagt vielmehr:„*Es hat weder dieser noch seine Eltern gesündigt, sondern es sollen an ihm die Werke Gottes offenbar werden.*" Jesus selbst betont hier die Tatsache, dass der Mensch immer nur im gegenwärtigen Leben durch „Christus im Menschenherzen" befreit werden könne. „*Wenn der Mensch nicht von neuem geboren wird, kann er das Reich Gottes nicht sehen*" (Joh. 3, 3); denn nur Seelen können „Bürger" dieses Reiches sein. Mit diesen Worten zeigt Jesus den Menschen erstmals das Ziel und ihre Bestimmung auf, als Seele zu wirken. Damit übermittelte er den Menschen die Vision einer gottgegebenen Möglichkeit, die sie unzweifelhaft erleben würden. Er sagte ihnen:„*Darum sollt ihr vollkommen sein, wie euer Vater im Himmel vollkommen ist*" (Math. 5, 48). „Wiedergeburt" betrifft also die Seele[146] im irdischen Leben, wo der Mensch einem Prozess der Vervollkommnung unterworfen ist, für welchen Jesus beispielhaft auf Erden gewirkt hat. Das ist der Sinn und die Lehre von der „Wiedergeburt" und einer „*Rückgeburt in die parallele Wirklichkeit des Jenseits*", wo genau wie im Diesseits durch Läuterung die Vervollkommnung weitergeführt wird. „Wiedergeburt" bezieht sich nicht auf die Vorstellung von einer „Auferstehung des Fleisches", die man nicht mit der geistigen Wiedergeburt der Seele verwechseln darf. In Anlehnung an Paulus ist darum der wieder „*auferstandene Leib*" als Geistleben zu verstehen, und das ist nichts anderes als der Ätherkörper, der aus demselben Stoff wie unsere Gedanken besteht.[147] Es ist derselbe Geistleib wie der Ätherkörper im Diesseits, nur auf einer höheren Vollzugsebene. „*So ist es auch mit der Auferstehung der Toten. Was gesät wird, ist verweslich, was auferweckt*

---

[146] In der ägyptischen Kultur ist das „BA" mit Seele zu vergleichen – sie schwebt über jedem Menschen und setzt das auch nach dem Tod fort. Denn nach dem Tod erhebt sich der Verstorbene mit der Hilfe von BA in eine andere Wirklichkeit.

[147] In Ägypten ist „KA" die Geistgestalt, die unabhängig vom leiblichen Körper existiert – es ist der Ätherkörper, der während des irdischen Lebens den Menschen als geistiges Kraftfeld durchströmt und sich nach dem Tod auf den Weg ins Totenreich begibt. Dabei müssen alle Verdunklungen während des irdischen Lebens in den verschiedenen Läuterungsstufen im Jenseits überwunden werden, damit KA in seinem ursprünglichen Licht wieder strahlen kann.

wird, unverweslich. Was gesät wird ist armselig, was auferweckt wird, herr-
lich. Gesät wird ein irdischer Leib, auferweckt ein überirdischer Leib. Denn
Fleisch und Blut können das Reich Gottes nicht erben." (Paulus 1 Kor.15)

Im Osten wurde das Prinzip der Wiedergeburt immer bewusst anerkannt, wenn es auch zuweilen mit skurrilen Zusätzen und Auslegun-
gen interpretiert wurde, was leider vielen Konfessionen gemeinsam ist.
Alle religiösen Lehren wurden immer und überall durch engstirnige
und beschränkte Kommentare von Theologen stark verzerrt und entstellt. In den Grundtatsachen „eines geistigen Ursprunges, eines
Abstiegs des Geistes in die Materie und eines Wiederaufstiegs zurück
ins geistige Zentrum" sind sich jedoch alle Religionen einig.[148] Diese
universelle Kreisbewegung ständiger Involutionen in Manifestationen
erfolgt so lange, bis diese das innewohnende Geistbewusstsein in voll-
endeter Weise wieder zum Ausdruck bringen. Das zu begreifen, ist der
wahre Sinn im Leben und zugleich ist es das Ziel der Seele, diesen Sinn
in einer menschlichen Inkarnation in Liebe umzusetzen, was leider nur
wenigen Menschen gelingt und darum im Jenseits fortgesetzt werden
muss. Dieses einzige Anliegen der Seele steht im Mittelpunkt eines
Lebens und überschattet alles andere. Und das heißt, um seine eigene
Seele besorgt zu sein und alles im Leben nur auf sie auszurichten. Ver-
liere dein Leben, *„rette deine Seele"* (1.Mos.19,17)

Dabei ist alle Leibhaftigkeit die Manifestation Gottes, die aus Liebe
geschah. Denn der Körper ist die Vorbedingung für die Rückführung
der Liebe ins Zentrum Gottes, was in kosmischen Dimensionen nur
über eine Inkorporation des Geistes erfolgen kann. In dieser Dimension ist die Leiblichkeit die *conditio sine qua non* für Gott selbst, weil Gott
seine Schöpfung nicht verderben lassen will. Da die Liebe immer eine
freiwillige sein muss, muss Gott selbst die Bedingungen so gestalten,
dass ein jedes Geschöpf die Möglichkeit hat, freiwillig ins Zentrum
zurückzukehren, was nur über die Transparenz der Leiblichkeit geschehen kann. Dieser Prozess geschieht immer nur in umgekehrter Folge
proportional zur vormals falschen Richtung und Einstellung im Leben.

---

[148] Alice Bailey a.a.0.

Wurde der Körper zur Lust und Freude missbraucht, so bedeutet die Umkehr einen Leidensweg im Loslassen aller dieser körperlichen Verhaftungen. Es handelt sich quasi um ein jenseitiges „Gericht" der eigenen Seele, das den Schuldigen zwar nicht bestraft, aber dennoch richtet, indem es eine konsequente Weiterführung bestimmt. *„Jede deiner ehemaligen Handlungen liegt vor den Augen der Götter ausgebreitet, weil jeder Mensch für seine Taten allein verantwortlich ist, denn alle irdischen Entscheidungen wirken sich vollinhaltlich im Jenseits aus."*[149]

Dafür besitzen die Menschen einen freien Willen und sind für alle ihre Entscheidungen mit verantwortlich, werden aber auch immer von höheren Wesen geleitet und geführt. Denn jeder Mensch bekommt Hilfe aus dem Jenseits, nur die meisten Menschen schlagen alles in den Wind. Gott hat die Menschen für ein höheres und ewiges Leben erschaffen und lässt sie darum nur so lange auf der Erde verweilen, bis sie die notwendige *„Willensfreiheitsprobe der Liebe"*[150] bestanden haben. Bei Versagen müssen diese Läuterungen im Jenseits fortgesetzt werden, um die Seele von den Unlauterkeiten weiter zu befreien. Denn diese Willensfreiheit des Menschen besteht einzig und allein in der Entscheidung „für oder gegen Gott". Alle anderen Willensbekundungen sind nur scheinbar „freie", weil sie von der ersten und einzigen „Willensfreiheit" abgeleitete sind, aus denen die „Schicksalsgebundenheit" eines Menschen resultiert. Denn sich gegen Gott zu entscheiden, bedeutet immer zugleich Verhaftung an die Welt der Bilder. Streifte darum der Mensch schon zu Lebzeiten dieses „Gewand von toten Bildern der Verblendung" ab, so wäre er zwar vor der Welt ein „rechter Narr" und selbst ohne wirkliche Identifizierung mit der Welt, aber hätte dafür keine Bilderverhaftungen mehr und wäre völlig transparent auf seine Seele hin. Die Seele wäre dann in ihrem freien rein geistigen Zustand mit der Urform des Geistes[151] vereint, gleichsam in ihrem lichtätherischen, substantiellen Zustand, und eine weitere Läuterung im Jenseits erübrigte sich so.

[149] aus Ägypten
[150] Jakob Lorber a.a.O.
[151] Im Hinduismus Indiens verlässt die Seele (Atman) beim Tod den Körper, wodurch sie jede Beschränkung durch den Körper verliert und wird eins mit dem Bewusstsein (Brahman). Die ganze Welt ist Brahman und Geist ist sein Stoff. Erlösung vom Leiden ist die Vereinigung von Atman mit Brahman.

Darum ist es wichtig, dass das zyklische „Gesetz der Wiedergeburt" wieder ins Bewusstsein der Menschen gelangt. Der Tod erscheint den Menschen oft so sinnlos, weil sie die Absicht der Seele nicht kennen. Durch den Inkarnationsvorgang bleiben vorherige vergangene Entwicklungen verborgen, und von den uralten Vererbungen und ehemaligen Dimensionsbedingungen weiß der Mensch nichts mehr. Vor allem ist das Wahrnehmungsvermögen für die innere „Stimme der Seele" auf Erden noch nicht allgemein entwickelt. Das ist der Grund, warum alle Mystiker so entschieden darauf hinweisen, dass jeder Mensch *im Jenseits das ernten wird, was er im Diesseits gesät hat.*

Im diesseitigen Leben ist der Mensch immer in einem Prozess, im Jenseits dagegen befindet sich die Seele in einem Zustand. Darum erfolgt die jenseitige Läuterung mehr über ein intuitives Erfassen und Begreifen ähnlich wie zu Lebzeiten im Traum. In seinem Buch „Die Pilgerreise" beschreibt Bunyan[152] in sehr anschaulichen Berichten dieses permanente Scheitern einer menschlichen Seele auf ihrer Suche und „Reise ins Paradies". Bunyans „Pilgerreise" ist ein einziger Alarmruf an die Menschen, bereits während ihres diesseitigen Lebens mit der Läuterung auf dem inneren Weg zu beginnen. Er schildert, wie sich Einige zwar auf den inneren Weg begeben, aber nur ein kleines Stück zurücklegen und dann wieder stehen bleiben und aufgeben. Die meisten jedoch fangen aus Unkenntnis oder Furcht damit gar nicht erst an, sich diesen Bemühungen auszusetzen.

Außer der Tatsache, dass es dieses Gesetz der „Wiedergeburt" gibt, wissen wir nur wenig darüber, wie es sich in allen Einzelheiten auswirkt. Es können nur einige Angaben gemacht werden, wobei diese wenigen Feststellungen keinen Widerspruch verdienen: Das Gesetz der „Wiedergeburt" ist ein Prinzip im Kosmos und zugleich der Prozess, der durch das Gesetz der Evolution veranlasst wurde und in enger Beziehung zum Gesetz von Ursache und Wirkung steht. Es handelt sich dabei um die fortschreitende Evolution, die auch den Menschen befähigt, den ursprünglich involvierten Geist Gottes aus den

---

[152] John Bunyan, „Die Pilgerreise"

groben Formen eines gedankenleeren Materialismus zu erlösen, indem man sich wieder zu einer geistigen Vollkommenheit empor entwickelt, um über die Liebe die Seele ins göttliche Zentrum zurückzuführen. Das erklärt auch die Unterschiede der Menschen und macht in Verbindung mit dem Gesetz von Ursache und Wirkung deutlich, warum es so verschiedenartige Lebensumstände und Einstellungen zum Leben gibt. Es bringt ferner den Willensimpuls der Seele zum Ausdruck und ist nie nur das Ergebnis einer gedanklichen Entscheidung. Denn es ist die Seele in allen Erscheinungsformen, die sich wiederverkörpert und sich dafür einen zweckdienlichen physischen, emotionellen und mentalen Körper auswählt und aufbaut. Das Gesetz der Wiedergeburt wirkt sich allein auf der Seelenebene, also der spirituellen Ebene aus. Von da aus wird der Vorgang der Wiedergeburt in Gang gebracht und geleitet.

Das Sterben als Übergang vom Diesseits ins Jenseits

Beim Wechsel vom Diesseits ins Jenseits oder zwischen Leben und Tod steht das Sterben. Solange der Wille zum Leben noch besteht, wird die mentale Lebenskraft in ihrer sichtbaren Form erhalten, denn das Leben auf der physischen Ebene dauert so lange an, wie der Entschluss zum Leben besteht. In dem Augenblick jedoch, da dieser Wille zum Leben sich zurückzieht, geht vom Denken des Ego keine Energie mehr zum Körper aus, ein Anklammern an die Form ist nicht mehr möglich, es tritt der Tod ein und es kommt zur Auflösung des Körpers. Dabei bedeutet ein hartnäckiges Anklammern an die Form immer ein schweres Sterben, weil die Anziehungskraft der Form auf den Geist eine große Hemmung ausübt. Erst die endgültige Zurückweisung der Form ermöglicht den Übergang ins Jenseits und die Herausführung der Seele. Bei dieser Herausführung wird der Mensch in einen Zustand versetzt, der die Mitte zwischen Schlafen und Wachen hält, wobei ihm nichts anderes bewusst ist, als dass er völlig wach sei. Man weiß in diesem Zustand jedoch nicht, ob man noch im Körper ist oder diesen bereits verlassen hat. Es ist ein Zustand der Empfindungslosigkeit, wobei das innerliche Leben samt Denken davon unberührt bleibt.

Eine der vordringlichsten Aufgaben sollte es darum sein, sterbende Menschen auf das vorzubereiten, was man als den „Rückerstattungsaspekt des Todes" ansehen muss, um so dem Tod als gefürchtetem „Feind des Lebens" eine neue Bedeutung zu geben. „Tod, wo ist dein Stachel?!" Der Tod muss wieder zu einem normalen Vorgang werden, der ebenso normal ist wie die Geburt. In diesem Zusammenhang scheint der Hinweis hilfreich zu sein, einem Sterbenden bewusst zu machen, dass er sich einst auch vor seiner menschlichen Inkarnation und dem damit verbundenen „Abschiedsvorgang" in der folgenden Geburt und Inkarnation genauso fürchtete, wie jetzt vor dem Tod auf seinem Weg in eine ungewisse Zukunft. Denn bei der irdischen Geburt wechselt eine Seele lediglich die Dimension, indem sie sich von ihrer bisherigen Dimension trennt, um auf Erden geboren zu werden. Es ist ein doppelter Vorgang[153] von „Rückerstattung und Wiederherstellung". Im Tod gibt man, indem man von der leiblichen Hülle befreit wird, die ätherischen Energien an die Substanzwelten zurück, die wieder der Seele zur freien Verfügung stehen. Indem die Menschen lernen, den Tod als einen Akt der Rückerstattung zu sehen, erhält der Tod eine völlig neue Bedeutung und wird zu einem integralen Teil im fortdauernden Lebensprozess werden. Denn jeder Tod erfolgt unter der bewussten Leitung der Seele, ungeachtet dessen, wie wenig ein Menschenwesen sich dieser Leitung bewusst sein mag. Bei den meisten Menschen geht der Prozess automatisch vor sich, denn wenn die Seele ihre Aufmerksamkeit zurückzieht, ist der Tod die unabwendbare Reaktion auf der physischen Ebene.

Beim Sterben wird der zweifache Faden der Lebens- und Vernunftenergie zurückgezogen. Wenn nur der mit der Denkkraft ausgestattete Faden zurückgezogen wird, handelt es sich um ein Koma und es besteht keine bewusste Wahrnehmung mehr. Die Seele betätigt sich anderwärts und ist auf ihrer eigenen Ebene mit eigenen Angelegen-

---

[153] Govinda, Tibetanisches Totenbuch: „Denn was wir Geburt nennen, ist die andere Seite des Todes, nur ein anderer Name für den gleichen Vorgang, so wie wir dieselbe Tür als Eingang oder Ausgang bezeichnen. Man mag sich mit Recht wundern, dass keiner sich seines letzten Todes und in gleicher Weise seiner Geburt erinnert und doch keinen Augenblick daran zweifelt, dass er geboren wurde. Denn man übersieht die Tatsache, dass das aktive Erinnerungsvermögen nur einen sehr kleinen Teil unseres normalen Bewusstseins ausmacht und das unser „unterbewusstes Gedächtnis" alle Eindrücke und Erfahrungen, die unserem Wachbewusstsein längst entglitten sind, registriert und aufbewahrt."

heiten beschäftigt. Wenn die Frequenzen der Gehirnströme nicht mehr messbar sind, bedeutet das für den Arzt: „klinischer Tod", das aber ist keineswegs endgültig der wahre Tod. Denn solange die Herztätigkeit noch in Funktion ist, kann der Tod nicht erfolgen. Eine Seele verlässt erst mit dem Stillstand des Herzens endgültig den physischen Körper. Genauso erfolgt die Inkarnation der Seele mit den ersten Herztönen des Fötus im Mutterleib. Um diesen Tatbestand zu akzeptieren, ist in der Gegenwart der Widerstreit zwischen den Wissenschaftlern und dem religiösen oder kirchlich gesinnten Menschen entstanden. Erstere lehnen es ab, das zu glauben, was noch unbewiesen ist und einer Beweisführung nicht zugänglich zu sein scheint, während religiöse Gruppen und Organisationen einer offenbarenden Wahrheit oft nicht trauen, weil sie im Kontext der Konfession zu wenig Beachtung findet. Unsterblichkeit ist und bleibt aber eine Tatsache und wird in allen Religionen angenommen, auch wenn sie von der Wissenschaft nie bewiesen werden kann. In dem Maß, wie die Menschen lernen, bewusst ihre Seele zu Wort kommen lassen und den Schwerpunkt ihres Bewusstseins in die seelischen Bereiche verlegen, um die Formen lediglich als Mittel der Wesensäußerung anzusehen, werden die alten, düsteren Gedanken über den Tod allmählich vergehen, und an deren Stelle wird eine neue Einstellung treten.

Das wird dann eine Wandlung im Bewusstsein der Menschen zur Folge haben und die Kontakte zwischen Diesseits und Jenseits fördern, weil damit zugleich telepathische Verbindungen zwischen den Menschen wieder bewusst hergestellt werden. Diese telepathischen Verbindungen werden eine ganz allgemeine Erscheinung sein und auch zwischen Hinterbliebenen und Verstorbenen tatsächlich zustande kommen. Seite an Seite mit der uralten Furcht vor dem Tod muss die Erkenntnis über das Jenseits bereits im Leben vergegenwärtigt und nicht ständig verdrängt werden. Es braucht kaum gesagt zu werden, dass die Furcht vor dem Tod lediglich auf dem Wechsel beruht, eine vertraute Umgebung und Sicherheit für etwas Unbekanntes und Fremdes verlassen zu müssen, wobei diese „Liebe zum Leben" beim Menschen auf dem tiefsten Instinkt der menschlichen Natur beruht.

Die einzige Hoffnung auf ein Loskommen von dieser schlecht begründeten Furcht liegt darin, die absolute Tatsache der ewigen Seele anzuerkennen. Das bedeutet, dass der Mensch bereits im Leben der Seele aufgeht, anstatt im Leben des Körpers. Sorgen, Einsamkeit, Not und Bedrängnis, Verfall und Verlust sind Vorstellungen, die verschwinden müssen, wenn die allgemeine bisherige Einstellung gegenüber dem Tod ebenfalls schwinden soll.

Denn in Wahrheit gibt es keinen Tod, sondern nur eine Befreiung aus dem Gefängnis der fleischlichen Hülle. Beim Sterben handelt es sich um jenen „Losreißungsprozess", den es in Wirklichkeit gar nicht gibt, und der so sehr gefürchtet wird. Denn der Tod ist für den Menschen die konsequente Fortsetzung des Lebensprozesses in einer anderen Dimension, wobei im Bewusstsein des Verstorbenen alle Interessen und Tendenzen des ehemaligen Lebens unverändert beibehalten bleiben. Eine Seele spürt keinen großen Unterschied und ist sich anfänglich gar nicht bewusst, das Todesereignis durchgemacht zu haben. *„Wüssten die Menschen, dass sie irgendwann in ihrem Leben für immer in ein unbekanntes Land auswandern müssten, sie würden keine Mühe scheuen, sich Kunde von diesem Land zu verschaffen. Nur wissen zwar die Menschen, dass sie sterben müssen, tun aber gar nichts, um vom Jenseits Kunde zu erlangen."* (Walther Hinz). Darum ist für die Menschen, die sich innerlich gar nicht auf ein Weiterleben nach dem Tod vorbereitet haben, der Tod tatsächlich wie Schlaf und Vergessen, denn ihr Bewusstsein ist für die jenseitigen Bedingungen noch nicht genügend erweckt, um darauf reagieren zu können. So ist z. B. für einen Nihilisten das Jenseits auch ein „Nichts", weil der Speicher seiner Erinnerungen praktisch leer ist.

Die Erdeninkarnation ist im wahrsten Sinne des Wortes der letzte „Abstieg" im Universum in das „Gefangensein" der materiellen Fesselungen im Kosmos. Der physische Tod im Erdenleben ist daher der erste Schritt auf dem Weg zur Wiederbefreiung aus diesem Gefängnis. Der Tod ist ja nichts anderes als die „Rückgeburt" in eine parallele jenseitige Welt, ähnlich der, aus der wir alle einst kamen. Auch in diesen

Welten kannte man Grauen und Angst vor dem „Tod", was sich lediglich auf die Verhaftung und Identifizierung mit den jeweils gewohnten Formen gründete. Diese „Liebe zum Leben" ist in Wahrheit jene naturhafte Verhaftung an die Materie auf Erden und steht im Widerspruch zur geistigen Welt, der „anderen Wirklichkeit". Diese Art „irdischer Liebe" läuft allen religiösen Lehren über die geistigen Realitäten zuwider.

In der Gegenwart stehen leider dieser inneren Zuversicht und Jenseitserkenntnis noch immer alle bisherigen Denkgewohnheiten entgegen. Es sind vor allem die ausgesprochen materialistischen Einstellungen und der Widerstreit zwischen einer scheinbar beweiskräftigen Wissenschaft und einer glaubensmäßig skeptischen religiösen Auffassung. Vor allem jener heute so ausgeprägte materialistische Standpunkt behindert ein neues Verständnis. Denn dem Materialismus zufolge dauert ein bewusstes Leben nur so lange, wie die physische, berührbare Form existiert. Für den Nihilisten gibt es nach dem Tod mit dem darauf folgenden Zerfall des Körpers keinen sich als wesensgleich erkennenden Menschen mehr, weil das „Ich"-Gefühl, das Bewusstsein der Individualität mit dem Verschwinden der Form vergeht. Dabei wird übersehen, dass die Persönlichkeit eines Menschen viel mehr ist als die Gesamtsumme seiner Körperzellen.

Andererseits ist heute erfreulicherweise auch zu beobachten, dass den Menschen die Erscheinung des Todes insofern vertrauter geworden ist, weil das Leben im letzten Jahrhundert durch Kriege und Katastrophen bestimmt wurde, so dass trotz der uralten, tiefverwurzelten Todesfurcht im Bewusstsein der Menschen die Erkenntnis aufdämmert, dass es viel schlimmere Dinge auf Erden gibt als den Tod. Die Menschen haben erfahren müssen, dass das Zurücklassen der Werte, für die sie im Leben kämpften und die sie als wesentlich erachteten, für sie oft von größerer Bedeutung war, als die Besinnung auf den Tod. Es ist die Folge der weltweiten Zerstörungen und eines Elends, die zur Erkenntnis einer unbesiegbaren Hoffnung auf bessere Zustände führt. Diese Anschauung kommt jetzt in großem Maßstab zum Vorschein und sollte nicht als reines Wunschdenken abgetan werden, sondern ist ein erstes Anzeichen für ein verborgenes latentes Wissen im Menschen, welches in der Zukunft wieder zu einem vertrauteren Umgang mit der unumstößlichen Tatsache des Todes und der „anderen Wirklichkeit" führen wird. Dann wird die Befreiung des Geistes aus der Verhaftung an die Welt von größerer Bedeutung sein als das endgültige Abtreten von der menschlichen Bühne beim Tod. Dieses aufdämmernde Begreifen der Unsterblichkeit wird zur Überwindung der Todesfurcht beitragen, und unsere überwertig materiell bestimmte Zivilisation wird einer mehr dem Geiste zugewandten Kultur Platz machen. Dabei werden auch alle konfessionellen Organisationen mit ihren begrenzenden und verwirrenden Gotteslehren einer übergeordneten „geistigen Hierarchie" und deren undogmatischen, überkonfessionellen Lehren weichen müssen.

Das Leben nach dem Tod

„Auferstehung"

„Wenn der Tod an den Menschen herantritt, dann stirbt nur, was an ihm sterblich ist. Das Unsterbliche , die Seele, bleibt heil und weicht dem Tode aus. Doch die Seele vermöchte das nur, wenn sie edel und vernünftig gelebt hat. Denn die Seele bringt nur das in die Unterwelt mit, was sie im Leben geübt hat – darum heißt es, dass der Tote zu Beginn seiner Reise die Früchte seiner Tugenden und Laster erntet – denn jeder Mensch wird im Jenseits ernten, was er im Diesseits gesät hat". (Platon)

Das „Kleid des Geistes" ist die feinstoffliche Ätherhülle, welche die Seele umgibt, die sich beim Ableben eines Menschen vom physischen Träger trennt. Diese Trennung erfolgt, weil zwischen den beiden „Körpern" keine magnetische Anziehungskraft mehr besteht. Der

Erdentod ist lediglich das Abfallen des grobstofflichen Körpers von der feinstofflichen Hülle nach feststehenden Gesetzen der Strahlungsenergien, wobei Seele und Körper ihren Teil zu dieser Strahlungsverbindung beitragen müssen – *„... im Augenblick des Abfallens des Leibes befindet sich die Seele in der Auferstehung"*[154]. Im Sterben geht es allein um die absolute Rückerstattung alles Leiblichen, um das Loslassen alles dessen, womit man sich im Leben identifizierte, zuletzt auch um das eigene Ich. Kernproblem ist darum die Frage: Wo bleibt das *Ich* – jener „Inhaber" des Körpers, wenn dieser Körper verlassen wird und alles Körperliche verschwindet? Genauso nackt wie zur Geburt geht der Mensch in den Tod ein, denn kein Mensch wird als Ich geboren, sondern das Ich ist das Ergebnis eines Lebens und verschwindet nach dem Tod wie der physische Körper.

Das Geschehen unmittelbar nach dem Tod

Unmittelbar nach dem Tod ist sich der Verstorbene im feinstofflichen Körper seiner Umwelt ebenso bewusst und gegenüber dieser ebenso aufmerksam, wie zu der Zeit, als er noch auf der physischen Ebene lebte.[155] Denn der Bewusstseinsbereich und das Wahrnehmungsvermögen sind ganz ähnlich wie im einstigen irdischen Leben. Allerdings sind sich nicht alle Verstorbenen der Umstände oder des unmittelbaren Erlebens in gleichem Maße bewusst. Da jedoch die meisten Seelen mehr emotionell als nur rein physisch bewusst in ihrem Astralkörper polarisiert lebten, ist der Verstorbene mit dem neuen Bewusstseinszustand, in dem er sich befindet, eher vertraut und empfindet sich ähnlich wie auf Erden. Da es keine wirkliche Trennung zwischen „Diesseits und Jenseits" gibt, geht das „Leben" im Jenseits genau an dem Punkt weiter, wo beim irdischen Sterben quasi eine Art „Abbruch" erfolgte. *„Wenn ihr Geist nach dem Tode wieder auflebt, so erscheinen sie sich selbst in einem derart ähnlichen Körper wie*

---

[154] Jakob Lorber a.a.O.
[155] Griechenland (Homer): „... die Seelen behalten im Jenseits widerstandslos ihre Emotionen. Wie sie gestorben sind, so bleiben sie und haben keine Möglichkeit, von sich aus ihren seelischen Zustand zu verändern und gemachte Fehler auszumerzen."

zuvor in der Welt, so dass sie denken, noch weiter dort zu leben. In Wirklichkeit sind sie jedoch nicht mehr in einem materiellen, sondern in einem geistigen Leib, der nur ihnen als materiell erscheint."[156)]

Man wird also nicht in dem Sinne „verwandelt", dass man seine Eigenschaften, seine Vorlieben, Antipathien und Prägungen verliert, seine Werke (positiv und negative) hinter sich lässt oder seine Grundeinstellung (Weltanschauung, Glaube, Hoffnung) verliert und sogleich ein „anderer" wird. Der Mensch legt beim Sterben nur das Körperliche und Diesseitige ab und wechselt nur in die geistig jenseitige Existenzdimension, und zwar in genauen „Entsprechungen" zu seinem irdischen Wesen. Der Verstorbene befasst sich völlig mit dem, was ihn während seiner Inkarnation interessiert hat. Der Unterschied zum ehemaligen Erdenleben besteht darin, dass es jetzt kein physisches Gehirn mehr gibt, das auf Impulse, die von einem ehemaligen Ich ausgehen, reagieren kann, und dass man auch keine Geschlechtlichkeit im physischen Sinne mehr erleben kann. Denn man vergisst zwar langsam seine frühere Existenz, aber alle tendenziösen Neigungen in diesem Leben bleiben erhalten, die das Wesen eines Menschen bestimmten. Die Seele ist jetzt im Astralkörper frei von den rein animalischen Impulsen, die auf der physischen Ebene normal und richtig waren, jetzt aber im Astralkörper keine Bedeutung mehr haben.

Zuerst gelangt die Seele in eine Art Zwischenzustand, um dann erst ihrer eigentlichen Bestimmung nach dem Bereich zugeordnet zu werden, der ihrer Entwicklung entspricht, wobei die unterschiedliche Aufenthaltsdauer in diesem Wartezustand sich aus der Entsprechung oder Nichtentsprechung des Inneren und Äußeren beim Menschen ergibt. Nach dieser Wartezeit[157)] geht den Seelen auf, dass sie sich in einer geistigen Welt befinden, die in verschiedene Gesellschaften je nach guten oder bösen Neigungen geordnet ist. In diese verschiedenen Gesellschaften wird dann die neu angekommene Seele weitergeleitet und

---

[156)] Jakob Lorber a.a.0

[157)] „Wenn ihr Geist nach dem Tode wieder auflebt, und dies geschieht gewöhnlich am dritten Tag, nachdem das Herz zum Stillstand gekommen ist, so erscheinen sie sich selbst in einem derart ähnlichen Körper wie zuvor in der Welt, so dass sie denken noch zu leben. In Wirklichkeit sind sie jedoch nicht mehr in einem materiellen, sondern in einem geistigen Leib, der nur ihnen so erscheint." (Anonymos)

geprüft, worauf eine Seele reagiert: Auf das Gute oder das Böse. Das bestimmt die Zuordnung einer Seele nach den Entsprechungen im vormaligen Leben, und eine Seele gelangt dann in die ihr gemäße Gesellschaft, die vollständig mit dem in der Welt geführten Leben übereinstimmt. Dort führt die Seele erstaunlicherweise das gleiche Leben wie in der Welt."

Bei der Loslösung vom Erdenkörper zieht die Seele den Ätherkörper mit sich fort, wobei dieser nach dem irdischen Abscheiden der Seele zuweilen noch eine zeitlang unweit seines ehemaligen Erdenkörpers verbleibt. Hatte allerdings ein Mensch sich im Leben stark nach allem Irdischen ausgerichtet und wollte er von jenseitigen feinstofflichen Welten nichts wissen, so verbleibt dieser Verbindungsstrang über seine ursprünglichen Intentionen oft sehr lange erhalten. Für jene Menschen, die nur in ihren materiellen Bedürfnisse den einzigen Sinn im Leben sahen, ergibt sich jener Zustand, den wir „erdgebunden" nennen. Im Leben sind an sich Wille und Verstand Lenker des Leibes, denn der Leib selbst hat weder Verstand noch Willen. Wenn jedoch im Leben die Kontrolle über den Leib verloren wurde, zwingen oft die erdwärts gerichteten Neigungen aller Begierden solche Seelen, auch im Jenseits oft noch eine sehr lange Zeit in der Nähe ihres letzten Aufenthalts zu verbleiben.

Wenn eine Seele selbst im vergangenem Leben quasi ins „Fleischliche" übergegangen war, dann ist in diesem Falle auch die Seele im Jenseits beinahe so gut wie völlig „tot". Aber selbst eine solche „Fleischseele" stirbt nie den „leiblichen Tod", sondern west weiter fort, dieses aber in einem Zustand sehr mageren Erkennens. Es dauert oft sehr lange, bis eine so „verfleischlichte Seele" zu einem helleren Erwachen kommt. Solche Seelen suchen oft verzweifelt und mit allen Mitteln, den Kontakt mit der vergangenen Welt wiederherzustellen und dorthin zurückzukommen.[158] Nur in einigen wenigen Fällen hält auch eine übergroße

---

[158] Erscheinen meines Vaters nach seinem Tod: Aus persönlicher Erfahrung kann ich bestätigen, dass mir und sehr vielen anderen Menschen mein Vater nach seinem Tod erschienen ist. Diese Erscheinungen erfolgte ca. 6 Wochen lang - am 16.2.1951 ein letztes Mal. Eine merkwürdige Begleiterscheinung war ein starkes Absinken der Temperatur, und unser 10 jähriger Hund fing an zu winseln, verdrückte sich in eine Ecke und kotete ein.

persönliche Liebe zu den Zurückgelassenen oder das erkannte Versäumnis einer dringenden Pflicht solche Seelen in einem ähnlichen „erdgebundenen" Zustand fest. Spirituell fortgeschrittene Menschen, die bereits in höheren Regionen der Astralebene gewirkt haben, empfinden dagegen oft im Jenseits eine ausstrahlende Liebe für ein spirituelles Leben. Für diese Verstorbenen ist der Tod ein unmittelbarer Eingang in eine Sphäre des Dienens und der Wesensäußerung, die sie sofort als altvertraut erkennen, weil sie auch in ihrem irdischen Schlaf bereits dienend tätig waren.

Es ist der Geist, der im Jenseits durch die jeweils tragenden ätherischen Hüllen wahrnimmt. Durch die Entmaterialisierung erfolgt eine zunehmende Leichtigkeit, die auf einer immer schnelleren Bewegung der Frequenzen beruht, wobei es sich beim Tod um ein totales Umschalten auf einen höheren Frequenzbereich handelt. Dadurch erzeugen alle jene verschwundenen und bisher wahrgenommenen irdischen Frequenzen zuweilen anfänglich einen Zustand, der beängstigend ist, weil der Verstorbene sich in diesem Zwischenbereich zwar lebendig, aber äußerst befremdlich in einer für ihn erschreckenden Verlassenheit fühlt. Denn mit der Erhöhung der Schwingungen erfährt man auch eine gravierende Veränderung des Zeitbegriffes, womit sich auch alle bisherigen Sinnzusammenhänge verändern. In dieser „schnelleren Zeit" konzentrieren sich die Seelen nicht mehr auf irdische Nebensächlichkeiten, auf die sie im Leben so viel Zeit verschwendet hatten. Es bleibt nur das Wesentliche erhalten und nicht mehr jene Umstände, die dazu führten. Es ist nur noch das von Bedeutung, was den Geist bewegt, und nicht mehr den irdischen Verstand. Durch den Geist wird sich die Seele blitzartig der Verantwortung bewusst und alles dessen, was sie versäumt hat.

Phasen im Jenseits

Über das „Leben im Jenseits" gibt es unzählige Berichte und Beschreibungen von Jenseitserfahrungen, von denen wohl die *divina comedia* von Dante, „Himmel und Hölle" von Swedenborg und die

Durchsagen von Jakob Lorber, die bekanntesten sein dürften. In den modernen Zivilisationen mit ihren ungläubigen Skeptizismen erscheinen alle diese Bekenntnisse und Berichte über das „Jenseits" den Menschen eher spektakulär, werden in den Bereich phantastischer Vorstellungen von Sciencefiction verschoben und nicht ernst genommen Denn in Wahrheit wollen die Menschen von den beschriebenen Bedingungen dieser jenseitigen Läuterungsbereiche auch gar nichts wissen. Man nimmt sie eher wie in der Kindheit als gruselige Geschichten und spannende Märchen wahr. In allen solchen Berichten wird von den jenseitigen Bedingungen in einer zwar sehr eindringlichen aber auch oft sehr verallgemeinernden Art berichtet, so dass man sich letztendlich davon selten persönlich angesprochen fühlt. Alles bleibt für den Leser ein mehr oder weniger „unverbindlicher Bericht" sensationeller Unwirklichkeiten. Da es sich jedoch bei allen abgeschiedenen Seelen immer auch um sehr individuelle Zustände handelt, sind zwar solche dargestellten Verallgemeinerungen oft die einzige Möglichkeit, überhaupt darüber zu berichten, erschweren aber in der Tat jegliche persönliche Identifikation damit. Es sind immer „die Anderen", deren Läuterungen beschrieben werden. In diesem Zusammenhang sei auf die Anthologie von Jenseitserfahrungen von Gottfried Hierzenberger „Der Blick auf die andere Wirklichkeit" (Erkundungen des Jenseits) verwiesen.

Das „Leben" geht im Jenseits genauso weiter wie im Diesseits und es besteht darum die berechtigte Hoffnung, eine im diesseitigen Leben nicht erbrachte „Läuterung", auch nach dem leiblichen Sterben im Jenseits fortsetzen zu können, um die „verloren gegangene Heimat"[159], den göttlichen Ursprung, wiederzugewinnen. Denn Läuterung ist überall möglich. Diese erfolgt im Jenseits, im „Fegefeuer" jedoch unter anderen Bedingungen als im diesseitigen Leben. Denn im Diesseits nimmt der Mensch seine Verhaftungen allein über die Sinne seines grobstofflichen Körpers wahr. Diesen grobstofflichen Körper gibt es nun nicht mehr, aber auch der feinstoffliche Körper besitzt eine ähnliche Ausstattung, wodurch der Ätherkörper wie im diesseiti-

---

[159] vgl. Das Gleichnis vom verlorenen Sohn.

gen Leben über die jeweils tragenden feinstofflichen Hüllen wahrnimmt. Es ist wie im Traum im vergangenen Leben. Die „Materie" ist im
Jenseits durch ein ätherisches Medium ersetzt, so dass auch alle wahrgenommenen Erfahrungen von diesem bestimmt werden. So gibt es
z. B. auch im Jenseits eine Art von Nahrungsaufnahme, die mit Gefühlen begleitet wird. Das hängt wiederum von der Aktivität der Chakren
des Ätherkörpers ab, denn auch im Leben erlebte man nur Lustgefüh-
le, Genuss und Freuden über den Ätherkörper. Der Unterschied zum
Leben besteht lediglich darin, dass alle Gefühle über die Sinneswahrnehmungen des Körpers aus initiiert und erlebt wurden. Im Jenseits
hat man durchaus noch immer eine Wahl beim Essen und Trinken,
doch erfolgt beides nicht mehr über die Sinne, sondern nur in Form
eines „virtuellen Sich- Einverleibens", das nur sensitiv erfolgt und daher
von Körperreaktionen befreit ist. Das Gleiche gilt auch für die Sexualität, die sich nur in seligen Empfindungen eines Ineinanderfließens
abspielt. Es handelt sich um eine Art Verschmelzung, die eine Erfüllung
darstellt, nach der sich alles in der gesamten Schöpfung sehnt.

Den Seelenzustand Verstorbener könnte man in drei unterschied-
liche Phasen unterteilen, wobei schon die Ankunft der Seelen im Jenseits
sich ganz unterschiedlich gestalten kann:
    1. Phase ist das Sterben selbst als „der Prozess der Rückerstattung"
der Physis. Dieser Vorgang umfasst die Zeitspanne, während der sich
die Seele von der physischen Ebene und vom Ätherkörper zurückzieht. Dieser Vorgang des Sterbens umfasst zwei Stadien:
a. Es werden die Atome, aus denen der physische Körper besteht, an
   die „Quelle" zurückgegeben, aus der sie kamen. Diese Quelle ist die
   Gesamtheit der Materie des Erdplaneten, aus welcher auch der
   grob-physische Körper des planetarischen Lebensträgers besteht.
   „denn du bist Staub, und zu Staub sollst du wieder werden". [160]
b. Die ätherische Hülle, die aus einer Zusammenballung von Energien
   besteht, gibt diese Kräfte an das allgemeine Energie-Sammel-
   becken zurück. Dieser zweifache Vorgang bildet den Prozess der
   „Rückerstattung".

---

[160] Genesis 3, 19

In einer **2. Phase** müssen alle Verhaftungen, die im Leben eines Menschen oft so eminent wichtig schienen, im Jenseits wieder gelöst werden. Denn der Astralkörper hat sich durch die intensiven Imaginationen im Dienst des Verlangens buchstäblich eine so starke „Verdichtung" der Einbildungskraft zugelegt, durch die eine illusorische Scheinwelt geschaffen wurde, die im Jenseits wieder abgebaut werden muss. Das ist die Phase der „Läuterung". Alle Seelenläuterungen dienen dazu, diese Verdichtungen einer Seele wieder aufzulösen, denn im Jenseits muss die Seele auch den Astralleib ablegen.

3. Phase – der „dritte Tod" findet statt, wenn die Seele endgültig alle Reste von Beziehungen zur kosmisch-physischen Ebene durch die Läuterung aufgegeben hat, das Ziel erreicht ist und alles Streben ein Ende hat. Wenn das ätherische Doppel eines Menschen endgültig zerbricht, verliert es seine Polarisation (oder Verankerung) in seiner Gestalt und erlaubt das Entkommen. Es gibt keine Quelle der Anziehung, also keinen magnetischen Brennpunkt mehr, und das große Gesetz der Anziehung verliert seine Herrschaft darüber. Es erfolgt die Auflösung der Form, und dies ist jener Aufstieg in höhere Dimensionen, deren Lebenssphären für uns nicht mehr vorstellbar sind, wo sich die befreite Seele wieder ihrer selbst als Engel bewusst wird und wieder in der Seelenwelt aufgeht.

1. Phase: Übergang vom Leben zum Sterben

In dieser ersten Phase nach dem Sterben besteht der Unterschied zum ehemaligen Erdenleben lediglich darin, dass es keine physischen Impulse mehr gibt, die von einem Ich ausgehen, denn der Mensch befindet sich nicht mehr in einem prozesshaften Geschehen wie im Leben, sondern in einem Zustand, auf den die Seele nur noch reagieren kann. Die Dauer, bis eine endgültige vollständige „Rückerstattung" im Jenseits erfolgt, ist unterschiedlich. Das ist dann jener Augenblick eines spontanen und direkten Seelenkontaktes, jenes endgültige Loslassens aller materiellen Verhaftungen, der niemals unbemerkt an einer Seele vorübergeht. Eine kurze „Sekunde" lang antwortet die Seele, und diese Antwort ist derart, dass alle Erfahrungen der vergangenen Inkarnation vor der „inneren Sehe" der Seele wie in einem Film blitzartig im Zustand absoluter Zeitlosigkeit ablaufen.

Zuerst findet sich die Seele eines Verstorbenen auf der „anderen Seite des Vorhangs", sieht oft noch alle diejenigen, die um den Verstorbenen bei seinem Sterben waren, und ist sich all derer voll bewusst, die noch im physischen Körper weilen. Der Verstorbene kann sie sehen, sich in ihre Empfindungen versetzen und auf ihre Gedanken einstellen, denn das physische Gehirn, das ja nicht mehr vorhanden ist, wirkt nicht mehr als Blockade. Ferner wird sich auch eine Seele der Wesen um sie selbst bewusst, die sie im Jenseits empfangen. Im Prinzip werden fast alle Seelen drüben empfangen und erst danach zu den für sie bestimmten Bereichen geführt. Bei Unfalltod oder einem plötzlichen Herausgerissensein finden sich allerdings die Seelen anfänglich sehr schwer zurecht und wehren sich meist noch heftig gegen den neuen Zustand. Denn zuerst muss eine Seele überhaupt begreifen, dass sie als Mensch gestorben und in einer anderen Dimension wieder „erwacht" ist. Diese Tatsache wird von vielen Seelen nur langsam begriffen und das Begreifen erstreckt sich oft über einen längeren „Wartezustand", in welchem diese Seelen nach dem irdischen Ableben in einem Zwischenbereich zunächst in eine Art tiefen „Schlaf" versinken. Sie benötigen eine gewisse Dauer, um sich vom Übergang des Diesseits ins Jenseits und den meist im Leben gehabten schweren Leiden wieder zu erholen.

In eigner Beobachtungen wurde mir ein solcher Aufenthaltsort Verstorbener gezeigt: Ich sah eine riesige Halle im Dämmerlicht wie ein Lazarett mit Hunderten von Betten (Liegen), auf denen völlig zugedeckte Körper lagen. Zwischen den Liegen huschten ständig Gestalten hin und her und schienen eine Art betreuender Funktionen zu haben. Als Kommentar wurde mir dazu gesagt: „ *Das sei ein Beispiel für fast alle verstorbenen Seelen, die sich in der Tat nie auf das Jenseits vorbereitet hatten, weil sie gern lebten, ohne daran zu denken, dass nur gerne leben nicht der Sinn des Lebens ist. Insofern ist dieses dir gezeigte Bild stellvertretend für fast alle verstorbenen Seelen. Die Halle ist eine ganz typische Station aller derer, die ihr ganzes Leben lang den Sinn ihres*

Daseins „verschlafen" haben und darum vorerst in der Fortsetzung auch noch weiter schlafen, bis sie von ihren Schutzgeistern geweckt werden, um dann endlich in den wahren Sinn des Lebens langsam eingeführt zu werden. Solche Seelen müssen dann ohnehin das Leben nachholen".

In dieser Schlafphase erleben die Seelen wie in einer Art Traum[161] oft ihr ganzes vergangenes Leben, und zwar nicht wie in einem Film als Bilderfolge, sondern in der wahren Wirklichkeit aller inneren Motivationen ihrer einst durchlebten Lebensvorgänge. Das erzeugt in ihnen ein „heilsames Erschrecken" über ihre oft sehr wenig liebevollen Motivationen. Aber nur so können sie im Traum ihre Verfehlungen erkennend einsehen und begreifen. Zwar haben die Menschen diese schlechten Motivationen während ihres vergangenen Lebens sehr wohl immer in der Seele (Gewissen) gespürt, aber durch ihr einseitiges nur nach außen gerichtetes Erfolgsbestreben bis zur Irrealität verdrängt. Diese verdrängten Motivationen, die schlagartig der Seele bewusst werden, beinhalten aber allein den wahren Sinn des einstigen Lebens. Ziel und Sinn dieser „Vorführungen" ist es, wieder den Weg zum wahren spirituellen Zentrum zu eröffnen, was leider jedoch keineswegs immer gelingt, weil sehr viele Seelen es hartnäckig verweigern, Gott als Ziel des Seins zu akzeptieren.

Die 2. Phase: Läuterung im Jenseits

Nach dieser Schlafphase schließt sich eine Phase der Gewöhnung an den noch ungewohnten Seinszustand an, weil alles noch befremdlich erscheint. Denn nach dem „ersten Tod des physischen Körpers" bleibt die Astralebene noch genauso real, wie zu Lebzeiten. Aber ihre Wirkungskraft schwindet allmählich, und der mentale Bereich

---

[161] Hiob 33, 14: „Im Traum werden sie geistig beeinflusst, um sie aus ihrer geistigen Stumpfheit herauszureißen und ihnen den Sinn für das Wesentliche zu schärfen. Schutzgeister, Mittler und Engelwesen öffnen die Ohren und schrecken sie durch Warnung auf." – Dieses Gericht ergeht unmittelbar nach dem Tod und ist höchst „individuell."
Koran: „Denn jedem Menschen haben wir sein Geschick bestimmt, und am Tag seiner Auferstehung werden wir ihm das Buch seiner Handlungen geöffnet vorlegen und ihm sagen: Lies selbst in deinem Buche, deine eigene Seele soll dich an jenem Tage zur Rechenschaft ziehen." … „ Der Herr kennt alle Sünden der Menschen: Wer das vergängliche Leben liebt und genießt, der soll es haben, aber wir haben ihm nach diesem Leben die Hölle bestimmt. Wer aber das zukünftige Leben liebt und sein Leben gläubig ausrichtet, dessen Streben ist Allah gefällig."

beginnt, seinen eigenen wahren Bewusstseinszustand zu erkennen. Zwar werden dabei sehr ähnliche Vorstellungen und Situationen wie auf Erden erlebt, diese aber insofern mehr bedrohlich empfunden, weil sie ständig wechseln, während die Seele selbst ihren Zustand dabei nicht verändern kann. Es ist ähnlich wie in einem Film, in dem man selbst unbeweglicher Zuschauer ist und alles um einen herum sich in scheinbar realistischer Bewegung befindet. Die Seelen befinden sich in einer Art Zustand der „Gefangenschaft" und werden in unterschiedlicher Weise mit diesem „Film", dem sie nicht entfliehen können, konfrontiert. Grund dafür ist, dass im Jenseits keine „Zeit" mehr existiert, womit es auch keine prozesshafte Aufeinanderfolge von Ereignissen mehr gibt, die von einem *Ich* registriert werden könnte. Es gibt nicht mehr das Prinzip von Ursache und Wirkung, sondern man befindet sich in wechselnden „Zuständen". Diese Phase dient dem weiteren Erkennen, dass man noch immer in den ehemaligen Vorstellungen wie zu Lebzeiten auf Erden gefangen ist. Und das ist sehr bitter. Bekanntlich geht eine Seele mit allen Vorstellungen, Gedanken und Gefühlen, mit denen der Ätherkörper umkleidet ist, ins Jenseits hinüber. Die Seelen „leben" daher noch in den abgelebten Bildern weiter, und diese hindern die Seele, so lange sie existieren, die Wahrheit zu erkennen.[162] Erst ab einem gewissen Stadium der Läuterung hat eine Seele die Chance, sich ganz zu erkennen und dann zu bereuen. Doch dieser Prozess erfolgt oft zögerlich, bis die Seele endlich die rechte Einsicht erreicht. Dabei ist die Reue als Wiedergutmachung mit vielen Schmerzen der Seele verbunden.

Erkennen bedeutet im Jenseits transparentes Sehen mit den Augen der Seele. In dieser Phase geht es um den Prozess der „Ausmerzung" (Loslassen von Verhaftungen). Es handelt sich um den „zweiten Tod", das Erlöschen aller astralen Bindungen, die den Menschen beherrschten. Dieser zweite „Tod" wird im Läuterungsbereich des Jenseits zu Ende geführt. Hat eine Seele diese Erfahrungen erkannt, dann beginnt sie, jene Erlebnisse herauszusondern, die im vergangenen Leben die

---

[162] Swedenborg als wohl größter „Seher" der jüngsten Vergangenheit hat dank seiner Begabung sehr detaillierte Berichte vom Jenseits verfasst, um die Menschen auf den Übergang in die geistige Welt des Jenseits vorzubereiten. „Ich habe auch gesehen, wie viele Seelen oft schwer behangen waren mit allerlei Weltunrat, von dem sie sich befreien müssen".

bestimmenden Hauptfaktoren gewesen waren, weil sie die Schlüssel zur nächsten Verwandlung sind. Alles andere wird vergessen, und alle nebensächlichen Erfahrungen schwinden aus dem Gedächtnis.

Allerdings widerfährt den Seelen in dieser 2. Phase bereits eine erste Hilfe durch andere Seelen, die sich in einem ganz ähnlichen Zustand befinden, was dem gegenseitigen Erkennen dient. Das ist genau der Zustand, den Dante in den unterschiedlichen Bereichen des „Fegefeuers" beschreibt.

Alle diese „Gesellschaften" basieren auf der Grundlage „emotionaler Gesundung", einer Art von „Kastenwesen", das auf fundamentaler geistiger Verwandtschaft basiert, denn eine Seele kann nur erwarten, mit solchen Geistern in Verbindung zu treten, mit denen Gleichartigkeit besteht. Auf diese Weise soll den Seelen an den „Mitgefangenen" deutlich vor Augen geführt werden, was sie im Erdenleben falsch gemacht haben und wie hässlich und lieblos sich ihr eigenes Verhalten anfühlt. Dieser Zustand dauert oft sehr lange, weil sich die Seelen meist heftig – wie auch schon im Leben – gegen jede Einsicht wehren. Es ist natürlich immer sehr schmerzlich, sich mit diesen für einen selbst so hässlichen Bildern identifizieren zu müssen, bis man endlich mit Erschrecken erkennt, dass man es ja selbst ist, der sich so hässlich verhalten hat.

3. Phase: „Der dritte Tod"

Denn das ist die Wahrheit, vor der man sich ein Leben lang gedrückt hat. Vor dieser Wahrheit schrecken die meisten Seelen auch im Jenseits zurück und versuchen wie im irdischen Leben, sich hinter Bildern der Verblendung, Täuschung und Selbstentschuldigung eines Nichtgewussthabens zu verschanzen. Das ist aber im Jenseits nicht mehr möglich, weil die Transparenz eine totale ist. Keine Seele kann sich mehr hinter Lügen und Täuschungen verstecken. Sondern wird sofort in ihren wahren Motiven ertappt, weil alle „Sünden" für alle immer offenbar und einsichtig sind. Die leiseste Veränderung in der Gefühlswelt bewirkt einen korrespondierenden Wechsel in der Erscheinung, ebenso wie im Wohlbefinden. Es ist Sichtbarkeit für alle, denn der Ätherkörper ist von einer so empfänglichen Struktur, dass jedes Gefühl durch seine Farben sofort ausgedrückt wird. Wenn nichts verborgen bleiben kann, erfordern alle Beziehungen ein hohes Maß an Selbstkontrolle. Das löst Ängste vor dieser Transparenz und der Unmöglichkeit aus, sich maskieren zu können. Im Leben dagegen konnte man sich hinter seinen Verblendungen und Täuschungen verstecken und so „Güte und Frömmigkeit"[163] vorspiegeln. Man konnte sich und andere darüber täuschen, dass man nie wirklich bereit war, die Wahrheit zu sagen, und so wurde man im Leben an der Liebe schuldig. Im Jenseits beginnt darum erst nach einer totalen Einsicht und einem Bekennen in Reue eine wirkliche Läuterung.

Dieser Prozess der Läuterung als „Prozess der Ausmerzung" bezieht sich auf den Vorgang der Verwandlung einer Seele im Jenseits. Er betrifft die Beseitigung des astral-mentalen Körpers (Loslassen von Verhaftungen) durch die Seele, so dass sie bereit ist, ungehindert den ihr eigenen Ort zu finden. Läuterung ist die conditio sine qua non für das Erkennen des Gesetzes von Ursache und Wirkung und in der darauf folgenden Buße die Vorbedingung für die Liebe. Denn nur der Mensch ist zum ewigen Fortleben als Seele bestimmt, wo hingegen die Materie oder Natur dafür nicht bestimmt ist, weil sie in sich nur ein „gerichtetes Geistiges" ist. Weil aber in Gott die Liebe ein freier Wille ist, müssen im Menschen alle von Gott eingegebenen Gedanken geistig ewig fortbestehen.[164] In einer dualen Welt gibt es bekanntlich immer zwei Pole, und das ist die Grundbedingung für die Entscheidungen im diesseitigen Leben, denn ohne Zweiheit keine Freiheit eines Willens. Im Jenseits fällt diese polare Spannung weg, weil die Seelen nicht mehr in einem prozesshaften Geschehen sind, sondern

[163] Swedenborg: „Was jene Menschen betrifft, die im Leben äußerlich fromm gelebt haben, ihre Seele ständig kasteiten und dabei doch nur daran gedacht hatten, nach dem Tode als „Heilige" zu gelten, so befinden die sich keineswegs im Himmel, weil sie alle diese Dinge nur für sich selbst getan hatten und damit der göttliche Wahrheit durch ihre Selbstliebe besudelten. Denn nur wer das göttliche Licht rein wiederspiegelt gelangt in den „Himmel", wer dagegen sein „Eigenlicht" dazwischenmengt, wer bezweifelt, bekrittelt, verfälscht, zurechtrichtet, der verliert das „göttlich Wahre" aus seinem Blickfeld und macht ein „menschlich Wahres", ohne dies zu bemerken daraus.
[164] Lorber: „Jeder Gedanke Gottes, der einmal herausgestellt worden ist und alle Ideen kehren wieder zu Gott zurück, doch nicht mehr pur als das, als was die Ideen hinausgestellt worden sind, sondern als völlig lebendige, ihrer selbst klarst bewusste, selbständige Wesen. Werdet darum vollkommen, wie da vollkommen ist euer Vater im Himmel. Denn alles einmal irdisch Geschaffene nimmt einmal ein Ende, wenn es durch die Vollendung der göttlichen Liebe in sich nach und nach ganz ins rein Geistige wieder übergegangen ist. Das wird jedoch noch sehr lange währen, bis das Feuer der göttlichen Liebe alle Materie in ihr ursprünglich Geistiges wieder aufgelöst haben wird."

in sich wandelnden Zuständen. Diese ermöglichen nicht wie im Leben durch prozesshafte Reibung eine Weiterentwicklung, sondern nur über ein bereuendes Erkennen des eignen Zustandes, den nur eine demütige Buße beenden kann.

Ab diesem Zeitpunkt ist eine Seele nicht mehr allein, sondern wird von guten Geistern oder Engeln begleitet, die allen reuigen Seelen Möglichkeiten der Buße aufzeigen. Von einer solchen Entwicklung berichtet Eva Herrmann in ihren Aufzeichnungen „Von Drüben" nach Durchsagen von Sigmund Freud: *Im Jenseits sind Illusionen über den eignen Seelenzustand ein Ding der Unmöglichkeit, da den Seelen eine unerbittlich-objektive Gegebenheit gegenüber steht Es ist die Methode, durch die sich eine Seele von ihrem einstigen Unrecht reinigen kann. Dabei ist der erste Schritt das Erkennen eines Unrechtes, ohne sich „wie im Leben" ständig zu belügen. Der nächste Schritt zur Wiedergutmachung ist dann jede Form des Dienens im Dasein für andere und das Aufgeben des Egoismus. Nur Altruismus ist das Merkmal einer erwachenden Seele.* So in etwa wäre die unterste Stufe des Läuterungsbereiches zu beschreiben. Es geht dabei immer um das Erkennen der einstigen Verblendungen. Die Auflösung erfolgt durch ein ständiges Vorführen dieser Verblendungen durch gleich betroffene Seelen, denn nur darüber erfährt die Seele ihren eignen Verblendungszustand. Dieser ist aber oft so verhärtet, dass eine Einsicht ohne Hilfe nicht mehr erfolgen kann. Wenn sie jedoch erfolgt, beginnt ein sehr langer bitterer Weg der Rückkehr zu einer wieder erlebten oder besser wieder entdeckten Einsicht in die gedanklichen Prozesszusammenhänge, die im Leben zu ideologischen Verblendungen führten. Verblendungen sind oft deshalb so hartnäckig, weil die Seelen sich damit so stark identifizierten und sich selbst dadurch für positiv und gut halten, dass sie es einfach nicht schaffen, diese Verbohrtheiten endlich loszulassen, um die bittere Wahrheit zu akzeptieren, dass ihre gesamten Bemühungen im ehemaligen Leben völlig sinnlos, lieblos und sogar schädlich waren. Solche Seelen halten ihre ständigen Rechtfertigungen für ihre ehemaligen Handlung eisern aufrecht, weil sie ein Schuldeingeständnis nicht zulassen. Die Vorstellung, wieder bei Null anfangen zu müssen, ist für sie unerträglich.

Erst danach besteht aber die Chance, in eine nächst höhere Stufe aufzusteigen, weil das nur über eine absolute Demut, in der auch nicht mehr der geringste Eigenwille sein darf, erfolgen kann. Wenn die Seele so ihr wahres Wesen erkennt und das Wesen der sie umgebenden Erscheinungswelt versteht, ermöglicht diesen Wechsel allein die Liebe: Denn es ist die Liebe, die alles führt und nicht das Bewusstsein. Entscheidend ist die Sühne aus Liebe: *„Der Schächer am Kreuz hat alles in der letzten Minute seines Lebens gesühnt"*. Allein nur das zählt, nicht seine bösen Taten, die nur als ungesühnte zählen. Die Hölle oder besser der Läuterungsbereich ist genauso gestaffelt wie die Bilderwelt im Diesseits. Die oft grauenerregenden Bilder haben in beiden Bereichen nach wie vor die Aufgabe, den Seelen ihre Sünden zu verdeutlichen, was nur leider nicht immer gelingt. Es sind die Motive hinter einer Tat, die den Menschen zwar durchaus bewusst sind, aber in deren Komplexität leicht falsch eingeschätzt werden. Die Menschen überbewerten in der Bündelung ihrer Motive leicht jenen verschwindend geringen Anteil an positiven Motivationen zur Rechtfertigung ihrer im Prinzip fast ausschließlich bösen Absichten.

Nur im hingebenden Dienen sind die Seelen in der Lage, auch andere „mit Liebe zu füttern", was so viel bedeutet: Sich anderen hingebungsvoll zuzuwenden und alles das anderen zu überlassen, was diese Seelen brauchen. Sie sind angehalten, ständig an alle anderen zu denken und ihnen zu dienen, wobei sie sich selbst in ihrer Substanz erschöpfen. Natürlich fließt dabei die Kraft ständig nach, doch fühlt sich dieses für andere ständige Einzusetzen wie ein permanentes Opfer an. Es ist das, wovor sie sich im Leben immer gedrückt hatten. *„Wir Geister wohnen ganz eigentlich in unserer völlig eigenen Welt – im Gegensatz zu euch, die ihr in einer von Gott geschaffenen Welt lebt. Unsere Welt ist das Werk unserer Gedanken, Ideen und des Willens Es ist das Werk der Liebe, und nur die gleichen Geistes sind, können mit einander korrespondieren."*[165] Und das erfolgt dann immer gegenseitig im ständigen Verzicht und Loslassen. Indem man absichtslos und ohne Eigenwillen alles dem andern überlässt und keineswegs versucht,

[165] Jakob Lorber a.a.0.

selbst zu geben und zu nehmen; denn alles Nehmen und Geben ist immer an ein *Ich* gebunden und damit zugleich an einen Willen, wobei sich das *Ich* zwangsläufig auf sein Geben immer auch etwas zugute hält. „*Wenn du hier etwas finden willst, so musst du es nicht so anstellen wie in der materiellen Welt, in der man alles nur außer sich sucht. Du musst alles in dir suchen, dann erst wirst du einen Ort finden, der deinem Denken, Wollen und deiner Liebe entsprechend ist.*[166] *So lange der Mensch noch in seinem Leibe steckte, zwang dieser ihn, alles in messbares Werten zu bringen, dabei stand es mit den geistigen Dingen sehr schlecht, weil der Mensch auch diese messen will und damit sie nur verdirbt. Erst jenseits tritt er in die neue Welt, die ihm die Wunder Gottes enthüllt. Wo er mit geistigem Auge sieht und nicht mit den schwachen leiblichen Augen, die ihm nur die Materiewelt vorführt*" (Lorber).[167] Im Jenseits lässt die Seele nur noch los, ohne dabei gut sein zu wollen. In diesem neuen Zustand geht es um die Zerstörung des falschen Selbstwertgefühls und um die Akzeptanz des wahren Selbst. Denn nur so ist man überhaupt wirklich befähigt, auch anderen Seelen hilfreich beizustehen und sie mit unendlicher Geduld zu führen, ohne jemals dafür Lohn oder Lob zu erwarten, sondern aus Liebe im Opfer der eignen Energie nur die oft so störrischen Seelen immer wieder aufzurichten. Dabei darf aber niemand in das Innenleben der anderen eingreifen, weil man jeder Seele das Erreichen ihres Zieles selbst überlassen muss.

---

[166] Bernhard von Clairvaux a.a.O.
[167] Jakob Lorber a.a.O.

Nachwort

Die Liebe

Auf diese Art und Weise wird die Menschheit im Diesseits wie im Jenseits über die Liebe wieder in die spirituelle Hierarchie des gesamten Universums erneut eingegliedert. Denn die Liebe hat im Schöpfungsplan immer vorgesehen, eine solche Reise durch die Schöpfung zu machen, um überall die Liebe auch wirken zu lassen. So erfährt die Schöpfung eine permanente Verwandlung, an der auch der Mensch aktiv beteiligt ist, weil er ein Doppelwesen aus Geist und Materie ist. Es ist Gott selbst, der sich auf Erden diese höchste Anforderung an die Liebe im Universum stellt, indem er mit jeder Seele den Weg durch das Universum geht. Wenn eine Seele ihr wahres Wesen erkennt, versteht sie gleichsam auch das Wesen der gesamten Erscheinungswelt, was allein die Liebe ermöglicht: Denn es ist die Liebe, die alles führt und nicht das Bewusstsein. Das Bewusstsein bestimmt in diesem Prozess der Bewegungen Art und Weise und einen bestimmten Grad oder Stand, die Liebe allein die Qualität. Das ist das Ziel, welches Teilhard den Zustand des „kosmischen Christus" (Christusbewusstsein) bezeichnet: *„Der „kosmische Christus" ist die sich vergöttlichende und erlösende Gegenwart Gottes in der Schöpfung, die wiederum der geheimnisvolle, in der Evolution befindliche Leib des „kosmischen Christus" ist. Die vollkommene Verkörperung des Christus-Prinzips sind alle „Gottessöhne" wie Buddha, Krischna, Jesus oder alle Heiligen".*

Der Geist schafft sich in der Materie diesen neuen Modus des Seins aus der Potenz der Materie. Dabei ist die Liebe als Idee selbst die Wahrheit, kann aber nur in ihren Erscheinungsformen wahrgenommen werden. Die Liebe ist dabei der Motor aller Erscheinungen und als Prinzip im Geist Gottes enthalten. Das ist das unendliche Liebesspiel Gottes mit sich selbst. Auch die Schöpfung ist Gott selbst, und zwar in seiner Sichtbarkeit. Dabei verbindet sich die höchste Liebe mit der Erkenntnis Gottes und die höchste Erkenntnis gebiert die Liebe als Erlösung aus der Materie. Sie ist das Erkennen, dass die Liebe aus der fatalen Vorstellung einer Trennung von Schöpfer und Geschöpf wieder in die Einheit mit Gott zurückführt.

Im Leben besteht immer die Versuchung zu gedanklicher Selbstherrlichkeit, zum Spiel der Macht oder der Verblendung, in dem der Mensch nicht mehr seinen Ursprung sieht und in der Illusion der Bilder verhaftet bleibt. Denn das *Ich* befindet sich ständig in der Versuchung und Verhaftung seiner Welteingebundenheit, kann jedoch über den Verstand diese Diskrepanz beider Daseinszustände unterscheiden und erkennen lernen. Aber erst, wenn es einem Menschen gelingt, diese Diskrepanz aufzulösen, sich von allen Verhaftungen seines Verlangens bewusst frei zu machen, wird ein Mensch auf dem inneren Weg vorangehen können. Der Mensch ist dann nicht mehr ein „Opfer der Welt", sondern er wird zum vollen Werkzeug Gottes, weil nur in ihm die Sinngebung zum vollen Bewusstsein gekommen ist. Die größte Selbsterkenntnis ist aber ohne Gotteserkenntnis nichts wert, denn Gotteserkenntnis bedeutet immer zugleich auch die Umsetzung des Erkannten. Wer wähnt, es verstanden zu haben, läuft Gefahr, sich nicht weiter um die Umsetzung zu bemühen. Erst wenn man mit dem Erkannten auch ernst macht, hat man die Gewissheit, es wirklich verstanden zu haben.

Die Wiedervereinigung mit Gott geht über die Befreiung von allen Verhaftungen an die Formen, so dass man sich nicht mehr mit dem identifiziert, was nur zur Erscheinungswelt gehört. Der erleuchtete Mystiker sieht dem „Schauspiel des Lebens" zu und sorgt dafür, dass die Formen, deren er sich in der Welt der Erscheinungen bedient, richtig beherrscht werden, so dass alle seine Handlungen mit dem großen Plan übereinstimmen. *„Wenn man die Welt in ihrem eignen Wesen erkennt, sieht man die Geschöpfe in Bildern mannigfaltiger Unterschiedlichkeit. Erkennt man dagegen die Geschöpfe in Gott, dann sieht man alle*

Geschöpfe ohne Unterschiedlichkeit und aller Bilder entbildet in dem Einen, das Gott selbst ist" (Meister Eckhart). *Denn der Mystiker ist selbst reines Erkennen* (Gnosis). Dennoch betrachtet er die manifestierten Ideen über das Medium seines Denkvermögens, wobei er zugleich immer auch auf das dahinterliegende geistige Reich der Ursachen sieht. Denn das Denkvermögen ist nur das Instrument, um Gedanken, Vorstellungen und Ideen wahrzunehmen, und zwar über die greifbaren, dinghaften Formen, Stimmungen, Gefühle und Begierden des täglichen Lebens, mit denen sich der Mensch über lange Zeiten identifiziert. Über das Denkvermögen kann ferner die Welt der Ursachen in Begriffen des Verstandes gedeutet und durch richtigen Gebrauch an das niedere persönliche Selbst übermittelt werden. Im Laufe der Zeit hat der Mensch gelernt, sein Denkvermögen so zu beherrschen, um zwischen der täuschenden Welt und jenen Wirklichkeiten, welche die Welt des Geistes ausmachen, unterscheiden zu können. Erst darüber kommt der Mensch zur wirklichen Erkenntnis Gottes und lernt das Wesen des Geistes verstehen.

„Wenn der Mensch die Seele schaut, so weiß und erkennt er sich selbst auch als erkennend; denn er erkennt, dass er Gott schaut und erkennt. In jener Erkenntnis, in der der Geist erkennt, dass er Gott erkennt, liegt der Kern der Seligkeit: Die Seele schaut Gott unverhüllt und sie wird im Sein Gottes ganz still und weiß nichts mehr vom Wissen und von der Liebe, denn der Mensch schöpft sein ganzes Sein nur von Gott, bei Gott und in Gott, <u>nicht vom Gott-Erkennen, dass man Gott erkenne</u>. Und das bedeutet: Der Mensch muss erst in sich Eins sein, und zwar Eines mit Einem, Eines von Einem, Eines in Einem und in Einem Eines. Amen."

(Meister Eckhart)

Anhang

1. Therese von Avila S.173

Hier folgt zur näheren Erläuterung ein kurzer Exzerpt der „Inneren Burg" von Therese von Avila („Die Seele ist das wahre Abbild Gottes"). Es ist eine Abhandlung der Glaubensabstufungen, dargestellt in sieben Häusern.

I. Haus – Motto: Gebet, Demut und Nächstenliebe

Im ersten Haus wissen die Menschen wenig von ihrer Seele. Alle ihre Bemühungen sind auf die rohe Einfassung, auf die „Mauern" unserer Burg gerichtet. Aber nur in den innersten Räumen spricht die Seele mit Gott – wir sollen darum der Seele in diese Innenräume folgen. Die Tür nach Innen ist das **Gebet** als ständige Betrachtung der dunklen Mauern, was der Selbsterkenntnis dient, über die man allein den Weg zu den Innenräumen, zum „Lichtkern" findet. Konsequente Selbsterkenntnis führt zur Demut. Denn nur über die Demut ist die Suche nach Gott möglich. Sich selbst erkennen, heißt Gott suchen und nicht bei der Betrachtung des eignen Elends stehen bleiben. Wahre Selbsterkenntnis ist darum die einzige Möglichkeit, die erste Wohnung verlassen zu können. Auf dieser ersten Stufe braucht der Mensch noch sehr viel Zuflucht zu Gott, d. h. er bitte um Barmherzigkeit, weil alle Bilder (Vorstellungen) dieser ersten Stufe sehr armselig sind. Der innere Lichtkern wird darum noch überhaupt nicht wahrgenommen, weil die äußeren Leidenschaften zu stark sind. Sie verstellen den Zugang zum Lichtkern, was zur Folge hat, gegenüber allen weltlichen Versuchungen ständig zu versagen. Die einzige Möglichkeit, Gott zu suchen, liegt in einer durchaus möglichen echten Nächstenliebe. Darum ist gegenseitige Liebe hier das wichtigste.

II. Haus – Motto: Höchste Tugend ist hier die Beharrlichkeit (Ausdauer)

Ab dem zweiten Haus ist bereits das innere Gebet möglich, weil diese Menschen schon Erkenntnisse haben und darum mehr leiden als die Bewohner des ersten Hauses, die dafür zu stumpf und grob sind. Jetzt glauben sie bereits an Gott, fallen aber oft noch den Versuchen der Welt zum Opfer und frönen ihren Leidenschaften. Ausdauer ist notwendig, weil der Glaube von diesen Menschen noch sehr leblos ist. Auf dieser Stufe kann man noch nicht mit dem Trost Gottes rechnen, sondern ganz im Gegenteil: Die Menschen müssen an ihren eignen Leiden erstarken und werden aufgefordert, allein Gottes Willen zu folgen ohne Trost und Sicherheit. Darum ist das oberste Gebot auf dieser Stufe, hart gegen jeden Zweifel anzugehen, denn nur so kann ein wirklich starkes Fundament gelegt werden, wobei Versuchungen als Prüfungen notwendig sind.

III. Haus – Motto: Äußeres Gewissen, Moral, Kontrolle durch den Verstand

Noch lebt man in der Furcht Gottes (Altes Testament – der „Gerechte Gottes") und hat den Ehrgeiz, im Glauben und der Erkenntnis schon weiter sein zu können. Diese innere Forderung nach einer Höherstufung verhindert jedoch durch die Absichtlichkeit einen wirklichen Aufstieg. Auf der dritten Stufe belehrt man gern andere, weil man die eigene Tüchtigkeit zum Maßstab setzt und sie als eigenes Verdienst empfindet. Man will weiter voran, das jedoch ohne eigenes Risiko. Hier hilft nur **Demut.** Darum sucht man das Heil in todsicheren Methoden (Yoga, Meditation, Rosenkranzbeten etc.) Die man auch anderen missionierend aufdrängt, was allein nicht zum Ziel führt, sondern einzig und allein: Betrachtung der eignen Fehler und der absoluten Nichtigkeit der eignen Leistungen – denn bis zur dritten Stufe ist man nicht durch eigene Kraft gelangt, sondern durch die Hilfe Gottes. Man meint, geistige Tröstungen schon zu erlangen. Diese aber gehen noch über unser Bewusstsein und erzeugen so den Eindruck, dass die erzielte Freude unseren eigenen Anstrengungen zu entspringen scheint. Die wahre Freude, dass sich der eigene Wille mit Gottes Willen vereint, erlangt man allein nur über die Demut und das Leiden und erhält die ersehnte Gnade meist dann, wenn man am wenigsten daran denkt. *(Bis zu dieser Stufe ist die Menschheit bisher höchstes Glaubensmöglichkeit gelangt. Ein weiterer Aufstieg in den folgenden Häusern ist nur bei einzelnen Heiligen erreicht worden.)*

IV. Haus – Motto: Gebet der Vereinigung

Weniger denken, mehr lieben – dieses Haus stellt eine Art Verlobung dar, bei der sich Seele und Gott noch kennen lernen müssen. Ab jetzt ständiger Besuch beider, wobei die Seele bei Gott ist, aber unser Bewusstsein noch nicht. Geduld, Herzensgebet und Meditationen sind angesagt. Ab jetzt sind übernatürliche Sammlungen möglich, obwohl natürliche und übernatürliche Phasen sich noch sehr vermengen. Darum ist dieses Haus auch noch viel gefahrvoller als die folgenden Häuser. Die Seele geht in sich und die äußeren Dinge verlieren mehr und mehr an Bedeutung, weil man Gott jetzt im Inneren sucht. Das aber geht weder über den Verstand noch über die Einbildungskraft. Es handelt sich dabei um ein sanftes Zurückweichen ohne bewusstes Wollen. Dabei widerfährt es denjenigen ganz leicht, die ihre Gedanken und Vorstellungen loslassen. Nicht dabei denken, sondern sich nur öffnen – Herzensgebet und liebende Hingabe.

V. Haus – Motto: Gehorsam gegenüber Gottes Wille

Ab jetzt sind Zweifel nicht mehr möglich, denn im 5. Haus vollzieht sich die wahre Vereinigung. Es gibt trotz der Leiden einen inneren Frieden, weil die alltäglichen Probleme verschwinden. Ab jetzt will man ständig die Welt verlassen, und nur der Gedanke an Gott hält uns zurück, um in dieser Verbannung weiter auszuhalten. Man erreicht zwar meist eine äußerliche Gelassenheit, das aber nur unter sehr vielen Tränen. Wer im 5. Haus ist, hat bereits für viele Seelen Verantwortung. Versagt man dabei, so zieht man auch andere jetzt mit herunter, denn man ist nicht mehr nur für sich alleine da. Erst jetzt empfindet die Seele tiefsten Schmerz, der nicht mehr vergleichbar ist mit den Leiden früherer Wohnungen. Man fühlt sich oft wie zerrissen, und das kommt daher: Die Seele erkennt sich als Eigentum Gottes, dem sie ihre Liebe zurück bringen will. Man hat darum ein ständiges unbeschreibliches Heimweh und eine Sehnsucht nach etwas, was man nicht beschreiben kann.„Mit Sehnsucht habe ich nach dir verlangt..." (Lukas 22/15). Das ist das wahre Leiden Christi. Nur darin liegt die Bereitschaft, auch irdische Schmerzen auf sich zu nehmen. Diese sind viel geringer als die Leiden dieser Sehnsucht. Vor allem sieht man ständig, wie viele Menschen zum Teufel gehen. Die Leiden Christi nur von einem Tag füllen viele Leben gewöhnlicher Menschen an Leiden aus.

(Diese beiden letzten Häuser werden nur von sehr wenigen Menschen erreicht, sollen aber in ihrer Bedeutung für den „Aufstieg im Glauben" erwähnt werden).

VI. Haus – Motto: Je größer die Gnade, desto größer sind die Leiden

Die Seele wird jetzt „Braut" und verlangt nach dem „Bräutigam". Das ist sehr qualvoll. Wenn die Seele nicht um den Bräutigam wüsste, würde sie es nicht ertragen. Es gehört viel Mut dazu, denn es erscheint immer, als ob alles verloren wäre. Oft sind es besonders geliebte Menschen, die einem den größten Schmerz zufügen. Man wird viel missverstanden und verleugnet, was zu einer totalen Vereinsamung führt. Alles auf Erden wird ekelerregend neben den Gnaden der inneren Ansprachen, denn man hat ständigen Kontakt mit Engeln, muss aber immer noch bis zum letzten Atemzug Mensch bleiben, was nicht bedeutet, den Körper zu verleugnen. Mit anderen Worten:„Man soll Christus in sich entflammen, bleibt aber auf Erden immer Jesus."

VII. Haus – Motto : Die Seele ist im Zentrum

Die Seele ist immer voller Licht und in ständiger Fürbitte für die vielen verdunkelten Seelen. Das 7. Haus ist das der Vermählung: Mystische Hochzeit. Was Gott einem mitteilt, kann man nicht mehr beschreiben.

Die Seele ist im absoluten Frieden, die äußeren Leidenschaften jedoch nicht. Allerdings hat man eine große Festigkeit der Welt gegenüber erlangt. Es bedarf des Verstandes nicht mehr – alles ist nur noch Staunen und absolute Demut. Auf der 7. Stufe werden alle Anhaftungen im Emotionalen losgelassen, was die Beziehungen zu anderen Menschen total verändert. Der Mensch wird transpersonal, was bedeutet, dass die Beziehungen nicht mehr auf der persönlichen Anhaftung beruhen, sondern darauf, ob der Geist dazu führt, mit einer Person zu einer bestimmten Zeit zusammen zu sein.

2. Frequenztabellen in den Schlafphasen (S. 88); Meckelburg / Elektroenzephalogramm

Wellen	Frequenz Hz	Merkmale
Beta	14 30	Arbeitendes Gehirn, Aufmerksamkeit, waches Tagesbewusstsein
Alpha	8.....12	Ruhendes Gehirn, Entspannung, Vorschlafphase, Meditation
Theta	5....7	Schlaf, Bewusstlosigkeit, Einschlafen
Delta	< 4	Leichtschlaf, erste Träume, Absinken des Blutdrucks 4. Tiefschlaf
REM		Traumstadium, paradoxer Schlag 3-4 mal EEG entspricht dem Traumfilm

3. Herkunftswelten (S.69)

Das legt die Frage nahe, welche unterschiedlichen Bedeutungen die jeweiligen „planetarischen Herkunftswelten" haben. Diese sind sehr verschieden. Zum Beispiel ist es die Aufgabe inkarnierter Orioner, im Menschen die Stimulanzen für die Öffnung der Chakren zu beeinflussen, damit vor allem die Telepathie wieder verstärkt wird. Ferner kommen Helfer aus dem Bereich der „Virgo", die vor allem die Verbindung von Ätherkörper und Körper, bzw. die Beeinflussung von Genen durch eine Öffnung der Kräfte aus der Latenz wieder erforschen und beleben müssen, um diesen Bereich allen wieder bewusst zu machen. In diesem Zusammenhang ist ein Hinweis von Jakob Lorber sehr bedeutungsvoll. Er schreibt in seinem Buch „Von der Hölle bis zum Himmel. „Die geistige Führung des Robert Blum": „... vor seinem (Blums) irdischen Leben war seine jenseitige Existenz auf Saturn beheimatet. Seine Seele und sein Geist stammen von jenem Planeten, dessen Bewohner mit hartnäckiger Beharrlichkeit ganze Berge versetzten, und was sie leiblich nicht vollbrachten, noch im Geist ins Werk setzten." Dieses jenseitige Verhalten einer Beharrlichkeit bringen solche Seelen bei ihrer Inkarnation ins menschliche Leben als Gabe mit. Seelen aus hohen Bewusstseinsbereichen inkarnieren auf Erden immer freiwillig, um der Menschheit zu helfen und um die Kreislaufbewegung des Kosmos zu unterstützen. Denn es gibt sehr oft Stockungen, und das hemmt dann die gesamte Bewegung.

4. Zum „AUFBAU DER PERSON" von Phillip Lersch (Auszug), S.78

Aufteilung: 1.Lebensgrund, 2. Endothymer Grund, 3. Kortikaler Oberbau

1. Lebensgrund / die Vitalsphäre – ist das Insgesamt aller organischen Zustände und Vorgänge, die sich im Leib abspielen – es ist der biologisch-physiologische Träger, der die Vorbedingung für seelisches Leben im Menschen schafft; denn Leiblich-Materielles und Seelisch-Immaterielles stehen in ständiger wechselseitiger Beziehung und stellen eine integrierte, polar-koexistentielle Ganzheit dar. Für sich allein betrachtet handelt es sich um den animalischen Anteil des Menschen, und in Analogie zur Bewusstseinsentwicklung der Menschheit entspricht diese Vitalsphäre dem eindimensionalen archaischen Bewusstsein des Frühmenschen und innerhalb der Entwicklung jedes einzelnen Menschen dem Stadium des Säuglings.

Mit dem allmählichen Erwachen des ICH beginnt der Mensch mehr und mehr bewusst Welt zu erleben. Ihm öffnet sich die Welt des Erlebens wechselnder seelischer Vorgänge, Inhalte und Zuständen. Es sind Stimmungen, Gefühle, Affekte, Gemütsbewegungen sowie Triebe und Strebungen. Durch diese „Antriebserlebnisse" wird das seelische Leben wesentlich in Gang gebracht, weil diese aus Bedürfnissen als Grundbefindlichkeiten entstehen und für Selbsterhaltung, Selbstentfaltung und Selbstgestaltung die Voraussetzungen bilden. So ist jedes Bedürfnis immer richtungsbestimmt, denn es geht dabei um ein Ziel und seine Erreichung. Triebe und Strebungen sind so gesehen immer zugleich auch Wertgerichtetheiten. Lersch listet nun unterschiedliche Antriebserlebnisse auf:

a) ANTRIEBSERLEBNISSE

I. Die Antriebserlebnisse des lebendigen Daseins sind „Lebenswerte".
Der Bewegungsdrang
Der Tätigkeitsdrang
Das Genussstreben
Die Sexualität

II. Die Antriebserlebnisse des individuellen Selbstseins sind „ Bedeutungswerte".
Der Selbsterhaltungstrieb
Der Egoismus : Selbstsucht
Die Selbstlosigkeit
Der Wille zur Macht
Der Geltungsdrang – Geltungssucht – Anspruchsniveau
Der Vergeltungsdrang
Das Eigenwertstreben

III. Die Strebungen des Über-Sich-Hinaus-Wollens offenbart eine dritte Seite der Wirklichkeit des Menschen: Die „Sinnwerte". Diese Antriebserlebnisse sind auf die Teilhabe an der Welt abgestimmt, und zwar im Sinne des Besitzens und für sich haben Wollens, es sind Strebungen

mitmenschlicher Teilhabe und des Miteinanderseins (Gesellungs-
drang), des Kontaktsuchen und der Kommunikation. Es sind alle Arten
der mitmenschlichen Gesinnung wie der Nachahmungstrieb, das
Abgehobenheit von der Umwelt und Füreinanderseins, soziales Verhalten wie Helfersyndrom, aber auch Rücksichtslosigkeit, Rohheit, Bru-
talität, Rache, Vergeltungsdrang, Zynismus oder Sarkasmus. In diese
Rubrik gehört auch das Streben der schaffenden Teilhabe, der Schaf-
fensdrang: durch eigens Tun etwas aus sich herauszustellen – im
Gegensatz zum reinen Tätigkeitsdrang, der mehr zum lebendigen
Dasein gehört. Ferner Leistungsstreben und Gestaltungsdrang, im
Sinne eines Zuwachses von Wertbeständen; ferner alle Strebungen
der wissenden Teilhabe wie Wissensdrang als echtes Interesse im
Gegensatz zum Erlebnisdrang als reinen Sensationswert.

IV. Zu einer weiteren Gruppe gehören die Strebungen der „liebenden
Teilhabe":

Im Streben der liebenden Teilhabe sucht bereits die Seele die Welt
des empirischen Zufälligen und des Vergänglichen zu durchbrechen
und zur Wirklichkeit ewiger, die Zeit überdauernder Wesenhaftigkei-
ten zu gelangen; denn nur die Liebe führt den Menschen über die
Belange des Selbsterhaltungstriebes, des Egoismus, des Geltungsstreben und des Machtwillen hinaus. So unterscheiden wir zwischen Interesse und Liebe sehr wohl: Wir haben Interesse für etwas und Liebe zu
etwas. Einmal geht es um das Kennenlernen von Sachverhalten und
zum anderen um das Erfahren von Sinngehalten als übergreifender
Zusammenhang von Ideen und Idealen. Vom Liebenden her gesehen
ist die Liebe darum immer ein Streben über die Enge des Ich hinaus
zur Teilhabe am anderen; sie ist die Überwindung der Einsamkeit, Iso-
lierung und Vergänglichkeit.

b) GEFÜHLSREGUNGEN

I. Gefühlsregungen des „lebendigen Daseins":

Der Schmerz – er lehrt uns, wie das Leben selbst in sich zum Feind seiner selbst werden kann. Das Erleben des Schmerzes nennt man Leiden. Der Schmerz wird als Zustand erlebt und im Schmerz wird das Leben zum Unwert, weil man ihm keinen Sinn zuzuordnen vermag – allerdings gibt es auch neben dem körperlichen Schmerzen seelische Schmerzen, denen z. B. Meister Eckhart sehr wohl einen hohen Sinn zuordnet, und zwar „als schnellstes Pferd zur Erkenntnis". Die Antriebsgestalt vom Schmerz ist die Flucht.

Die Lust ist dem Schmerz entgegengesetzt, denn sie bedeutet keine Störung sondern Erfüllung des Lebensdranges. Das Erleben der Lust ist Genießen und die Antriebsgestalt der Lust ist Einatmen, Einsaugen Auskosten, in sich Hineinnehmen im Gegensatz zur Flucht vor dem Leiden.

Die Langeweile ist eine Gefühlsregung in der die Erfüllung des Lebensdranges zum Stillstand kommt. In der Langeweile erlebt man daher überhaupt keinen Antrieb sondern alles ist Leere und Öde. Überdruss und Widerwille – sind Folgen und Steigerungen der Langeweile. Ist diese der Nullpunkt des Lusterlebens, jedoch noch von Erwartung durchtönt, so könnte man den Überdruss als Widerlust bezeichne. Die Antriebsgestalt ist ein Sich-Verschließen, eine Art Gegenbewegung des Aufnehmens, ein Wegschieben und Wegwenden.

In Ekel und Abscheu wird das Wegwenden zur Dominanz und zur Selbstbewahrung, um nicht in Berührung zu kommen mit Beschmutzung und Infektion.

Diese bisher aufgelisteten und beschriebenen Gefühlsregungen stehen mit dem Lebensdrang selbst in enger Verbindung, und zwar in einer Art eines Beisichseins. Neben diesen gibt es auch Gefühlsregungen, die sich mehr bei den Dingen aufhalten und sich mit dem Draußen beschäftigen wie:

Vergnügen: Es ist das Erleben einer freien, ungehemmten Entfaltung, das genossen wird. Die Antriebsgestalt ist dabei das sich Hinein-

Begeben: „hinein ins Vergnügen" und das Genießen der Entfaltung des Spieltriebes. Das Vergnügen braucht und sucht die Umwelt, um sich an ihr vollziehen zu können.

Ärger: Dieser wäre dazu das Gegenstück als Missvergnügen oder als Verdrießen. Ursache ist die Störung der bisherigen Reibungslosigkeit des freien Funktionsablaufes, was uns die Laune verdirbt. Es führt zur Verstimmtheit des Missmutes, der Verdrossenheit oder der Verbitterung. Die Daseinsgestalt ist das Gefühl der Daseinsverarmung.

Freude oder das Sichfreuen sind dagegen Gefühlserlebnisse der Daseinsbereicherung. Sich Vergnügen und sich Freuen verhalten sich dabei wie Oberfläche und Tiefe, denn die Freude trifft den seelischen Schwerpunkt, der den ganzen Menschen erfasst. Dabei geht es um Sinnwerte und nicht wie beim Vergnügen nur um Bedeutungswerte.

II. Gefühlsregungen des „individuellen Selbstseins":

Gefühlsregungen der Selbsterhaltung

Erschrecken: Die Plötzlichkeit löst einen Schock aus, der mit einer Lähmung aller Bewegungen verbunden ist.

Aufregung: Es ist das Erleben einer Bedrohung, die uns irritiert und verwirrt – in diesem Fall keine Lähmung, sondern Unruhe, Desorganisation im Verhalten.

Wut: Im Gegensatz zum Erschrecken und der Aufregung, die mehr einen defensiven Charakter haben, im Gegensatz zur Wut, die ein hohes aggressives Potential besitzt. Es ist das Erleben einer Stauung innerer Spannungen, die zum Gegenschlag eines Widerstandes gereizt ist. Wut ist daher immer Zerstörungswut.

Furcht: Sie ist in einem doppelten Sinn zu verstehen: Sich-Fürchten und Befürchten. Beide Formen gehören zum Selbsterhaltungstriebes. Die Gefährdung ist nicht wie bei Schreck und Aufregung unmittelbar aktuell, sondern wird auf Grund von Erfahrungen als möglich erlebt. Sie ist immer auf ein Objekt bezogen im Gegensatz zur Angst, die keine Gefühlsregung ist, sondern eine stationäre Gestimmtheit und als solche gegenstandslos. Die Angst weiß nicht, wovor sie sich ängstigt. Die Furcht dagegen sieht die im Selbsterhaltungstrieb intendierte Sicherheit des Selbstseins bedroht.

Vertrauen / Misstrauen: Das Vertrauen ist der Furcht genau entgegengesetzt – die Antriebsgestalt ist die der Beruhigung, des Sich Öffnens und der Annäherung. Das Misstrauen ist dagegen mit der Furcht verwandt und wird in gesteigerter Form zum Argwohn.

III. Gefühlsregungen des Egoismus, Machtstrebens und Geltungsdranges:

Neid: Der zentrale Kern des Egoismus – es ist das dauernde Hinschielen auf andere, verbunden mit der virtuellen Gebärde des Wegnehmen Wollens. Basis des Neides ist eine permanente Unzufriedenheit, die sich bis zum Existenzneid steigern kann. „Der Neid ist die Wurzel allen Übels."

Eifersucht: Diese ist verwandt mit dem Neid – auch sie ist eine Gefühlsregung eines für sich Haben Wollens – unterschiedlich dazu ist, dass man in der Eifersucht immer in Konkurrenz mit anderen steht – es geht um die Rolle, die man spielt. Ursachen sind Geltungsstreben, Gekränktsein oder eine gestörter Machtanspruch.

Rache: Eine Form des Vergeltungsdranges. In der Erfüllung der Rache erleben wir Genugtuung. Sie ist als Antriebsgestalt quasi die „Lockerung der geballten Faust", die den Vergeltungsdrang begleitet. Das gilt in ähnlicher Form auch für die Schadenfreude, in der noch das Gefühl des Triumphes mitschwingt.

IV. Transitive Gefühlsregungen sind mitmenschliche Gefühlsregungen. Sie entsprechen der Antriebsthematik des über sich Hinaus Wollens. Es sind die mitmenschlichen Gefühlsregungen des Miteinanders und Füreinanderseins wie Sympathie und Antipathie – Achtung und Verachtung – Verehrung und Spott – Mitleid – Barmherzigkeit – Liebe – Hass. Die transitiven Gefühlsregungen weisen bereits auf die Möglichkeiten der vertikalen Bewusstseinseinstrahlungen hin, wenn sie vom übergeordneten geistigen Oberbau ihre bewusste Steuerung erhalten.

c) DER PERSONALE OBERBAU (KORTEX) / DAS ICH

Intelligenz und Wollen als Ich-Funktionen / Denken, Verstand, Vernunft als Ergebnisse

Die Entwicklung des menschlichen Bewusstseins unterliegt, einer ständigen Verwandlung der Wahrnehmungen aller Erscheinungen dieser Welt. Von der eindimensionalen Wahrnehmung eines rein sinnenhaften Bemerkens des Frühmenschen bis zur heutigen dreidimensionalen Fürwahrnehmung erlebt der Mensch diesen sich ständig wandelnden Wahrnehmungsprozess in der „horizontalen" Ausrichtung der Zeitlichkeit. Höhepunkt dieser gesamten Entwicklung ist dabei die Herausbildung seines Ichbewusstseins. Dieses tastet von da an das Sein die Welt der Bilder in der Welt ab und fühlt es sich diesem Horizontalprozess, in dem es sich immer nur selbst erfährt, unterworfen. Insofern kann man *Ich-bewusstsein auch Horizontalbewusstsein* nennen.

5. Silizium (S. 92, S. 107 und S.123)

Die voradamitischen halbätherischen Populationen (Atlantis, Lemurien) hatten als Grundsubstanz Silizium, das sich seit dem Beginn der Menschheit in Kohlenstoff verwandelte und in Zukunft wieder zum Grundstoff der Menschheit werden wird. Silizium ist ein Energieleiter, der Gedanken mit höheren Dimensionen in völlige Übereinstimmung bringen kann. Über diesen Halbleiter kann man sich dann gedanklich in alle Dimensionen einklinken. Die heutige Wissenschaft ist an ihre systemimmanenten Grenzen angelangt. Darum muss jetzt der notwendige Schritt in die spirituellen Bereiche gestartet werden. Dieser Übergang wird in der Zukunft nahtlos von der materiellen Ausgangsbasis in die geistigen Bereiche erfolgen. Und das ist nur über das Silizium zu schaffen! Denn dieses Element bietet dafür die besten Möglichkeiten. Es werden dann vom Silizium über dessen Molekularsubstanzen Gedanken direkt erfasst werden können, weil über diesen Halbleiter Frequenzgleichheit mit Gedanken besteht. Denn auch Gedanken sind nichts anderes als Schwingungen und darum auch mit allen Schwingungen der gesamten Materie kompatibel. Das gilt für die Substanz aller Kristalle, die eine unendliche Kraft besitzen. Sie sind Energieleiter und bringen die Gedankenformen der Menschen mit den individuellen Funken des göttlichen Bewusstseins und den höheren Energien in vollständige Übereinstimmung.

So besitzen Telepathie und Silizium die gleiche Wellenlänge. (Übertragungen über Molekularstrukturen bis zu Photonen.) Dieser Prozess kehrt sich ab jetzt wieder um, und die Menschheit wird wieder in die Reinheit der Energie von **Silizium** zurückkehren. Dieser Schlüssel zum Tor in höhere Ebenen ist zwar bereits in der Sehnsucht nach Gott angelegt, doch die Umkehr wird nicht eher erfolgen, bis die Menschheit endlich beginnt, sich dem Göttlichen wieder zu öffnen. Und das bedeutet, zu begreifen, dass die "Reinheit des Herzens" die Fähigkeit ist, einander bedingungslos zu lieben, weil es das einzige ist, sich in die nächst höhere Dimension einzuklinken. Aus Jasmuheen aus Bericht der Arkturianer: *„Wir haben es verstanden, das Licht des inne wohnenden göttlichen Wesens anzuzünden, innerhalb unserer zellulären Gestalt zu wachsen, um eine neue Energiematrix zu schaffen und die Molekularstruktur der festen Form in Licht aufzulösen. Das alles ist auch in eurem Zellgedächtnis aus der vorherigen Dimension, aus der ihr gekommen seid, noch gespeichert. Denn da wart ihr Wesen, die sich vom Äther ernährten, aus der universellen Kraft. Erst in eurer jetzigen Dimension hat sich eure Grundsubstanz geändert, und zwar von dem, was ihr* **Silizium** *nennt, in Kohlenstoff."*

Bei allen Umwandlungsprozessen handelt es sich immer um eine Art „Entmaterialisierung". Bei jeder Entmaterialisierung geht es darum, ein Element in ein höheres Element umzuwandeln. Auf Erden kennt man ca. 120 Elemente, die bereits isoliert werden können. Davon sind die letzten die höchsten, die vorerst den Menschen in ihrer isolierten Form noch schaden würden, z.B.: Plutonium. Aber je höher die Schwingungen im Bewusstsein der Menschen selbst werden, desto verfeinert werden auch ihre Körperschwingungen, und dann haben die Menschen von solchen Elementen nichts mehr zu befürchten. Ganz im Gegenteil, werden diese Elemente dann alle Erfahrungen der

Menschen erweitern, weil sie offenbarend wirken. *(„Du selbst brauchst keine Befürchtungen zu haben vor Uran oder vor Atomenergie, weil sie dir nichts mehr anhaben können. Du nimmst sogar schon solche Elemente in dich auf, die dir zu deinen erweiterten Sinneswahrnehmungen verhelfen. Das gilt auch für Röntgenstrahlen".)*

6. Wann sind die Pyramiden entstanden? (S. 66/67 John West, „Die Schlange am Firmament")

Lange vor den Adamiten – ca. vor über 20.000 Jahren. Es sind Bauwerke, die noch von der halb ätherischen Population erbaut wurden. Darum waren davon schon vor 12.000 Jahren nur noch Ruinen übrig. Diese fanden später völlig zweckentfremdet Verwendung als Grabdenkmäler von Fürsten. Dafür waren sie aber nie bestimmt gewesen. Es waren Tempel für den Ein- und Ausstieg aus und in andere Dimensionsebenen. Sie entstanden (24.000) vor der Zeitrechnung am Ende der ganz ätherischen Population beim Übergang in die halb ätherische Population, die dann um 12.000 von der voll inkarnierten abgelöst wurde. Die Pyramiden sind also nicht von den Pharaonen errichtet worden, sondern viel früher. Pharaonen gehören schon fast zur voll inkarnierten Population, die nur noch von wenigen halb ätherischen, wie Henoch und Thot, besucht wurden. Doch hatten sie alle noch sehr viel mehr Wissen als die dann folgenden Adamiten.

Kosmische Strahlen in den Pyramiden?

In der Tat befanden sich nach so langer Zeit noch ungeheure Kräfteansammlungen und Energiekonzentrationen in den Pyramiden. Denn sie sind so konstruiert, dass sie nach wie vor Energie aus dem Kosmos auffangen, die leider dort ungenutzt stagniert.

Pyramiden aus Kunststein?

Nein, es sind in der Tat Quader, die „materialisiert" wurden, und zwar an Ort und Stelle. Das ist auch des Rätsels Lösung, wie die Pyramiden gebaut wurden. Diese Materialisierung erklärt auch die Vorstellung, die zuweilen auftaucht, sie seien geschwebt; denn in der Tat sind sie quasi schwebend angebracht worden. Dennoch sind sie aus Stein, allerdings materialisierten Steinen. Die Atlanter brauchten dafür keine Anstrengungen von Tausenden von Sklaven, was technisch ohnehin unmöglich gewesen wäre. Überdies existieren heute von den Pyramiden nur noch Skelette – einst waren sie viel größer und aufwändiger gebaut als man es sich heute vorstellen könnt. Die Menschheit wird im nächsten Äon wieder so weit sein, solche Bauten zu erstellen.

7. „Licht in allen Zellen" (S.20)

Das Licht ist bereits ein Geschaffenes und doch auch noch ein Geistiges, das sich in der Schöpfung manifestieren will. Auch Gedanken sind Energie, die sich ebenfalls sichtbar verwirklichen wollen. Das erfolgt nach den jeweiligen Bedingungen einer Bewusstseinsdimension. Insofern sind im Kosmos die physikalischen Gesetze für alle gedanklichen Umsetzungen bestimmend. Dabei sind alle Informationen Übertragungen von Urenergie, aber niemals auf elektromagnetischem Weg. Dafür gibt es ganz andere Energien, die aus dem Äther kommen, denn der Kosmos ist kein Vakuum, denn alles ist belebt und von Energie durchflutet. In der Schöpfung gibt es unendlich viele Abstufungen von Energieformen, die bei der Umsetzung von Gedanken in sichtbar daraus Hervorgehendes entstehen. Diese Energien, die aus der Urenergie kommen, werden nun verwandelt bis hin zur sichtbaren Materie als Schöpfung des Kosmos, in dem es unterschiedliche Aggregatzustände gibt, die alle auf den alles belebenden biophotonen Prozess zurückzuführen sind. Alles erfolgt dabei über Strahlungen, die Moleküle zur Entfaltung von biologischen Lichtvorgängen anregen, die zur weiteren „Liebesverschmelzung" mit anderen Molekülen führt. Die DNS ist im Menschen dabei der größte Lichtspeicher. Chaos ist Ausschüttung von Licht, Ordnung ist Struktur. Chaos ist Liebe, Ordnung ist Weisheit Ohne Ausschüttung keine Ordnung, ohne Ordnung keine Schöpfung. Gott ist beides. In der Schaffung der Schöpfung ist es ein Prozesshaftes Gleichzeitiges und insofern zugleich Einheit und Trennung der Liebe in Liebe und zu Liebendes, das einzig und allein zur Gestalthaftigkeit drängt.

8. Transkommunikation (S.94)

Materie ist aus Schwingungen aufgebaut. Materieteilchen sind Verdichtungen von Schwingungsfeldern. Das geschieht durch Überlagerungen (Interferenzen) von Schwingungen. Dabei ordnet sich in den Schwingungsknoten, wo sich die Kräfte aufheben, Materie an. Durch Energiezufuhr entstehen dynamische Strukturen, die sichtbarer Ausdruck eines unsichtbaren Schwingungsfeldes sind. Das Licht ist dabei das organisierende Prinzip der Materie, denn die Frequenzen bestimmen die Strukturen. Darum befindet sich auch in allen biologischen Gebilden Licht: BIOPHOTONEN. Die sind notwendig für die Kommunikation der Zellen und Informationen. Resultat: Die Gesamtheit aller Lebewesen (Biosphäre) ist durch das Licht mit einander verbunden, eine sich gemeinsam entfaltende Einheit. Die Biophotonen sind dabei die optimalen Regulatoren aller chemischen Umsetzungen , denn der gesamte Stoffwechsel wird zentral von ihnen gesteuert.

Das Biophotonenfeld ist der Mittler, ein fließender Bereich zwischen Materie, Seele und Geist. In diesem Zusammenhang spricht Rupert Sheldrake von morphogenetischen Feldern, einer Art Erinnerungscontainer : Hinter jeder zum erstenmal gebildeten Struktur, sei es Gedanke, Handlung oder materielles Objekt, steht ein Feldmuster, das nicht elektromagnetischer Natur sei, sondern jenseits von Zeit und Raum existiere. Die daraus folgende Hypothese : Hinter der materiellen Teilchenebene liegen weitere grundlegende „Ebenen", aus denen die gegenständliche Welt aus einer feinstofflicheren und dem Geist näheren „Urmaterie" (Urenergie) hervorgeht und sichtbar wird. Diese Biophotonenfelder stehen an der Spitze der Regulierungshierarchie im materiell-physikalischen erfassbaren Bereich.

Literatur auf einen Blick:

Assagioli, Roberto .... Psychosynthese / Junfermann

Augustinus .... Bekenntnisse /

Aurobindo, Sri .... Die Synthese des Yoga / Hinder 1972

Bailey, Alice .... Gesamtwerk / Genf 1932

Bernhard von Clairvaux .... Das Buch von den Stufen der Demut und des Stolzes/ St.
Benno

Bhave .... Der innere Frieden

Bischof, Marco .... Biophotonen / Zweitausendeins

Bohm, David .... Wholeness and implicate order / London 1980

Bonaventura (von Bagnoregio) .... Soliloquium / Kösel Verlag Kempten 1958

Bunyan, John .... Die Pilgerreise Oesch Verlag

Capra, Fritjof .... Das Tao der Physik

Chardin, Pierre Teilhard de .... Die Entstehung des Menschen / C.H.Beck 1981

Davies, Paul .... Gott und die moderne Physik / Bechermünz Verlag

Delavre, Dr. Vladimir .... Signale aus anderen Welten

Dionysius Areopagita .... Die Hierarchie der Engel / München 1957

Dürr, Hans Peter .... Physik und Transzendenz / Scherz

Frisell, Bob .... Aus der Zukunft in die Gegenwart

Gabriel, E. .... Ein integrales Weltbild / München 1991

Gebser, Jean .... Ursprung und Gegenwart / Novalis Verlag 1979

Grof, Stanislav .... Geburt, Tod und Transzendenz / rororo

Hartmann, Nicolai .... Ästhetik / München 1951

Hasselmann, Varda .... Archetypen der Seele

Häberli, Gerhard .... Die Einheit von Kosmos, Atom und Geist / Cosat-Verlag

Heisenberg, Werner .... Physics and Beyond / New York 1971

Hildegard von Bingen .... Der Mensch in der Verantwortung / Otto Müller Verlag

Hierzenberger, Gottfried .... Erkundungen des Jenseits –
Der Blick auf die andere Seite der Wirklichkeit

Jasmuheen (Ellen Greve) .... Lichtnahrung

Kant, Immanuel .... Praktische Vernunft

Laszlo, Ervin .... Geburt und Wiedergeburt

Lawrence, T.E. .... Tagebuch von drüben Ansata

Lersch, Philipp .... Aufbau der Person / München 1953

Lorber, Jakob .... Das große Evangelium Johannes / Bietigheim 1981

Ludwiger, Illobrand von .... Die Erforschung unbekannter Flugobjekte

Maharshi, Ramana .... Seine Lehren / Kailash Buch

Meckelburg, Ernst .... Transwelt / Langen Müller

Nidle, Sheldon .... Der Photonring / Falk Verlag

Ouspensky, P.D. .... Auf der Suche nach dem Wunderbaren / München 1978

Planck, Max .... Where is science going? / New York 1932

Rohr, Richard; Ebert, A. .... Das Enneagramm / München 1990

Sens, Eberhard .... Am Fluss des Heraklit / Insel Verlag

Sheldrake, R.; Fox, M. .... Engel – die kosmische Intelligenz / München 1998

Stein, Edith .... Gesamtwerk

Sutton, Christine .... Raumschiff Neutrino / Birkhäuser

Swedenborg, Emanuel .... Himmel und Hölle / Zürich 1977

Theos, Bernhard .... Hatha Yoga Günter Verlag

Thomas von Aquino .... Die menschliche Willensfreiheit / Düsseldorf 1954

Tipler, Frank J. .... Die Physik der Unsterblichkeit dtv

Therese von Avila .... Der Weg zur Vollkommenheit

Therese von Avila .... Die innere Burg / Zürich 1979

Tulku, Tarthang .... Raum, Zeit und Erkenntnis

Underhill, Evelyn .... Mystik / Bietigheim 1928

Upanishaden .... Dietrichs Gelbe Reihe

West, John A. .... Die Schlange am Firmament / Zweitausendeins

Wilber, Ken .... Halbzeit der Evolution / Fischer 1998

Yukteswar, Sri .... Die Heilige Wissenschaft / O.W.Barth 1976

Zoev Jho .... E.T.101 / Zweitausendeins